徐海蛟 著

不朽的落魄

十三个
科举落榜者
和他们的时代

河南文艺出版社
·郑州·

图书在版编目（CIP）数据

不朽的落魄：十三个科举落榜者和他们的时代/徐海蛟
著. --郑州：河南文艺出版社，2023.7（2024.4 重印）
ISBN 978-7-5559-1466-2

Ⅰ.①不… Ⅱ.①徐… Ⅲ.①名人-生平事迹-中国
Ⅳ.①K82

中国国家版本馆 CIP 数据核字（2023）第 096116 号

策划编辑	杨　莉　熊　丰		
责任编辑	熊　丰		
责任校对	梁　晓		
封面设计	于　弘		
版式设计	徐胜男		
插页书法	周　琴		
责任印制	陈少强		

出版发行	河南文艺出版社	印　张	11
社　　址	郑州市郑东新区祥盛街 27 号 C 座 5 楼	字　数	239 000
承印单位	河南瑞之光印刷股份有限公司	版　次	2023 年 7 月第 1 版
经销单位	新华书店	印　次	2024 年 4 月第 3 次印刷
开　　本	890 毫米 × 1240 毫米　1/32	定　价	68.00 元

反复走不通一条路，命运必有其他安排。

"公元二〇二二年十一月十二日，十三时七分。浙东甬城大学园区图书馆一楼一张长桌上，一个略显疲惫的男人，在银灰色笔记本电脑上敲下书稿最后一个字。

"随后他站起身，抑制着内心的狂喜，任由电脑和手边的书置于原地，走到了图书馆连廊上。那里排放着一长列深棕色单人沙发，面西的幕墙镶嵌着一长溜透明玻璃。他任意找了一张沙发，把自己扔进去，将腿伸开，人往后仰，脑袋抵在沙发背托上，像一根紧绷的弹簧彻底松弛了。阳光倾泻下来，如明亮的瀑布，一种巨大的释然包裹着这个男人，他心里百感交集，想欢呼雀跃，又想大哭一场。图书馆的连廊上很安静，没有脚步响，也没有人语声，只有左手边隔着三四个位置，有个女生趴在沙发上打盹儿，右手隔两个位置，一个男青年戴着一副白色耳机出神。

"没有人知道，此刻，有个人写完了一部他自认为这几年来最重要的作品，他的内心像大海一样涌动着喜悦的潮水，没有人知道。"

这是我在图书馆走廊上顺手记下的一段实录，描述了自己写完这部书稿时的样子。我不知道别的人写完书稿最后一个字是怎样的情状。汉征和二年（前91），司马迁完成了熔铸毕生心血的《史记》，可曾一声欢呼？清康熙三年（1664），张岱完成鸿篇巨制《石匮书》，可曾一阵狂喜？而顾炎武，尽二十多年心力埋头著述，合上《肇域志》书稿那一刻，又是怎样一番情状？吴承恩呢？蒲松龄呢？还有吴敬梓呢？

想到他们，并非是拿他们自比的意思，我只是觉得一个写作者在自认为大功告成的时刻，心脏一定会有不同于平常的节律和回响。

我在图书馆午后的长廊上坐了许久，在初冬暖阳的抚慰下，心绪渐渐平复下来。仿佛一千里远路终于走完，总算抵达了目的地一般。

二百八十六天的长途旅行，到今天结束了。

尽管本书算不上一个大部头巨制，但我在它身上倾注的心血历历可见。这一年，如果你走进我的办公室，首先会见到一张圆桌，圆桌旁摆着三把椅子，圆桌本是当茶几用的，上面却堆满了书。由于我背后的几个柜子、办公室进门左手边的书架、我的写字台都挤满了书，新来的书找不到落脚的地方，只好向着圆桌进发。那里堆放了厚厚几摞历史类的书籍，这些书两三个月换一批，占据这张圆桌近一年时间。

这是写作的样子。有朋友说，一个作家在序言里交代自己写作的样子，交代写作有多辛苦多专注，是不专业的表现。我只好拿司马迁的事反驳她，人家太史公也吐槽自己的写作很辛苦，也向好朋友任少卿告白写作的伟大意图，我这么说几句咋了？不过再想想，她的话还是对的，哪一部优秀作品的完成不辛苦呢？哪一部优秀的作品不是一场心血和智慧的角力呢？除非你打定主意只是充个数，打定主意借写作赚点虚荣，这是另一码事。

人们习惯将目光和敬意投注给胜利者，这是一个崇尚成功的时代，我却将目光和敬意投给了失败者。确实，读者们打开这部书，一下子就会发现，尽管书中涉及的时间线很长，从唐到宋到元，再到明，最后止于清，书中牵涉的人物也各有特质，每个人都有着各自翻天覆地的命运。但这些人会站在一起，绝非偶然。

经过一段时间的斟酌和考量，我在这部书里写了十三个人。这其实是一个很笨的办法，毕竟每一个人都是一部大书，如果按照当下经济实惠的操作模式，我应该写十三部书。我却偏偏固执地将他们放在一起，让十三个人像十三颗恒星一样，处于同一个历史的夜空。我为什么执意这样做呢？因为我发现了一些生命的共性。首先他们都是读书人，其次他们都想通过一条正统的路径实现抱负，这条路就是科举考试。自隋大业元年（605）创立，到清光绪三十一年（1905）下令废除，科举经历了一千三百年，它是中国古代最重要的人才选拔机制，它的存在得以实现儒家倡导的"精英治国"理想，它是一代又一代读书人改变命运的方式，也是中国古代一千多年来，衡量家族成就和个体成功的最重要标识。

不过无一例外，我书写的这十三个人，没有一个得偿所愿真正到达科举的彼岸，也就是说，他们，这些后来在人类文化史上留下璀璨功业的人，都是可怜的落榜者，无论是杜甫、李贺、温庭筠、姜夔、王冕，还是金圣叹、顾炎武、蒲松龄、吴敬梓，没有一个人是例外的。是他们不够出色吗？是他们不够勤奋吗？是他们不了解科举之道吗？我想答案不是单一的。科举考试不是简单地完成一个应试流程。它不是简单的加减乘除，更像是一个命运的微积分。纳博科夫评价《包法利夫人》的这句话同样适合评价科举。科举的成败，更像是中国式命运在古老土地上和广阔人心里的推演。

这部书以杜甫开篇、吴敬梓作结，这里面有着奇妙的生命运行逻辑。他们每个人互不相干，生命的小舟却又在一个相似的巨大旋涡中沉浮起落。

当这一切成为过往，我们置身事外，再隔着久远的时光回看这件事，才显得那样淡然，甚至认为在这些人一生功业的天平上，根本不需要一个"进士"的砝码。我们这些置身事外的人也才会提出一个有趣的问题：那一场又一场的科举失败，究竟是毁灭了他们，还是成就了他们？这个问题的答案无比清晰，每个读者都明了，正是"入仕无门"，才成就了这些原本处在低处的生命，迫使他们走向另外的道路，也迫使他们开掘出生命的宝藏。设若杜甫在仕途上一路通达，做到副宰相或者宰相之类的高官，整日深陷于权力斗争，他还能够写出那些痛彻肺腑、振聋发聩的诗句吗？设若顾炎武官运亨通，整日坐在明亮的衙门里琢磨着如何给上司献上一份过年大礼，三百多年后我们在图书馆里还能读到《日知录》吗？设若蒲松龄青年时代就考取了功名，并且在官场混得风生水起，他还会对神神鬼鬼的事痴迷不化，进而成为一个伟大的小说家吗？

谁说命运的责难不是奖赏呢？

这确实是一部关于"失败"的书。写了那么多种失败后，我甚至产生了一种错觉，人生大抵终究是充满困厄和苦痛的。我想这种感觉不仅我有，这部书里的每个人都有，如果将他们从久远的历史中请出来，坐成一排，再做一个采访，问每个人一个相同的问题："你觉得人生是苦的吗？还是只有小时候才苦？"我相信每个人都会回答："人生一直是苦的。"这么说来，这也是一部关于苦难的书。

不过书写失败或者苦难不是我的本意，失败和苦难本身没有意义，既不值得特别宣扬，也不值得特别美化。只有一种东西是有意义的，那就是面对失败和苦难时一个人做出的选择。在离乱、痛苦、反复的挫败之后，一个生命的选择才值得格外被关注和书写。我不相信，我们会在风和日丽的春天的会客厅见到一个人的风骨，那时候你看到每个人脸上都透出富有涵养的神采，好比我们在平静的港湾中，并不能看出谁是征服大海的水手。可在乱世，在反复捶打和无尽绝望中，人作为人的高贵显现出来，人作为人的坚韧与博大显现出来。这是一部写满了落魄的书。不过落魄仅仅只是一条铺满荆棘的路，只是一种持久的考验，它的前方是人类永不停息的求索，是人性在暗夜里闪现的光亮。也正是这些伟大的痛苦，才建构了伟大的人的精神殿堂。

由此我想起杜甫。生命最后两年，杜甫流落在湘江流域，以一艘小船为家，他的心却记挂着受难的人民。"穷年忧黎元，叹息肠内热。"这份古道热肠，无疑是一个读书人对世界的热忱和关切，这也是杜甫的诗最后被誉为"诗史"的重要原因。我也想起张岱，他出生在那样富庶、风雅的读书世家，他的少年到青年时代度过了一段钟鸣鼎食、绮丽奢靡的岁月。可他中年之后大明王朝分崩离析，整个国家陷入战争的绝境中，张家几代人穷尽心血累积的田产、庄园、金银、藏书、字画……一夜间尽数被侵占、剥夺、劫掠。张岱无家可归，于南明隆武二年（1646）六月，携一子一奴一箩筐书籍，逃往深山避难，过上终日劳作的生活。张岱身边诸多师友选择以死殉国，张岱不止一次想过死亡，又不止一次打消了作无谓牺牲的念头，他铁了心要给这个灭亡的时代留下"魂魄"，他要写一部明史。在最贫穷、最绝望的岁月里，张岱笔耕不辍，带着他的书稿从一个地方逃亡到另一个地方。最终，以三十余年心力成就了三百万字的历史巨制《石匮书》。

我们时常会探讨什么是人性的高贵，什么是贵族精神，我想张岱以自己的选择给出了一个范式：真正的高贵，就是面对大时代的劫难，面对国破家亡的打击，面对"食不果腹，衣不蔽体"的生存危机，一个人仍能静下来，保持精神独立，并创造出不朽的价值。

写下这部书的另一个意义，是特别想以这些激扬的生命作为范本，告诉当下的年轻人：人生的路并非主流认定的那一条，生命还有更多可能，即便你看似置身绝境，生命也还有一个未知的剧本。主流与世俗认定的成功，或许会令你一时荣耀与满足，灵魂认定要走的那条路，却有可能让你被时间和时间里的后来者永久地记住。

最后，我要说一些感谢的话。我比较浅薄，也没有什么大局观，首先要感谢的人是徐海蛟。我感谢自己，在心绪起落如此大的一年里，仍然没日没夜地秉持着一个信念，完成了一场文字的长途跋涉。我感谢自己，在全单位同事都离开办公室后，不管夜晚以何种形式降临，仍然安心地继续与这些古人为伴。我感谢自己，这一年里为这部书放弃了节假日、休息日、吹牛、会友、旅行……感谢自己为这部书做出的全部让渡。我感谢自己的身体，尤其是胆，医生不止一次告诫我它的内里充满了结石，并且它恶作剧般地发作过两回，让我痛得彻夜难眠，不过之后，它渐渐平复下来，以极大的耐性等待我完成这场漫长的旅行。

我感谢甬城的鄞州书城，在这家书店三楼的一隅，一张小麦色长桌旁有个靠窗的位置，很多个夜晚，我都坐在那个位置写作，以至于书城好多工作人员认识我，常常地，我会得到一杯免费的热咖啡，或者一杯牛奶。有一个细心的小伙子，还会在送上咖啡时，给我切一碟精致的水果。不仅仅因为咖啡和牛奶的缘故，还因为在那个孔雀蓝的墙角，有一股书的气息围绕我，灯光是暖色的，耳边总循环着那支熟悉的肖邦的钢琴曲，我的心容易安静下来，像一件在旅行箱里被揉皱的旧衬衣，被细心的女孩熨烫得温暖又服帖。同样的，另一个地方，也很能让我安静下来，也是我经常"光顾"的，那是位于城市南面大学城的大学园区图书馆，那里没有音乐，只有一些专心读书的人散落周围，我可以心无旁骛地沉浸在自己的叙述里。到了傍晚，就在那里的小食堂吃一个简单的快餐，用完快餐从小食堂走出来，有时会遇见很好的晚霞。我感谢大学园区图书馆，它还为我查阅资料提供了丰厚的库存，这是一个写历史的作家的后盾。

感谢那些走在前面的人，感谢他们做出的考察和研究，感谢他们写下的有关中国科举的书籍，感谢他们写下的那么多传记，让我得以接近十三个生命的起点和来处，得以窥见他们日常里的种种。

感谢办公室写字台右侧的台灯，那一束小小的光，令我在大楼空空荡荡的夜里觉得安心，也让我在下雨天心里仍然留有一抹晴朗。

感谢苹果笔记本电脑，她总是情绪稳定。酷暑的一天，我手一抖将一杯热水洒在她的键盘上，她却没有崩溃，没有抹去我之前完成的半部书稿，如果真的发生了这种悲剧，就不会有这本书了。

感谢向我约稿的碎碎老师，感谢我的责编熊丰老师。

最末的一句感谢要送给你，我亲爱的读者！我知道你正准备打开一本有意思的书，你是有眼光的读者。

2022 年 11 月 20 日

目录

船上的杜甫

杜甫 ———— ○○三

秋冷长安

李贺 ———— ○二七

杜陵梦碎

温庭筠 ———— ○四九

野云孤飞

姜夔 ———— ○七一

梅花的骨气

王冕 ———— ○九三

桃花醒着

唐寅 ———— 一一五

触不可及

吴承恩 ———— 一四三

一

六个徐渭

徐渭————————————一六九

寂灭的烟火

张岱————————————二〇一

长风不羁

金圣叹————————————二二九

颠沛的良心

顾炎武————————————二五三

通天小道

蒲松龄————————————二九三

无岸之舟

吴敬梓————————————三一七

附　录

主要参考书目————————————三三八

船在湘江上走着。青天在上。水在下。他越来越乏力了。寒气交织着湿气。江水漫漫啊。他越来越悦恍了。时日将尽。音书渐伐。他的世界小到只剩下条船。

节录自船上的杜甫　周琴

船上的杜甫

船在湘江上走着，青天在上，水在下。他越来越乏力了，寒气交织着湿气，江水漶漫啊；他越来越恍惚了，时日将尽，音书渐绝。他的世界小到只剩下一条船，他的惆怅大到漫过整个帝国的黄昏。

冬天深了，时日将尽。

——题记

一

离开的想法早萌生了，只是一拖再拖。去往何处？这个问题又开始困扰杜甫。到了五十五岁，他仍未洞悉天命，仍未将家安定下来，仍像不断迁徙的候鸟流离于异乡天空之下，焦虑和沮丧似必然降临的夜色，一再侵袭他。

唐大历元年（766）春天，杜甫带着一家人乘船自云安来到夔州。起先，他们只有临时住所，要么在朋友家借住，要么在旅馆留宿。入夜，身上盖着破旧发黑的棉絮，白日里，一家人穿着破衣破

鞋，很是羞于见人。春末，杜甫一家搬到白帝城西北乡下。此地距
夔州城颇有一段路，离大江也颇有一段路，居民用的水都是靠竹管
从山上引来的泉水。

为了生计，杜甫不断进城，他要去担任一些临时的幕僚，完成
一些零散的文字工作，赚取一点养家糊口的钱。他也试图凭借一己
之力，在屋后开垦出几块荒地，种上蔬菜，但大历元年夏天，夔州
大旱，蔬菜死了大半，直等到秋天，菜园也未见丝毫起色。他播下
莴苣种子，大旱后挤挤挨挨蹿出来的却是满园野苋。好在养了一笼
鸡，那一年，他养鸡的手气还不错，鸡长得很壮实，这多少令并不
熟稔于农事的诗人感到安慰，也多少为这营养不良的一家子提供了
些许荤菜。

随后，杜甫为自己谋得了一份差事——担任夔州都督柏茂琳的
幕僚。经过都督应允，杜甫可以暂住在西阁的几间房舍里，但毕竟
是官方房子，他的家人便继续留在郊外。大历元年冬天，杜甫又病
倒了，日渐严重的消渴症（糖尿病）和疟疾缠绕着他。

由于都督柏茂琳的慷慨相助，杜甫得以买下租赁的房舍。那是
一座老房子，宽敞向阳，南面紧挨着一个小花园，北面是片果园，
长着大片柑橘林。他又在东屯租了一些稻田，还置办了一所视野不
错、能够眺望大江的房子。

时间的脚步走到了大历二年（767）春天，生活似乎渐渐安定下
来了。杜甫成了一个"有产者"，他指挥农夫、仆役，整理栅栏、耕
地、除草、灌溉、采摘……偶尔还能去夔州城中参加一些文友的聚

会，不过已很少喝酒了。有一回，他醉酒骑马，从马上摔了下来，不得不被杜夫人勒令戒酒。可气又可笑的是，几个朋友竟拎着酒来看望摔伤后卧病在床的老杜，见到酒，杜甫的力气似乎转眼间回来了，强撑着从床上下来，似乎忘却了身体的不适和夫人的呵斥，又喝开了。

尽管在夔州的生活渐渐有了几抹亮色，但杜甫知道夔州不是故乡，不是他叶落归根的地方。潜意识里，他认定自己是必须要离开这里的。

他想过带家人去淮南定居，还托一位前往扬州的胡商打听当地的米价。这一打听，令他望而却步了，便在夔州又挨过去两个年头。可这地方，绝非外乡人的乐土。夔州城居于长江瞿塘峡口，山高谷深，地气冷湿，寒风刀割般凛冽，不是中原的老骨头扛得下来的。病痛伴随衰老接踵而至，五十余岁的杜甫不可阻挡地进入了晚年。连年的颠沛用旧了身体，骨骼僵硬得生出锈迹。眼睛花了，看花看树，均模糊成一团。牙齿脱落大半，咀嚼食物变得困难。糖尿病越来越严重，自行采集的草药，好比节节败退的小卒，挡不住压境的大军。

岂止蓬乱雪白的须发，岂止疏松的骨骼，岂止经年未愈的肺病，岂止如影随形的咳嗽……衰老是全方位的，铺天盖地，它卸掉人的勇气与斗志，瓦解人的理想与欲望，令梦境都变得反复。这一年，在偶尔可拾的梦的残片里，杜甫不断见到儿时的自己在姑母家前院攀爬一棵枣树，树上枣子累垂可爱，每回爬上去，伸出胳膊要够到时，都会倏然失手，摔向一个深渊。有生之年还能回到洛阳，看看儿时扑蝶于其间的小院，看看那棵枣树吗？念头一次一次触及这件事，又很快消散在一个未知的空洞里。

大历二年夏天，弟弟杜观来夔州看望杜甫，他们应该聊到回归长安和故乡的计划。与弟弟的相见，勾起了杜甫返乡的情绪。他时常会想起自己三十岁那年在洛阳和偃师中间的首阳山下开辟的几间窑洞，那里的泥土格外质朴，乡情格外绵厚。那也是埋葬他的远祖、名将杜预和祖父、大诗人杜审言的地方。

下半年，弟弟杜观的又一封信辗转捎到杜甫手中，他挪到草屋门前，借着下午的天光，想将字看清晰些。弟弟在信里再次提及让兄长出峡，由夔州顺江而下，或许日后可回长安和洛阳。这些信以及信里提及的地方，制造出一丁点温暖的期许，促使杜甫下了决心。

杜甫将位于夔州的四十亩果园赠给南卿兄。送出这片经营了一年多的果园，他的挂碍并不多，只期望果树林在自己离开后年年开出花，结出新果。

大历三年（768）正月中旬，杜甫择了一个宜出行的日子。天阴，灰云如铅，风自高崖间横切过来。于白帝城放船，那种木帆船，实在不大。一根桅杆竖立船尾，用来升挂布帆，船身部分设舱体，可容纳七八人，恰好载得动一家子。这条船或许是杜甫在夔州置办的，毕竟这两年，他很是受到都督柏茂琳顾念，赠给他果树林，还让他租得一些公田，足可维持生计。他一直想着以那点有限的积蓄置办一条船。对于船，杜甫有着天然的感情。据说旅居蜀地那几年，他在浣花溪畔也置办过一条船，可惜那条船残破到不能用了。他这一生，二十岁乘船离开洛阳，漫游吴越间，坐着船穿过钱塘江，坐着船到达越州天姥山下。随后，又无数次乘船远行，江河与舟楫构成他生命里的另一片版图。船是远行者的白马，亦是漂泊者的陆地，是困厄里的人最后一丁点念想。杜甫喜欢船，船联结着出发与到达，联结着远方与故乡。

行李少得可怜。这些年，岁月像一个筛子，筛去了一切物质的念想，筛去了一切生活的积余，到头空空如也。也不允许更多行头占用船上空间，毕竟那样小的一只船，空间得留给人。

一家人的日常衣物，一箱书，半麻袋草药，一点碎银子，差不多是全部行李，再加一张小几案，叫乌皮几，从成都带到夔州，外面裹着一层乌羔皮。平常坐榻上，竖起来用作靠背；一旦横放，就成了一张小桌子。这小几案上覆的羊皮已磨去光泽，他一直舍不得扔，经年的辗转下，随身的旧物寥寥无几，这张乌皮几算难得的旧物件了。实用，又令人遥想起成都的旧光景。

杜甫替艄公解开缆绳，回头望向云雾深处的白帝城，长长吁出一口气。

一段新旅途开始了，他不知道会有怎样一番命运等在前头。水路渺茫，别人或许能看到明天的事，或者看到下个月的事，他只能看到生活这一刻，咫尺外都不敢预计。

二

船出瞿塘峡，布帆升起。一路风疾猿啸，小船穿过高耸欲倾的巫峡，穿过惨淡的浓云。出峡的水路，惊险无比。船儿有时被送上浪尖，顷刻又从浪尖跌下；有时眼看撞上险滩巨石，又陡然峰回路转。船上人在江水平静处还能端坐，在疾风恶浪里，只好趴在舱中。一箱书打湿了，一些家什也浸了水，一家人惊恐而失措。

这一程曲折的旅途上，杜甫就着舟中一点微弱的烛火，写就《大历三年春白帝城放船出瞿塘峡久居夔府将适江陵漂泊有诗凡四十韵》，以四百二十字回望来路，那些羁旅与漂泊，那些苦难与挣扎，那些忧愤和慈悲，都重新回到纸上。风平水静的傍晚，他站在船头，望着北飞的大雁，心头的悲怆油然升起。他有时也幻想，如果成为鹭鸟，还乡的路途岂非便捷许多？

其时的江陵，水陆交汇，通达四方。关内人民逃往西蜀，中原人民投奔江湘，都得过此地。安史之乱后，江陵发展成为长江沿岸一座重要城市，有南都之称。出峡后，杜甫的船到了江陵，就在江陵停留下来。杜甫和家人想着先做一段休整，再启程北返长安，实在不行的话就顺江东下，去往青年时代漫游过的江东。杜甫也想再等等兄弟们的消息，想着可以细细规划相关事宜。

人生实在难以预计，抵达江陵不久，是年二月，商州兵马使刘洽兵变，六百里商於之地绵延出一片战火。八月，吐蕃进攻凤翔，长安再度告急。四起的烽烟阻隔了向北的回乡路。而他向往中的江东，既联系不上姑母（据说此时姑母在江东避难），又未能等来兄弟的消息，先前写信给他的弟弟，也杳无音信了。

只好在江陵暂歇下来，凭借一点诗名，四处寻找活路。他想到担任荆南节度使的卫伯玉就在此地任职，旅居夔州时，他曾写诗颂扬过此人。他想到堂弟杜位也在节度使官署中担任行军司马。他想他总归能找到些许倚傍的，为了活下去，为了糊口，他并不吝啬一点可怜的面皮。时至今日，他的面皮早已被羞辱磨出了茧子。但这些人都没能给杜甫提供太多实质性帮扶。生活总归是自己的，贫穷无法像诗句那样分送给别人。

他伛偻着腰，扶杖而行，步履蹒跚，走不了太远的路。想雇轿子，又供不起这笔花销。他一家一家去拜访脑海中竭力搜寻出的熟人和权贵，觍着老脸，敲开那些高墙下的红门。经常地，并不能见到想拜访的人，不是门口守卫不放行，就是仆人出来回复主人不在家。一天碰壁，第二日，又起身出门，生计系在发丝般细微的人情上，好比微弱的烛火，命运哈一口气就能吹灭它。他写下"饥藉（借）家家米，愁征处处杯"的诗句，这是生活真切的写照。

大历三年余下的春天，一直到那年初秋，杜甫都在江陵辗转。离乱之中，也有些许幸运和安慰，在江陵，杜甫遇到老友郑审，还遇到老友李之芳，李之芳已高升为礼部尚书。老友重逢，是乱世里鲜有的惊喜，在四月的月圆之夜举杯畅饮，杜甫已忘了戒酒的誓言，这是他羁旅中最欢畅的时刻。

那年仲秋，杜甫计划前往岳州，再转向东北去到沔州，然后改道汉水，往襄阳。但这是一趟短暂的行程，大概也是因为北方形势突变，北行的路走不通了。这中间杜甫突然闻听李之芳离世的噩耗，他辗转赶回江陵，送李尚书最后一程。

因为吐蕃的入侵，帝国北方再次进入战备状态，到处传来令人不安的消息，这一切影响着诗人的行程。其间，杜甫一家遭遇了一些困境，可能遇到了盗贼与兵匪，损失了一些财物，本就困厄的日子益发雪上加霜了。

他们决定前往江陵下辖的公安县，那里一位叫卫钧的朋友向漂泊中的诗人一家发出了邀请。

一家人再次登船出发。深秋，小船在长江上行进，霜凋碧树，秋声萧瑟，不多久便到了公安。卫钧并非朝廷命官，他是官僚体系外的另一种人。在艰难的时世里，他愿意向这个身上已没有任何职位的落拓诗人张开双臂，多半因为欣赏杜甫的人品和作品。这种接纳是不带功利不求回报的。杜甫一家子客居在卫钧家里，一住数月，也足见卫钧的情义很是真诚。

他写诗给郑审，这是少数可以倾诉自身境遇的朋友："形骸元土木，舟楫复江湖。社稷缠妖气，干戈送老儒。百年同弃物，万国尽穷途。"

即便这样艰难的时日，他的文字里依然遍布着别人的苦难。渔民、农人、小贩，逃难的孤儿寡母，那些命如草芥的小人物，那些无声无息的卑微的生命都来到诗句里。他写下万里悲秋的老病与颠沛，也以无限热切与慈悲的诗行丈量人间的苦痛。

可在公安，借居的生活未安定下来，兵变又起。他的小船、他的家只好再次漂泊起来。他设想过的前往江州庐山的计划也中断了。这一回，他们于慌乱中逃到了洞庭湖边的岳阳。在岳阳过了不多时日，杜甫想起昔日好友韦之晋正在衡州担任刺史，这是他搜肠刮肚想到的人。总算找到了方向，杜甫决定带家人投靠韦之晋。

船离开洞庭湖，继续沿江南下，去往衡州，他心里浮动着一线渺茫的希望。等船靠了岸，脚踏到地上，这点渺茫的希望似乎渐渐放大了些。"找到韦之晋，至少可以让一家子有个落脚处吧？"这是他心里的小算盘。

船停在衡州江边，老妻、儿子去江边人家寻觅食物。杜甫拄着拐杖，一路询问，来到衡州官署。他向衙门前的卫兵打听刺史的去向。费了一番周折，问了几个人，才有个心肠和善的士兵告知这个破衣蔽体、满头白发的老者："韦大人调任了。"

一路寻来的那点希望，被现实的风一口气儿吹熄了。他没有想到，韦之晋已改任潭州刺史，到潭州不久，就于那年四月去世。他要寻的人，想依靠的人，竟在不久前生死远隔了。

他们刚下船，脚刚站到衡州土地上，就失了方向。在衡州勉强撑了数月，待到大历四年（769）夏天，杜甫的船又开动了。衡州没有熟人，没有可住下来的房子，他思量许久，还是决定离开，重新前往潭州。

此后，杜甫的余生只能依傍这条船了。

夏末，杜甫的船泊在潭州城外。天气稍好些的日子，他就到近郊江边野地采些药草，放到渔市摆药摊，他想凭借卖药的收入维持生计。择一处背风的地儿，就在一溜鱼摊尽头，放下麻袋，支起一面小而破败的布旗，算作卖药行医的招牌。这也是他连年逃难中，所剩无几的自救方式。老迈的杜甫，满头白发的杜甫，斜倚在颓唐的夕阳里，像江边一丛枯瘦的白菊。他偶尔会想起自己是大唐帝国拿过国家俸禄的官员，年轻时有过一腔"致君尧舜上，再使风俗淳"的伟大抱负。现在他"跻身"于一群引车卖浆者的行列，他们是渔民，打猎的，织布的，养蚕的……但他们又有一个与杜甫相同的命运：都是在艰难时世中挣命的人。

鱼腥弥漫着，人们来去仓促，至傍晚时分迅速散尽，只留江水不知疲倦地拍打堤岸。长日将尽，囊中依然羞涩，挣得几个零碎的铜子儿，还不够一家人晚上买粥喝。照例，他要扶着拐杖，在江边站一会儿，看江水浩荡，看江上的云聚拢又散开。他慢慢地踱回船上，船舱里已堆着一堆野菜了，这是老妻的功劳。

有一回，一个叫苏涣的人来船上拜会杜甫，并拿出自己的诗作读给杜甫听。小小船舱中响起了诗的声音，这是久违的声音。连年漂泊里，已很少有人特意拿着自己的诗呈给杜甫看，这是这两年里，杜甫难得遇到的一位知音。苏涣时常来鱼市的小摊前和杜甫聊诗，杜甫也常常到他的茅屋里畅谈。这是珍贵的时刻，诗歌就像暗淡时日里的一点光亮，让生命的冷和暗退后了一尺。

由夏到冬，由冬而春。时间行进到大历五年（770）三月，潭州城已鼓荡起春风的裙裾，枯树醒来，换上新衣，捧出明艳的花。年幼的，年轻的，年老的，每一种生命都获得了春天的感召，都醒来，抖擞起精神。杜甫在潭州城内重逢了一位故人——乐师李龟年。那是一个偶然的机会，他参加了某个显贵的晚宴。那晚，坐于末桌的杜甫，听到了李龟年的歌声。那是儿时的耳朵浸润过的歌声，是四十年间未能听闻的旧曲。歌声裹挟着滚滚往事而来，刹那间将他带回稻米流脂的开元盛世。

杜甫忍不住老泪纵横，他的周边，那些自中原流落此地的士大夫，都在歌声里落下泪来。像世间所有好物般脆弱和令人感伤，李龟年的歌声，大约也是四十年前的盛世遗留下来的稀缺的馈赠了。

杜甫未能想见，生命的暮年还能有幸聆听来自洛阳的歌声。他知道自己的时间不多了，老朽的生命已无法拥抱盛开的春天。在每一片明媚背面，他都想起破碎的河山，他的悲怆，连春天都无法稀释一二。

三

大历五年的春天注定是不平静的，四月下旬的一个深夜，潭州城内喊杀声震天，一场兵变风暴席卷潭州。湖南兵马使臧玠杀死潭州刺史崔瓘，潭州大乱，杜甫与家人再次踏上逃难路。

"疏布缠枯骨，奔走苦不暖"，"乾坤万里内，莫见容身畔"，这是杜甫写的《逃难》诗。

辗转无望中，杜甫收到舅父崔伟的信，崔伟在郴州担任录事参军，信中提及让他带上家人到郴州避兵灾。

去郴州的船经过衡州，进入耒阳境内，竟赶上连日暴雨，大水困住江上过往舟楫，困住来往商旅，杜甫的船躲到郴江岸边的方田驿中。老天爷像被谁触怒了，不断向人间撒气，古驿荒村，水势浩浩荡荡。无家可归的人，蜷缩在驿站深黑的角落，车马不闻，唯有雨声敲打瓦檐，敲打着不眠不休的荒凉和烦闷。

雨困住了船，困住了脚步，困住了流逝的时间。从白天挨到夜晚，从夜晚挨到白天，躲避于驿站中的灾民无处觅食，饥肠辘辘。无休无止的饥饿，撤退了又再次进攻，不断侵袭着诗人的胃，带来死亡的威胁。"这是生命末路的光景吗？老天要以这样一种方式置我们一家人于死地？"杜甫拄着竹杖，向着大雨如注的苍穹发问。水四处奔突，江水在他脚边翻卷着波涛，横无际涯。整整五天四夜，一家人几乎找不到任何可供填饱饥肠的食物。饥饿的折磨，让时日变得漫长而残忍。

第五天，耒阳的聂县令得到杜甫受困方田驿的消息，即刻派人送去牛肉酒水，外加一封慰问书信。聂县令这一举动，无疑是中国文学史上了不起的温情之举，是苍凉人世对绝境里的诗人的温暖一瞥。杜甫感念他的恩情，吃了酒食，当即于驿站写下一首向县令致谢的诗：《聂耒阳以仆阻水，书致酒肉，疗饥荒江，诗得代怀，兴尽本韵。至县，呈聂令。陆路去方田驿四十里，舟行一日，时属江涨，泊于方田》。他想着要当面将这首诗呈给聂县令，但他们终究未能见上面，谢意就这样长久地留在了纸上。

那场大水，改变了杜甫的行程，他们重新回到船里，依然无法南下郴州。当然，在主观的情感上，杜甫也不愿意南下，他的心是向着北方的。柳宗元曾写过"过洞庭，上湘江，非有罪左迁者罕至"，在情感上，唐人都是不愿在这样流离的境遇中选择南下的。

杜甫心里再次生出一点期盼，想着何不干脆沿汉水北上呢？船就掉转了头，折回往潭州的方向。但他隐隐感觉到，或许走不出湖南了，他有还乡的心，却无力穿越遥迢的还乡路了。

从夏到秋，从秋到冬，船哪，只是漂浮在湘江上。生活就像水上的浮萍，无法在岸上扎根了。长期的水上生活，令杜甫的风痹病越来越严重。耳鸣、手颤、糖尿病、牙齿脱落……身体的痼疾和家国的愁绪交缠在一起，像海浪侵蚀泥沙堆积的堤岸，一次一次侵袭他。

船在湘江上行着，青天在上，水在下。冬天深了，时日将尽。一家只剩下几口人，儿子宗武、老妻、还有他。另一个儿子流落异乡；出生不久的小女儿夭折，他只在最后的诗中道出来，当下锥心的痛是无法即刻进入文字的；其余的孩子未见记载，或许已饿死于逃难路上。米已越来越难见到了，终日以藜羹为食。那只蜀地带来的乌皮几"皮开肉绽"，只好用草绳层层缠起来。这个小儿，仿佛衰败的人事，再经不起抖搂了。

四

一个冬天的夜晚，船泊在江岸，舷窗外没有风，冷月落进江心。杜甫抬起头，遥遥望向天边的月轮。江水在无声流逝，就像悄然不语的一生，多么漫长又多么短暂。恍惚中，杜甫仿佛坐到了一个舞台下，月光做的帘幕打开，往日清晰地显现出来。

一个男孩自洛阳建春门内仁风里的古巷中跑了出来，那是四岁的杜甫。母亲早逝，年幼的杜甫寄养在二姑母家，二姑母温良有爱，为杜甫撑起了一段晴朗的童年。洛阳是大唐帝国底蕴深厚的城市，父亲让杜甫待在这里，也为了他能接受好的教育。童年的杜甫，七岁已会吟诗，九岁习虞世南字，每日临帖，书法上也大有长进。姑母视杜甫为己出，一回，姑母的儿子和杜甫一道染上了严重的传染病，姑母忧心忡忡地照料这对兄弟，她在从小失去母爱的侄儿身上倾注了更多心血，以至于侄儿幸运地躲过了疫病，亲生儿子却夭折了。姑母家院中有一棵枣树，枣子成熟季，这个天真淘气的少年天天上树摘枣吃。这个夜晚，二姑母再次出现在杜甫的视线里，脸上挂着恬静的笑，恍如许多年前站在巷子口迎接儿时的他回家一样。

舞台上布景变幻，一轴青绿打开，一派明丽的江南山水跃然眼前，那是他二十岁远游时的场景。青年离开书斋，乘船东下，前往吴越。他在船上迎接喷薄而出的朝阳，又目送落日沉入浩荡的江水；

他走到苏州，拜访吴王阖闾墓；他伫立于长洲苑旁，满池荷花正盛开，红焰如火；他渡过钱塘江，来到明镜般的鉴湖畔，这是越王勾践的故里，是大禹治水的地方；他乘船一直抵达曹娥江上游剡溪，停泊在李太白流连忘返的天姥山下，那时，他还未见到这位传说中的偶像。

这一段远游持续了四年，江南以潋滟的水光和山色荡涤着青年的心魂。

开元二十三年（735），杜甫赶回洛阳，他要去成就人生第一"要事"。这一年，由于皇帝在东都洛阳办公，原定长安举行的进士试改到了洛阳。凭借着少年的盛名，杜甫向所在州县争取到了举荐入京考试的资格。这是唐朝科举选人的惯例，参加京城进士考的士子一般通过两条路径选出，一是由中央、地方各类官学经过规定的学业考试，选拔到尚书省，这类考生叫"生徒"；另一类就是杜甫这种由地方州县官府举荐的考生，叫"乡贡"，这一资格的获得也并不容易，要经过县、州等各级考试。

年轻的杜甫自比文采如屈原、贾谊、曹植，自然没太将这场考试放在眼里，甚至没有遵循举子们赶考的普遍规矩：持久地在长安、洛阳达官显贵间交际，投上行卷，以期在进士试中获得赏识和举荐机会。

生活哪儿有一帆风顺的？人生第一场进士考试，这个才华横溢的年轻人落榜了。这件事自然给了他一点苦涩滋味，但心中还不至于沮丧，毕竟他还活在一个安定富庶的时代，生活也没有显现出丝毫困难的迹象。

一不做，二不休，杜甫再次开启了远游计划，他认为读万卷书这件事已践行多年，而今迫切要去做的就是行万里路。这一次，他去往齐鲁大地，也是他父亲任职的地方，其时他父亲杜闲正在兖州担任司马。这里与明丽的江南截然不同，给杜甫的心以一种古朴浑厚的洗礼。他着轻裘，骑骏马，在春日邯郸的丛台上放歌，在冬天青州以西的青丘游猎。他登临泰山，一览天下之小。年轻的杜甫并不那么热衷写诗，他更大的兴致还在当一个游侠和射手。

回忆中的自由像月光下的风，吹到老迈的脸上。皱纹舒展开来，那飞一般的光辉岁月又在这个冬夜重临心头。

这样的时光持续了六年，开元二十九年（741），父亲杜闲病故，杜甫回到洛阳。

记忆的书页继续翻转，翻到了三十三岁那一页，天宝三载（744），杜甫永不会忘记，他遇到了炫目的天才李白，以及另一位辉耀唐代文学史的大诗人高适。杜甫先与李白一道渡过黄河，到王屋山拜见道士华盖君，到达后，发现修炼"长生不老"之术的华盖君死去了。随后，高适加入了他们。三个人在梁宋和齐鲁一带晃荡，他们在旷野里呼鹰猎兔，在天地间迎风逐鹿，在酒楼里痛饮狂歌。

记忆再次闪过。天宝五载（746），三十五岁的杜甫进入长安，自二十四岁那场科举考试后，"英雄入彀"的愿望再次变得强烈，随着年岁增长，建功立业的抱负日益急迫了。既然科举路没走通，是不是还有其他路可走呢？杜甫还真等来了一次千载难逢的"机会"。

天宝六载（747），玄宗皇帝于美酒和歌舞的间歇，想到要向士人展示浩荡的恩典，诏告全国增开"恩科"，搜求"天下士有一艺者"，为那些富有真才实学，而又没能通过常规科举试的士子打开一条特殊通道，这是常规科考外特别增设的一次国考。闻听这一消息，正在长安的杜甫自然满怀期待第一时间报了名，他想着自己的功业成败在此一举了，甚至将这场考试看作走向仕途的唯一出路。

天真的士子们没有料到，主持这场考试的人是宰相李林甫。此人一向痛恨文人、艺术家，认定民间生长起来的人不识礼度，让其跻身仕途会扰乱"正统官场"，便竭力阻止这些民间人才上升。随即，这场举国响应，吸引各地数千人参加的隆恩广开的选拔试，很快沦为历史的笑柄，最后，以不可思议的荒诞收尾：录取人数为零。这意味着应试的每个人都未能进入李林甫法眼，他禀告皇帝，"野无遗贤"。言下之意是臣等按照陛下旨意进行了人才选拔，只是很遗憾，这些混迹江湖的人着实辜负了陛下期望，没一个具备真才实学。大唐帝国最伟大的诗人就这样遭遇了一个小人的私心，宰相的傲慢、偏见与阴谋几乎掐灭了杜甫心中那个伟大的抱负。

他在长安困守着，卑微又无望。做门客，做幕僚，为自己挣一口粮食，挣一点生存下去的资本。一年又一年，他一直在焦灼地寻找着进入朝廷的机会，企望谋得哪怕一个草芥大小的官职。到了天宝十载（751）正月，正值玄宗皇帝祭祀大典，杜甫敏锐地觉察到这或许是一个机会，于是一口气在延恩匦（唐时一种中央机构从民间采纳意见的信箱）中投入了三篇献给皇帝的赋。那些找不到出路的日子，杜甫时常会想起司马相如，想起他曾以一篇《子虚赋》拨动皇帝的心扉，由此叩开了命运沉重的大门。令人想不到的是，三篇赋竟真的引起了玄宗皇帝的赞赏，这是杜甫在长安的高光时刻。皇帝命宰相李林甫考察这位热情关注着国事的诗人。又是李林甫？可以想见这事又如电光一闪，便再无下文了。也不能怪皇帝，毕竟他的热情只能维持三分钟，对一般的人事都会过眼即忘，皇帝心里装着太多"紧要事"，还有那么多妃子、舞蹈、美酒等着他欣赏和品鉴。一个小小文人写下的文字，得到了圣上的批示，已经很能说明皇帝"求贤若渴"的殷切之心了。

天宝十三载（754），杜甫再向延恩匦投了两篇赋。那段时间他开始频频出手，向京城的相关权贵投诗，这个举动也叫"行卷"，也是唐朝文人仕进路上的必然程序。起先，行卷是应试举人为增加及第概率和争取更好名次采取的自荐策略。唐代进士考试录取结果并不完全依据考生的分数决定，甚至可以脱离考试本身预先确定录取名单。另外，当时政治上、文坛上有地位的人及与主试官关系密切者，皆可推荐人才，影响考试结果，这种行为被称为"通榜"。这样一来，赢得主考官或相关有能量的官员青睐变得无比重要。考生们以极工整的书法将自己的诗文誊录下来，做成精美的辑录，呈给朝中权贵。之后，此举被渴望功名的文人们不断发扬光大，成为他们自我推荐的方式。

无奈中，杜甫只得期望能以这样的方式引起权贵们的注意，将诗文当作敲门砖，敲开一扇通往官场的门。杜甫诗作中，有一首诗叫《奉赠韦左丞丈二十二韵》，就是一首典型的行卷之作。不妨看看其中几句："骑驴十三载，旅食京华春。朝扣富儿门，暮随肥马尘。残杯与冷炙，到处潜悲辛。主上顷见征，歘然欲求伸。"这些诗句若换成现代散文笔法会是这样的：整整十三年了，我骑着瘦驴四处奔走。寄居于长安逼仄的角落里，过着仰人鼻息的生活，挨过一个又一个旧年，徒劳地迎来新的春天。常常地，天蒙蒙亮就出门，赶到达官贵人府前，趁他们未上班，期望抽空见我一面。傍晚时分，候在朝廷衙门边，等到老爷们下班骑着高头大马出来，我赶紧追上去，希求能和他们说上几句话。每天吃着残羹冷炙，处处令人心生悲哀。当今皇上求贤若渴，不久前还在到处甄选人才，我满腹的志向忽然想要得以伸展。

　　眼下，他在长安已经待到了第十年，一年又一年，他翘首祈盼着，他不辞劳苦地奔走着，那段时间，拮据的诗人开始"卖药都市"，每天都要迎接人们的白眼和唾弃，他像乞丐一样在帝国的首都忍饥挨饿。大概是那些行卷的诗歌和文章打动了哪个官员，让他动了恻隐之心。天宝十四载（755），羁旅长安的第十个年头，杜甫终于等来一个小如芝麻的官职：河西尉。尽管这个卑微的职位来之不易，经过反复思量，杜甫却拒绝了。他太清楚县尉这种职位："拜迎官长心欲碎，鞭挞黎庶令人悲！"他对自己是了解的，这类治安捕盗的差使，令他望而生畏。这些年东奔西走，让他见识了太多恶狠狠的小官吏，他做不了这种阿谀奉承、欺下瞒上的小官。他的抗拒竟然起了一点小作用，朝廷改任他为右卫率府胄曹参军，一个从八品下的小官，主要职责是看守兵甲器杖，掌管门禁钥匙。

就在杜甫上任没多久，安史之乱爆发了。安禄山的大军击碎了一场盛世的迷梦。最坏的日子都在后头呢。

天宝十四载十一月，杜甫在离乱里回家省亲，才知道小儿子已被活活饿死。

至德二载（757）四月，杜甫冒着生命危险，穿过四起的狼烟，沿着小路逃出长安，追随唐肃宗来到中央政府临时驻地凤翔。尽管双脚已踏入了乱世，杜甫心里"忠君"的执念并未有任何动摇，他在诗中描画了来到凤翔的自己，"麻鞋见天子，衣袖露两肘"，我们无从得知他是不是有机会近距离面见天子，但这副落魄相确乎肉眼可见。

五月，杜甫被朝廷任命为左拾遗，一个指甲盖大小的谏官，不过拥有向皇帝提意见的权利。就是因了这个危险的权利，杜甫的左拾遗还没做到一个月就出状况了，因为房琯被肃宗皇帝罢相，杜甫向皇帝表达了自己的不同意见，这令肃宗皇帝对他心生了反感。若不是新任宰相张镐出来说了话，或许杜甫连性命都没了。那年闰八月，皇帝索性给了杜甫一个长假，让他回乡探亲去了。这个连官服都置办不起的落魄的小拾遗，顶着满头白发，走在难民的队伍里。

至德二载十月，肃宗皇帝回驾首都长安。十一月，杜甫携带家眷，举家到了长安，仍担任尴尬的左拾遗，这份差使一直持续至乾元元年（758）六月，肃宗皇帝贬杜甫为华州司功参军，让他管理当地的祭祀、学校、考试等文教工作。

　　这显然是一段痛苦的经历，这样的小职位不仅连温饱都解决不了，而且工作环境和工作状态都极折磨人。杜甫写过一首诗《早秋苦热堆案相仍》，吐槽整日为堆积如山的公文所迫，心里烦躁发狂的情景，诗中说：天气酷热，食欲全无。还在为夜晚宿舍里的蝎子发愁，苍蝇也成群结队飞舞着。束紧腰带穿着齐整的厚衣服快要将人逼疯了，案头文件却又火急火燎地亟待处理。此刻，多想逃到郊外，赤脚踏在冰上就好了。

　　于是，索性放弃掉这鸡肋一般的官职。乾元二年（759），杜甫一家由华州到了秦州，随后又投奔了同谷。杜甫不会忘记那个饥寒交迫的冬天，自己穿着粗布短衣，踩着半尺厚的雪，扛着锄头上山挖黄精的情形。

　　为了生计，考虑到中原民不聊生，西蜀一带却因为天然的地理屏障，还保持着相对的安定，大概百姓的生存境况也会好一些。那年冬天，杜甫毅然决定不避路途险恶，翻越蜀道到成都去。行程一个月左右，他到达了成都。在城西筑草堂为家。那是一段值得怀念的时光，尽管是异乡的远客，但恍惚间仿佛在浣花溪畔重新拥抱了和平宁静的生活。

　　只是成都的生活依然不能赐给诗人一个祥和的晚年。时代的动乱，像大地震之后的余震，这个走着下坡路的帝国，已经没有能力平息民间四起的乱象。因剑南兵马使徐知道于宝应元年（762）兵变，成都几成危城，杜甫只好离开浣花溪畔，避乱梓州、阆州等地。

　　永泰元年（765）五月，杜甫告别了成都草堂，于大历元年春天来到夔州……

一生多么漫长，恍如无穷的长江水；可在回忆里，又那么短暂，短暂得就像这个冬夜，像那一阵自江边吹过去的风，转瞬间已永不再来了。

船在湘江上走着，青天在上，水在下。他越来越乏力了，寒气交织着湿气，江水漶漫啊；他越来越恍惚了，时日将尽，音书渐绝。"亲朋无一字，老病有孤舟"。他的世界很小，小到连腿都伸不开了，小到只剩这立锥之地了。他的惆怅很大，大到漫过整个帝国的黄昏。

船在湘江上走着，青天在上，水在下。

船在湘江上走着，青天在上，水在下。冬天深了，时日将尽。

他写下长诗《风疾舟中伏枕书怀三十六韵奉呈湖南亲友》，这是杜甫的笔发出的最后一声叹息。一生的艰难和困厄都定格在他的诗里，他的心挂念着受难的人，挂念着干戈难平的中原，挂念着与他一样在大唐微弱的喘息里挣命的无望的生灵。

770 年冬，杜甫死在船上。

他一生的远行始于船，终于船。

这是个没有春天的新年。这一年。所有的悲欢

都和李贺无关了。曲江间之喜宴。雁塔题名。杏园

探花。这些在梦中在想象里一回、上演的情形。

都如镜花水月般于一夜间消散了。

节录自秋冷长安静斋周琴

秋冷长安

深秋的夜，空气显出了冷冽。三更已过，白日的喧响褪去，寂静笼住四野和屋舍。

杜牧躺下有一会儿了，睡意如轻纱一般覆盖过来。急促的敲门声突然响起，敲门声夹杂着高声呼喊："牧之先生，牧之先生，有您一封重要信件！"杜牧心下一惊，想着一定出了大事。赶紧披衣起身，令仆人点燃烛火，急匆匆去开门。

将信凑近白瓷莲瓣座灯，才看清是集贤学士沈子明写来的急件，沈子明即沈述师。那段时间，杜牧在沈子明兄长沈传师处担任幕僚，沈子明钟情诗词文章，时常来拜会杜牧，吹吹牛，聊聊诗和人生。

半夜三更让人送急信过来倒还是第一次。

展开信，目光从沈子明俊逸的小楷中拂过，尽管灯焰光线微弱，纸和字都静默不响，可从笔迹里，杜牧似乎能感觉到沈子明激动的情绪。他的字迹飞动跳跃，急切地要将内心的意愿一吐为快——

今晚，酒喝得多了些，竟难以入眠。起来翻书，顺手整理书房中几只书箧。没想到竟翻出故友李贺四卷诗稿，里面有二百三十三首诗，真令人激动。这几卷诗稿，前些年总随身带着，这几年，四处奔波，走南闯北，再未曾见着过，以为散失久矣。没想到，十数年过去，他的遗稿会突然在这个秋夜回到我面前。今晚，想起曾与长吉共度的时光，想起我们一起开过的玩笑，想起我们一起到过的地方、看过的风景、吃过的饭菜、喝过的酒……竟禁不住泪流满面。长吉早逝，无家室儿女，无人恤问。这些诗，是他在人间的延续。这个难眠的夜晚，突然想到，若请牧之兄为长吉的诗集写一个序，讲清楚这些诗的来处和特别处，或许能稍稍宽慰我心里对他持久的念想。

读完这封半夜送来的信，杜牧不禁哑然失笑了。"这个沈子明啊，果真喝醉了，大半夜写这么一封信来，就不能等到天亮吗？"

感动归感动，那晚，杜牧并不打算接下这个差事。李贺有绝世才华，诗集的序岂是他杜牧适合写的？这样的心理很有些出人意料。到了大和五年（831），杜牧高中进士已三年，也算得上是名动京华的人，何曾臣服过别人的才华？

推托了几回，杜牧最终拗不过沈子明，答应写这个序。

自深秋开始，杜牧翻阅诗稿，研读这位比自己年长十三岁的"前辈"诗人的大作，两颗诗心在时空中交汇了。

二百三十三首失而复得的诗，在杜牧心里激起了一片回响：

"云烟绵联，不足为其态也；水之迢迢，不足为其情也；春之盎盎，不足为其和也；秋之明洁，不足为其格也；风樯阵马，不足为其勇也；瓦棺篆鼎，不足为其古也；时花美女，不足为其色也；荒国陊殿，梗莽邱垄，不足为其怨恨悲愁也；鲸呿鳌掷，牛鬼蛇神，不足为其虚荒诞幻也……"这是杜牧眼中李贺的诗，二百三十三首诗，越过了死的沉重，那个姿态万千、云谲波诡的李贺，那个绮丽冷艳、愁心百结的李贺将在这些诗句中活下来。

采　诗

像许多天才一样，李贺早早地表现出过人的智慧。七岁时，便以"能诗"闻名乡里。十五岁，与五十余岁的大诗人李益齐名，当时人称"二李"。

虽算不上家境优渥，李贺也可谓系出名门。往前追溯，他的高祖为郑王李亮。李亮何许人也？唐太祖李虎的第八子，唐高祖李渊的第八叔。这样一来，李贺算得上一门皇帝的远亲，诚如他在诗中自谓的那样，他是"王孙"。只不过到了李贺父亲一代，李家这一支早已式微。李贺父亲李晋肃曾任"边上从事"，唐德宗贞元初年，迁官河南陕县县令。

李贺生于河南福昌县的昌谷，此地位于西京长安与东都洛阳之间的古驿道上，距离唐朝两大都市都不远，又有好山好水。南面女几山，气势巍峨，北面汉山、东面凤翼山，古柏苍然。洛河自西南来，连昌河自西北来，两条清澈的河流穿过广袤的大地。两岸水草丰沛，境内翠竹连绵。连昌河畔屹立着古老的塔，洛河与连昌河交汇处，一个庞大的宫殿建筑群巍然挺立，那是始建于隋朝大业年间的皇家行宫——福昌宫。尽管在李贺出生前，宫殿早已荒废，不过昔日的辉煌透过钩心斗角的瓦檐、木柱、宫墙，依稀可见。

李贺就在这片土地上生长起来。在山野间，在洛水畔，在连片的业已废弃的宫殿墙角，在古寺的晨钟暮鼓里，在古老神秘的传说中，一颗少年的诗心跃动着长出翅膀。

这是一个清瘦的少年，体弱多病，瘦得恰如一管狼毫。连心眉，手指比常人长许多。外出时骑一头瘦毛驴，那是父亲送给少年的坐骑。一个皮肤黝黑的、年龄与李贺相仿的小仆人，像一根割不掉的尾巴，总尾随着他。这个小奚奴，是李贺父亲在四川为官时，从蜀地买回的无人照管的孩子。他追随着李贺，在往后的漫长人生里，陪伴李贺，也照顾李贺。

少年李贺早早确立了人生理想，早早地有了不同凡响的抱负。除了博览群书，他时常骑着毛驴走向昌谷的山野，每次外出，少年的肩上都会背着一个破旧的锦囊，或许是从母亲的锦囊改过来的。锦囊中藏有大小不一的纸片，一支小毛笔，一小锭墨。于山野中游走时，若有灵感光顾，少年就会让笔尖舔上墨迹，顺手将诗句写在纸片上，有时，也将诗句写在一片黄叶上，或者写在一片树皮上。这些吉光片羽般的感受，都被随手记录下来，保持着思想最新鲜的形态投入锦囊。傍晚，少年回到家中。母亲总会令婢女将锦囊中随手写上诗的纸片、树叶等整理出来。经常是厚厚一沓，母亲见了，心疼地嗔怒道："儿啊，你这是要将心都呕出来呀！"天色晚下来，家中掌灯吃饭时，李贺往往来不及用完餐，就急切地从婢女手中接过刚整理出来的"素材"，展纸，研墨，将一天所得变为一首首"正式"的诗，随后折叠好，投入另一个囊中。

于一张张纸页和山间的晚风里，于晨露的微光和鬼神的传说里，少年采撷着他的诗句。

初　光

内心的理想在逐日长大，少年的脚步也正在前往更开阔的世界。

元和元年（806）六月，韩愈回到长安，权知国子博士。第二年，由于京城政治纷争，韩愈主动提出到洛阳去，担任洛阳分司的国子博士。那时，韩愈已有"文章巨公"的名声，又作为分管洛阳的学官，身边自然围绕着一大批知名文人，李翱、皇甫湜、卢仝、孟郊、贾岛……都被称为"韩门弟子"。

唐代科举试处于初创阶段，还未进化完全。说白了，它还不是后来那样彻底严格地按程式进行的平民科举，某种程度上它仍是精英科举。若想在科举中顺利进阶，须得贵人提携。向官员行卷是第一步，李贺想到的贵人是韩愈。撇开这些七七八八的功利因素，就从诗词和文章来说，韩愈又何尝不是李贺向往接近的人物呢？

元和二年（807）的一天，李贺叩开了韩愈的官舍，向韩府的门人递上一卷诗文，求见韩博士。一天午后，韩愈送完客人，打算于困倦中宽衣午休，门人递上了李贺的行卷。李贺？似有所耳闻，这并不是一个特别陌生的名字。不过，这些时日，上门求见的人太多了些，有名的，无名的；有背景的，无背景的；有真才实学的，混个过场的……不得不说韩大人出现了审美的高度疲劳。这些卷轴，好比一个人的门面，或者说是一张士子向外展示自己的名片，制作无比精心，从用纸到书写都分外考究，须"厚纸谨字"，纸张要选择坚韧耐磨的，字迹要端庄秀丽，一般一轴只写十六行，每行不超过十一个字。

尽管形式精美，内容却还是那样的内容。这几年，韩大人见多了华美、绮丽、软塌塌的诗文，说实在的，乏了。

不过那个午后，韩大人没有想到，当他随意将目光投向这一轴新送来的行卷，落在正文第一首诗上时，昏昏欲睡的大人，突然一激灵。"黑云压城城欲摧，甲光向日金鳞开。"韩大人整个人都被诗句中奇异的情状捉住了。这种感觉像什么？像沉闷午后卷地而起的大风；像黏滞暑气里一场劈头盖脸的清凉的雷雨。

韩愈睡意全消，重整衣衫，匆匆打开门，一边就喊门人："那个送行卷的人呢?"

守门的仆人有些纳闷,过了会儿才反应过来:"在这儿等了良久,此刻已离开一会儿了。"

韩愈急急追出去,门人也紧跟着追了上去。两个人的脚步声在青石板路上踢踏作响。这是唐朝文学史上又一个动人的时刻,一位文坛领袖脚步匆匆地追赶上门谒见、又失望而返的后生。

那个午后,李贺的诗,被郑重地摊开在韩愈的书房里,一字一句地接受韩大人目光的检阅。韩愈是什么人哪,这些奇绝的诗句,在他面前跃动着,他即刻嗅到了天才的气息,这样的气息几近绝迹,在凡夫俗子的文字里,在惺惺作态的文赋中都是断然没有的。那个下午,平日里内向寡言的李贺,与韩愈仿佛老友重逢,相谈欢畅。

骑上瘦毛驴,慢慢蹀回仁和里住处的路上,少年的心里鼓荡起希望,就像这个他置身的季节,一种压制不住的生命力在路旁,在洛阳城角角落落扩张着。他第一次真切地感觉到:理想,并非虚无缥缈的东西,它就亮在自己的前方。

元和五年(810),二十一岁的李贺参加河南府试,正式踏上科举之旅,这是那个时代读书人的必经之路,是"人间正道"。放榜时刻,少年的名字赫然在列。洛阳城内,李贺的名字渐渐在朝堂和坊间传开。

考试结束,河南府尹房氏举办宴礼,李贺也在邀请之列。席上,李贺又一次见到了韩愈,尽管韩愈并非这场府试的主考官,但韩愈一直关注着这位才华横溢的年轻人,他郑重地劝李贺年底赴长安,参加来年早春进士试。

这条功名之路，李贺本该在十八岁就踏上的。但那年，他却遭遇了一场父亲离世的大变故。按大唐律令，父母丧，儿子须在家守制三年，三年内是不能参加任何考试的。这个冬天，否极泰来，他要轰轰烈烈开启远大前程了。

楫 摧

元和五年深冬，李贺早早来到长安。来年正月的春闱迫在眉睫，各地士子陆续到来，会集到帝国的首都。漫长的寒窗苦读，日复一日的冷板凳，为的就是有朝一日走向长安，去挤进更高的阶层，去拥抱天子脚下的生活。

赶考的人群里，有青涩的少年，他们因为才气过人，早早就过了府试，迈入了举人的行列，他们额头光洁，目光清澈，眼神里闪动着希望；有成熟的中年人，这些人中有少年得志，而后逐渐沉沦的人，也有一步一步负重前行的人，他们大多经历了数次大考，已显出了颓势，眼神里满是波澜不惊；还有年事已高、须发皆白的老者，他们反倒往往是沉静的，春试仿佛一个信念，考上了自然快意，没考上似乎才是常态，他们一回一回地来，又一回一回铩羽而归，这件事于他们就是一个既定仪式，合着时序进行就好了。

李贺呢？"少年心事当拏云"，他自然对这场春试抱有非同常人的期待。尽管年轻，但他为此付出的心血和努力却一点也不少，这是一条他认定的道路。

举子来到长安，安顿下来后，先到礼部报到，向礼部缴纳文解和家状，结款通保，并接受有司审核。文解是当地州府发给举子们的证明文书，相当于当时的准考证；家状则是家庭状况表，上面会涉及考生的姓名、籍贯及祖上三代名讳等个人资料。

李贺很快完成了这一例行公事的程序。

不过世事难料。大军挥师，令将军折戟沉沙的可能并非强大的敌手，而是脚底一个暗疮；万里征途，令旅人寸步难行的可能并非山洪和塌方，而只是道上一枚来路不明的钉子。李贺做好了各项细节准备，想好了赴考场那天该准备哪几款干粮，他备下一锭新墨、两支狼毫、一支羊毫……

万事俱备，只欠东风了。

可在长安安顿下来没多久，就有人举报河南考生李贺，举报内容是李贺不顾父讳，贸然参加进士考试，违反了唐律规定。李父名"晋肃"，与"进士"近音。古老的中国，避讳一说自古有之，遇到和君王或尊亲名字相同的字，应避免直呼其名，或缺笔或以其他字替代，也被称作国讳和家讳。唐律规定，凡官职名称或府号犯了父祖的讳，不得"冒荣居之"，例如父祖名中有"常"的，不得任太常寺中官职，若本人不曾注意，一旦查出，后果很严重，不但削去官职，还可能判刑。到了后来的宋代也有这样的事，如果进士入试，题目中有需要避家讳的字，考生就要借故出来，不参加这次考试。

举报事件瞬间将李贺打入冰冷绝望的地狱。他欲哭无泪，寝食难安，惶惶不可终日。他决定去找韩愈。

这件事重重地捶打着李贺，也给了李贺的伯乐韩愈沉重一击，举报人明确说了："贺父名晋肃，贺不举进士为是，劝之举者为非。"说白了，你韩愈是有连带责任的，你不是竭力推荐李贺考进士吗？天底下，竟有这样的荒唐事？且不说举报者卑劣，堂堂的大唐帝国政府竟要冷酷到因为两个字的谐音，而将一个旷世才子永远拒之于门外了？

李贺不甘心，韩愈也不甘心。不甘心的李贺无处诉说，不甘心的韩愈却发誓一定要讨还一个公道，他倒不是害怕"连带责任"，他是真的懂得，真的怜惜。

一不做，二不休，大唐帝国文坛上的执牛耳者韩愈写了一篇文章，叫《讳辩》，文中，韩愈克制着心内的激愤，有理有据地展开论述，企图以理性刺破戒律的荒唐和愚昧——

礼法上说："两个字的名字只避讳一个字。"解释者说："孔子母亲名'徵在'，孔子在说'徵'时不说'在'，说'在'时不说'徵'。"礼法上又说："不讳声音相近的字。"解释者说："譬如'禹'之与'雨'，'丘'之与'蓲'之类。"李贺父亲名晋肃，李贺考进士，是违背了二名律，还是违背了嫌名律？父名"晋肃"，儿子不可以考进士，倘若父亲名"仁"，儿子岂非不能做"人"了？试问避讳自何时开始？制订礼法制度教化天下的，不是周公、孔子吗？而周公作诗从不避讳，孔子也不同时避母亲名字中的两个字，古代

典籍《春秋》中对人名相近不避讳的事，也从未加以讥刺。周康王
钊的儿子，谥号"昭王"；曾参父亲名"晳"，曾子不避"昔"字。
周朝时有一个人叫骐期，汉朝时有一个人叫杜度，这样的名字让他
们儿子如何避讳？难道为避父名的近音字，就连姓也避了？还是就
不避近音字了呢？汉代讳武帝名，人们遇到"彻"字就改为"通"
字，未听闻要避讳近音的"辙"字；讳吕后名，遇到"雉"字就改
称"野鸡"，可没听说为避讳将"治天下"的"治"字改为别的什
么字。现在上送奏章下达诏旨，也没听说要避"浒""势""秉"
"机"，只有宦官和宫女，才不敢说"谕"和"机"，以为这样是犯
讳的。君子的言论行动，究竟应该依照什么法度？总之，现在无论
是考据经典、对照礼法还是查核国家典章，李贺参加进士考试，到
底可以还是不可以呢？

…………

韩愈的文章可谓字字在理，句句雄辩，韩愈悲愤的质问却未激
起该有的回响。尽管许多年后，这篇文章穿越了千年时光，进入华
夏民族后人的教科书中。千年后，琅琅书声响起，意气风发的少年
们坐在窗明几净的课堂里，学着韩愈发出了同样的质问，他们被告
知这是封建陋习对才华的戕害，他们却不那么相信，毕竟这件事遥
远得像一个不切实际的梦。

这般的荒诞切切实实落到了李贺头上。他"犯"下的并不是什
么大事，不过人间的法则是很奇怪的，若真有大事，恐怕还能开掘
出一条光明的通道来。李贺遭遇和面对的，并非具体难题，而是一

个堂皇又闭合的观念，没有比这种事更可怕的，那是一股庞大的惯性，所过处摧枯拉朽。李贺犯父讳的事，经过探讨，性质已然上升到"不孝"的境地，卫道者们坚定地认为维护正统的孝道比探讨一场考试的公平，探讨一个"人才"的去留重要得多。

到后来，已经不再是韩愈的文章是否雄辩的事，也不是李贺的才华是否足够过人的事，而是直接一票否决，当权者以道德和人品为名将李贺直接挡在了科举考试的门外。

李贺人生中某些重要的东西彻底断裂了。年少的理想、宏伟的抱负、兼济天下的壮志都像横遭了一场大地震，坍塌了，一地废墟在灵魂深处轰然作响，以至于他后来写下"长安有男儿，二十心已朽"的诗句，真可谓字字灼心。

尽管韩愈和皇甫湜，以及正在长安的好友都陆续来宽慰李贺，李贺还是不得不于那个深冬，回到故乡去，在无尽的绝望里，他只想返回故园，或许只有那里才能让一个人获得安慰。可他又害怕回昌谷，他害怕老母亲疼惜的目光，更害怕乡人们口无遮拦地谈论他的考试。

这一次来长安，李贺是怀抱着憧憬的，但长安竟这般冷酷。她没有向这位一心渴望靠近自己、拥抱自己的年轻人投来哪怕温情的一瞥。

冬天未过，春天远未到来。下过了几场雪，瘦弱的毛驴走在古道上，积雪还未消融，空气冷冽。李贺觉得很冷，那种彻骨的冷，那种镌刻到灵魂深处的冷。

这是一个没有春天的新年，这一年，所有的悲欢都和李贺无关了。曲江闻喜宴、雁塔题名、杏园探花……这些在梦中、在想象里一回回上演的情形，都如镜花水月般于一夜间消散了。

奉礼郎

回到昌谷，李贺仍然像蛰伏于深冬的虫子，一味沉沦下去。他时常在无边的山野里踟蹰，形影不离的巴童也被支开了。不要任何人跟随，只和瘦驴相伴。一种生命的无力感控制着他，这是一股个人无法摆脱的力量，并不表现为尖锐的对抗，却无时无刻不在控制着他。

大概元和六年（811）四五月间，李贺接到发自长安的信函，让他即刻动身赴长安。其时，韩愈任行尚书职方员外郎。

韩愈心里一直记挂着李贺，担忧着李贺，他无法想象这个年轻人不断消沉下去，毁于一旦，将是一场多大的悲剧。韩愈提醒自己，不能眼睁睁看着李贺塌陷下去，任由他被生命的无望吞噬。之后，韩愈听到一些中央政策，正好赶上一个"恩荫赐官"的机会，就当仁不让地推荐了具有皇族血统的李贺。

接到信函，李贺即刻动身前往数月前逃离的长安。当初离开时，真有想过此生不会再入这伤心地。人生多么不可预计，几个月后，他竟再一次怀藏着希望来了。

是啊，谁的人生都有困境，都没有更多选择。为了找到一条出路，每个人都在扎挣着向前走去。这段时间他不止一次地忧虑起自己的前程，若能去长安谋得一官半职，或许是晦暗时光里一点微弱的希望。

在韩愈、皇甫湜等人的推荐下，又恰逢朝廷"恩荫赐官"的政策，李贺通过重重考核，得到一个奉礼郎的职位，这是芝麻大小的官，从九品上。奉礼郎从属太常寺，唐时设两名。南朝史学家范晔所著《后汉书》中有对"太常"一词的定义："欲令国家盛大，社稷常存，故称'太常'。"唐代训诂学家颜师古在《汉书注》中对"太常"一词作出了更具体的说明："太常，王者旌旗也，画日月焉。王有大事，则建以行，礼官主奉持之，故曰奉常也。后改曰太常，尊大之义也。"在古代，"寺"指官署。唐代"太常寺"为礼乐之司，主要职能在于掌管礼乐仪制和陵庙群祀，位于九卿之首，是国家礼仪制度的重要组成部分。

奉礼郎的工作职能是庞大仪式里的一个小分支，任务为掌管祭祀、供奉、安设坛位祭器及赞导礼仪等。用白话来讲，就是参与服务帝王和朝廷祭祀仪式，成天与祭品、祭器、神牌等打交道。

授予官职后，按吏部相关政策，李贺搬入崇义里的太常寺官舍。崇义里又称崇义坊，位于长安城朱雀门街东面第二街，是热闹繁华的长安一处僻静之地。

李贺曾在《始为奉礼忆昌谷山居》的诗中描绘自己初到长安履职的情状。那是一段格外孤寂的时光。下班后，踏着夕阳，独自走回官舍，官舍前的地面，晨起后被人洒扫了一遍，显得空空如也，连一只马蹄印都找不见。这似乎是一个被遗忘之地，绝少有人想起这样一处官舍，更鲜有人上门走动。院落中，只有青砖和灰墙，并无花草点缀，唯一令人欣慰的是院中有一棵小枣树，日日陪伴着这个异乡人。每日回来，于锅中煮熟一锅米饭，就着简单的菜蔬解决完晚饭，这一日就算过去了。百无聊赖里，目光落向墙上的如意，盯着它反复看；或者在竹帘前坐着，手里握着母亲织就的那块小方巾，陷入久久的遐想。每个夜晚，无论是月色洒入木格子的窗棂，还是细雨飘向瓦檐，他都会念及遥远的故乡，念及母亲和弟弟。

多想念故乡的茶呀，此刻它封存在瓦罐里，无人开启；竹根雕成的酒杯，也束之高阁，再无人用它喝酒了吧？待到明月朗照的夜晚，谁会划着桨，荡舟在落满云彩的连昌河上？

孤寂从来不是一件最可怕的事，如果我们正从事着一项伟大事业，自会有一番踌躇满志的情绪将寂寞打成齑粉。可奉礼郎从事的又是一项什么事业呀？如果你非要探讨它存在的重要性，自然很是可以讲出一二三四个令人钦佩的理由：什么事关江山社稷，事关国家威仪颜面，什么这是国家文化根脉所系之类的。但当你置身其中，似乎很难将一日日面临的琐细卑微和高大空的概念连接在一起。

大多数时刻，奉礼郎是一份无所事事的差使。但若赶上一年中那几个例行的重大祭祀，太常寺中每个人神经都紧绷着，这些看似沙砾大小的事，只要出一点差错，就有可能招来重大罪名，甚至杀身之祸。哪怕掉落一个酒杯，或者弄错了宰杀好的牲畜的朝向，皆为大罪。

奉礼郎要做的事，只是整个大典进行中微小的一环，这种级别的官员，还远远轮不到主持大典。他的工作只是掌握朝会、祭祀时群臣站位的次序，或在大典仪式推进过程中充当司仪，引导百官完成拜跪的礼节，或发一句号令引导百官叩拜，类似"拜""再拜"这样的号令。还有一项工作，王公大臣巡行陵寝时，奉礼郎也要负责安排仪仗队站位，辅助他们完成祭拜仪式。

看似如此简单的过程，操作起来却无比繁杂，大典仪式上，小官吏们通常一站就是几个小时，任大人物和上司差遣呵斥，绝无二话。李贺曾形容自己疲惫得像由人摆弄的刍狗，刍狗并非活物，是古代祭祀时用茅草扎成的"狗"。

以上讲的是琐细的事务，奉礼郎这个职位，最难熬的恐怕是值守斋坛，这真是一件守着死人的活，看似不容懈怠，实则毫无意义。李贺就轮到过风雪夜值守斋坛，独自困于荒郊，恍如置身千年古墓。万籁俱寂，只听得风雪在旷野上嘶吼。

夜黑如漆，一盏青灯吐出微弱的光线，一卷《楚辞》，一卷佛经，大概是唯一可载着他度过长夜的舟楫了。

起先的新奇感很快过去，每一场祭奠仪式几乎如出一辙，哪怕祭器的位置都不容挪动丝毫。一日一日，李贺在宗庙大殿的阴影中，看着那些与自己一般卑微的小官吏们，在庞大的皇家威仪面前噤若寒蝉。有些稚气未脱，脸上写满了青涩；有些已两鬓斑白，腰背伛偻。他们的大半生，就这样静悄悄地被古庙与祭坛消耗殆尽了。

有一年秋天，雨连日下着，一场秋雨一场寒。李贺蜗居于官舍中，写下一首《崇义里滞雨》。羁旅异乡的惆怅飘落在纸上，仿佛深秋的落花，寂然地落向寒凉的水面。根据原诗，可修复一千二百年前那个落雨的秋天——

谁家的男儿，流落在异乡，独对长安一城秋凉？他可正值青壮之年啊，却过早愁白了头发，没有人听见他梦中的悲泣。他仿佛一匹干瘦的马，以枯草为食。冷雨潇潇，他多像一粒水沫漂浮于寒冷彻骨的沟渠。站在官舍边，贡院的旧帘遥遥在望，更声穿透雨丝，幽怨又寂寥。家山隔千里，在那天边，云脚的东头，才有他的亲人。满怀忧思，枕着剑匣入眠，或许只有在梦里，才能触及封侯的理想了。

日复一日，月复一月，愁绪像秋天一般寂寥、雨水一般绵密。一年过去，两年过去，李贺以为能够等来升迁的希望，两年后，心下那一丁点侥幸终究消磨殆尽了。在庞大的帝国内部，没有人会将目光投到宗庙墙角一个小小的奉礼郎身上。挨到第三年，李贺生了一场大病，他躺在病榻上，深深意识到鲜活的生命正在被剥夺，也意识到这番消耗最终可能会熄灭身体里仅剩的活气。

元和八年（813）春天，李贺以生病为由，辞去奉礼郎一职，回到故乡昌谷。返乡路上，春色正好，南风扑面而来，瓦蓝的天幕上，白云在自在地走动，他禁不住落下泪来，忧伤的诗人突然有了一种如释重负之感。一套官服，犹如一具枷锁，此刻他重获自由了。

他 乡

故乡的生活，闲适散漫，山野和大地，流水和星辰，都是治愈病体的良药。数月过去，李贺觉得身体内里那股阴郁之气渐渐消散了，也逐渐地从疲倦中恢复了体力。

一旦精神茁壮起来，他便再次陷入人生去向的思虑中。

这段长长的休整中，李贺想到了一个去处，或许可以"曲线救国"，在那里间接地找到一条出路，成就一番抱负。他要去的地方叫潞州，在大唐帝国版图的北方，位于现在的山西长治一带，当时由昭义军节度使管辖。元和五年，郗士美拜河南尹，不久又迁任检校工部尚书、潞州大都督府长史，充任昭义节度。唐朝中后期，藩镇割据，战乱此起彼伏，前任节度使卢从史反叛朝廷，被削职，后被赐死康州。直到郗士美上任，打了一些胜仗，潞州泽州一带出现了短暂而珍贵的和平。郗士美的好名声，也就此在各地流传开来。

李贺之去潞州，个中原因颇为曲折，从表面看是投奔张彻去的。张彻为元和四年（809）进士，是韩愈的侄女婿。他与李贺是至交，当时正在潞州昭义军节度使郗士美的幕府担任幕僚。李贺此行，真正的醉翁之意却在郗士美，他希冀得到郗大人赏识，从而打开一片天地，实现男儿的抱负。

元和九年（814）秋天，李贺出发了，奔赴生命下一程。过宜阳、东都、河阳，入太行山，到长平、高平，最后抵达遥远的潞州。一路向北，他仿佛找回了人生的方向。路途坎坷艰辛，但置身于全然陌生的天地，他觉到自己的眼界开阔了许多。他还年轻，还有念想，走出去，走到广阔世界里去，大概这便是希望。

在潞州的幕府中，李贺以客人身份，协助张彻料理公文，以此为郗士美和他统领的昭义军效力。张彻与身后的大老板郗士美都很敬重这位远道而来的诗人。不过很可惜，现实永远和传闻中的情状相去甚远。李贺未曾预料到，尽管郗士美的昭义军为讨伐藩镇叛军打了许多胜仗，却备受其他节度使排挤，而中央层面也日益冷落郗士美。紧接着，帝国内部出现了严重危机，包括蔡州刺史吴元济叛变，征讨叛军的将领王承宗和李师道暗中勾结吴元济，致使藩镇割据势力再次猖狂，奉命前去讨伐的其他各路王师则尾大不掉，虚报战况。而在帝国的中央也发生了一件耸人听闻的事：元和十年（815）六月三日清晨，力主对边境势力施以重典的宰相武元衡前往大明宫上朝时，于靖安坊东门，被躲在暗处的刺客杀害，同时上朝的御史中丞裴度也于当天遇刺受重伤。

如此紧张的外部形势，让郗士美心灰意懒，再也无心戍边了。他向中央朝廷请了病假，回洛阳休养去了。郗士美的离去也让张彻看到了前程的渺茫，只好借机回长安。而李贺则在那段时间，生了一场旷日持久的病，病情相当严重，让他为还乡感到担忧，甚至觉得自己再没有力气走完这么遥远的回家路了。

元和十一年（816）深秋，病得奄奄一息的李贺，翻山越岭，走过了漫漫旅途，扎挣着回到故乡昌谷。留给他的时日已不多了，绵延的南山，青葱的竹林，一回回荡舟其中的昌河、洛水⋯⋯他才发觉，这一切稀松平常的事物，这一方土地，都没有看够。他爱奔驰的骏马，爱削铁无声的宝剑，爱吃冬天的新笋，爱饮陈酿的醽醁，爱桃花乱落如红雨，爱皓齿歌、细腰舞⋯⋯都没有爱够。

他没有爱够。这天空下漂泊的孩子，就在那一年死在了故乡的土地上，年仅二十七岁。

多年之后，李商隐来到连昌河畔，他专为寻访李贺遗踪而来。之后，李商隐反复打听，又去拜会了李贺嫁入王家的姐姐，从姐姐口中听到许多李贺的往事，这位大诗人写下一篇五六百字的《李长吉小传》，这就是故事后来的样子。

温庭筠有想过年读闲适地过完一生。到长的

小路上散步。一直走到落日西沉。记住每一种花

的生日。听不同的树歌唱。到长安会腰肢柔软

的歌伎。看美人在罗帐间舞动烛影。喝酒。喝

酒。以黄昏喝到新月升起。

节录自 杜陵梦人碑 周兴周

杜陵梦碎

温庭筠

　　那年发生的事，像一个挥之不去的噩梦，许多年后回想起，温庭筠依然认定这件事关乎着命运风向的转变。如果那年他没去淮上游历，或者即便去了，而没有长住在姚勖府上，或者长住在姚勖府上，而没有挥霍他赠予的银两，命运或许不会是后来的样子。

　　唐大和年间，这个满腹雄心的年轻人，为了理想离开故乡。按照唐朝久远的惯例，一个有为青年想最终进入京城，跻身上流阶层，必须有丰厚的人脉托底。显然，温庭筠已知晓这个道理。不过初出茅庐的小青年实在想不到可以找谁抬举自己一把，思量数日，突然想到一个可以依靠的亲戚——姚勖。姚勖，温庭筠表亲，论辈分，或许该称呼他舅舅。这位舅舅可不简单，他是初唐宰相姚崇的五世孙，唐长庆元年（821）进士，其时在淮上担任盐铁官，更要紧的是，其为人与学问深受当朝兵部尚书、宰相李德裕赏识。温庭筠相信投奔这位亲戚一定会有所获。

起先，姚勖格外看重这个小青年，他的诗词、文章、音乐修为都令人眼前一亮，好比立于鸡群里的鹤，只等一个时日，振翅一跃冲向云霄。想到他远道而来身边没有其他亲人，姚勖就常常慷慨解囊，时不时给他些零用的散碎银两。数月后，府上有人发现了异象。除了诗词文章，除了一心想要进入仕途，这个小青年还有一桩嗜好——逛烟花柳巷、找妓女饮酒作乐消磨时光。姚勖也很快得知，自己的银两为这小子寻花问柳买了单，一片拳拳之心尽数打了水漂。这位向来审慎耿直的长辈火冒三丈，狠狠地笞打了这不争气的浑小子一顿，并将其逐出了姚府。这件事如果发生在普通人家，也算不得什么，但它偏偏发生在一个受人瞩目的官员府上；遭受笞打的人如果是个普通人，也算不得什么，偏偏他又是当世才子。种种传言就像长了脚一样飞跑开来。

这件事带来的坏影响不仅面广且日深。后来，温庭筠想去投奔淮南节度使牛僧孺，牛僧孺属下有像杜㧑、臧仓一类的小人又向牛大人重提了这陈芝麻烂谷子的事。由此，牛僧孺不但断然拒绝温庭筠的入幕请求，还表现出自己对这个年轻人的憎恶态度。牛僧孺的态度颇令人费解，他尽管看不惯年轻人不检点，但似乎又不是一个有道德洁癖的人，因为同样的事，也发生在他的书记官身上。大和七年（833），杜牧拜到牛僧孺府上，担任节度掌书记。淮南节度使治所在扬州，牛大人的幕府自然也在扬州，这可便宜了杜牧。扬州自古不夜城，随处可见轻歌曼舞，青楼妓馆星罗棋布。史书上说："九里三十步街中，珠翠填咽，邈若仙境。牧常出没驰逐其间，无虚夕。"这位新晋不久的进士，才华横溢，又风流成性，简直如鱼得水。下班之后，一头扎进"宴游"之中，几乎不肯虚度任何一个良夜。事情很快传到牛僧孺耳朵里，牛大人果然有自己"牛气"的做法，看破却没说破，只是暗中派出三十个小卒，装扮成便衣模样，每当杜牧外出，就尾随其后。杜牧以为自己行事低调，将这"特殊爱好"藏得很深，始终未在顶头上司面前露出马脚，以至于"所至成欢，无不会意"。恣意的时光竟持续了两年，之后，杜牧被朝廷征召为侍御史，离任扬州。牛大人于中堂设宴为其饯行，临别时，说了几句劝勉的话："以你的才华和起点，日后一定仕途通达。不过我也常替你担心，担心你风流过度，影响身体啊。"杜牧心下一紧，嘴上哪肯承认，争辩道："我还是过得相当检点的，不至于烦您操心。"牛僧孺笑而不答，令侍仆取来一个小书籀，从中取出一叠纸片，这是街卒向节度使大人的密报。牛大人递给杜牧，上面无不写着"某夕，杜书记过某家"，"某夕，宴某家"。这下，可真是尴尬了，杜牧泣拜致谢，向牛大人深深忏悔。

同样情状，不同境遇，人与人之间，确乎是有自然吸引法则的，温庭筠于牛僧孺，看来是没有一点眼缘了。

一

温庭筠出生时，父亲给他取名温岐，在现代人的字典里，"岐"既是一座山的名字，也指中医之术。我们无从得知温父给儿子命名的确切意图，只知道这个男孩降生后，父亲对他寄予了较之别的孩子更高的期望。孩童时，温庭筠就被告知自己的远祖是温彦博，唐初名臣，官至宰相。作为名门之后，他肩负着重振家族声望的使命。

这个讯息的出现，仿佛在孩子心湖中投入了一块巨石，激起无数回响。孩子打小就在心里种下了一股信念——一定要入朝为官，以旷世才华为天子牧民，只有那样才算是过一种值得的人生。

生活不会总如人所愿，命运于每个人都喜欢给出一条与人们意愿相悖的路，此类游戏上天百玩不厌。这个从小就被无数人认定为天才的少年，这个在考场上因为才思敏捷名动一时的少年，究竟走到一条曲折的路上去了。

晚唐时期的科举考试难吗？就考试本身而言，温庭筠一点没觉得它有多难。坊间都知道，温庭筠有个外号"温八叉"，这个奇怪的雅号，也正是从考场上流传出来的。《全唐诗话》中记载，考诗赋环节，温庭筠才思敏捷，八次叉手写成八韵，由此人称"温八叉"。温庭筠还有一个奇怪的癖好，大概也是仗着自己才盛，他常常喜欢在考场上"救人"。其时，科举考试还未像后面那样严苛，还不会对作弊者施以重罚，考场上也采用比较疏放的应试方式，当有些考生思维堵塞，突然断片时，温庭筠就出手相救，帮助其完成合韵的诗作。一定有那么些人蒙受了这位"侠客"的恩惠而"高中"进士。而这位"侠客"呢？助人之心迫切，却总找不到属于自己的出路。

遭遇了淮上事件后，温庭筠决定前往长安。既是为来年进士考试做准备，又想在长安找到自己的依靠。这是他第一次走进这座帝国最大的城市，看一切都新奇。他注视过朱门深锁的高墙大院，想着有一天，也将在这样的府邸安居。当年，顾况老眼昏花，说白居易"长安百物贵，居大不易"，不也在读过白乐天诗文后，瞬间改口了吗？他注视过那些骑着高头大马从宽阔街道上过去的人，想着有一天自己也将身着锦衣，如此这般走向长安的官衙。他正年轻，气盛，才盛，内心无畏，未来一切动人的想象似乎皆唾手可得。

毋庸置疑，温庭筠踌躇满志地走进了考场，对他来说得功名有如探囊取物。他想象着曲江边，新柳初绽，新晋的进士们步履轻快地走去，慈恩寺雁塔壁上将郑重留下自己的名字。可人生哪有这样的一帆风顺呢？温庭筠落第了。

落第后，不知道怎样一番机缘触动，温庭筠打算入蜀漫游。那是诸葛孔明谋划蓝图的地方，是李太白出发的地方，也是杜子美一度流落的地方。他从长安出发，前往西南方的剑南道，于桔柏津渡过嘉陵江，到剑州，最后抵达成都府。这是一段长达一千多公里的路途，蜀道难，难于上青天，一路的艰辛我们根本无法想见，但于一个寻求理想与出路的年轻人，一切险阻似乎都不算什么。

在唐代，年轻人要走仕途，主要有两条路，一条自然是举业，这是官方公认的大道；另一条是入幕。在唐代，军政大臣都设有自己的幕府，作为开展工作的重要团队。唐代节度使幕府编制是法定的，又无既定限额，幕客若得到幕主格外赏识，是可以入朝为官的，幕府出身的官员升迁往往也较为机动。更要紧的是，入幕这样一种形式相当灵便，仅靠个人意见做出判定，显然比科举更容易、更快捷。温庭筠此番漫游，自然也与寻求入幕有关，他去了刚改授为剑南西川节度使的李德裕府上。

大和五年（831）春天，温庭筠离开成都，顺岷江南下，抵新津，后到达巫山。这一程远途，显然没有意料中的收获，但于一个年轻心灵的意义不容小觑，离别与远行，长路和羁旅，本来就是灵魂趋向深邃的入口。

二

大和五年，温庭筠回到长安，顺便给自己的人生做了一个大致规划：一边参加科举考试，一边结交权贵。当然，两者相辅相成，参加科考，最终就是为了进入社会的上层；结交上层人士，也是为了在科考中获得可能的赏识。晚唐时期，行卷之风盛行，座主与门生之间的关系唇齿相依，上层的官员是可以左右科举结果的。或许只有跻身那个人脉圈，人生才可能如愿。

温庭筠将很大精力投注到了与公卿子弟的交往中。回到长安后，他交了两个"重要"的朋友，一个是裴诚，一个是令狐滈，前者是宰相裴度的侄子，后者是宰相令狐绹的儿子，当然那会儿，裴度是前宰相，令狐绹也尚未任宰相，怎么说呢，总之他们都有一个位高权重的后台。大和七年，温庭筠又出入宰相李德裕门下。尽管这个年轻人其貌不扬，还落下了"温钟馗"的外号，但这一切并不妨碍他在公卿子弟间八面玲珑。你想想，文采斐然，能倚马万言；善鼓琴吹笛，有弦即弹，有孔即吹；重要的是性情洒脱，酒量惊人。这样风流倜傥的才子，怎么能不成为公子哥儿们宴会中的座上宾呢？陪公子哥儿们赌博饮酒、郊游打猎，从一个宰相府到另一个宰相府，温庭筠走得"如履平地"。

大概也是长久混迹于上层圈子，到了开成元年（836），温庭筠得到了贵人推荐，入东宫，进到太子身边陪游。从后来屡次怀念太子的诗中，我们可以见出温庭筠与太子李永处得相当融洽，这段时光也成为他生命中一段足以向别人吹牛的履历。

不过，政治上一派天真的温庭筠，此时还不能预见，一场可怕的血雨腥风将倾泻到这位他寄予了诸多期望的少主人身上。

开始，李永就不是被皇帝看好的太子人选。文宗皇帝心里，最看重的人是他的侄子——哥哥敬宗皇帝李湛的长子李普。比起李普，自己的两个儿子可差远了。但生命无常，李普还没来得及长到册立太子的年纪就夭折了。此后，文宗皇帝便不再提立太子的事。直到大和六年（832），文宗皇帝克服了犹疑和不情愿，册封李永为太子。

但那个时期，另一桩事始终困扰着皇帝，并成为他的心腹大患。

说到皇帝的闹心事，我们有必要回望一下文宗之前几任皇帝的下场。

安史之乱后，宦官势力逐日坐大。自德宗开启的委任宦官掌管禁军的糟糕先例，给李唐王朝带来了多起血光之灾。此事成为定制后，禁军统领权旁落太监之手，宦官权力越来越不可控。

元和十五年（820），太监王守澄与陈弘志于中和殿弑唐宪宗，对外谎称宪宗服方士金丹而死，随后将唐宪宗第三子李恒推上帝位，即为穆宗。穆宗二十六岁登基，纵情声色，三十岁驾崩。长庆四年（824），十六岁的李湛于先帝穆宗灵柩前继皇位，即为唐敬宗。宝历二年（826）十二月，这位在位两年的皇帝被太监刘克明等所弑，享年十八岁。

穆宗薨，刘克明等伪造遗诏，欲立宪宗之子绛王李悟为帝，太监、枢密使王守澄和中尉梁守谦指派禁军入宫杀死刘克明和李悟，拥立李昂为帝，改年号"大和"，即为唐文宗。

这是皇帝的家族履历，光看看都令人脊背发凉。这大概也是五千年中国历史上鲜有的做皇帝而难以自保的年月。

唐文宗对宦官干政恨之入骨，无奈一直找不到时机加以剪除。后发觉大臣李训、郑注颇有抱负，就与之密谋。大和九年（835），文宗采纳李训计谋，杖杀谋害宪宗皇帝的宦官陈弘志，接着于同年十月命令宦官李好古带毒酒前往王守澄宅第，将其秘密鸩杀。

另一位手握兵权的太监仇士良却一时无法撼动。

十一月二十一日，唐文宗以观赏降落在石榴树上的甘露为名，欲将宦官头目仇士良骗至左金吾衙门后院剿杀。但事情败露，引发了仇士良的激烈反噬，结果李训、郑注、王涯、贾𬤇、舒元舆、王璠、郭行余等数十名朝廷重臣遭宦官屠戮，有的大臣家人也受到牵连，惨遭灭门。这次事变，直接和间接遇害人数达到一千多名，这就是著名的"甘露之变"。

事件平息后，仇士良再次给自己升官，任右骁卫大将军。至此，太监彻底挟制了皇帝，文宗的处境更是每况愈下了。

经历过"甘露之变"，皇帝元气大伤。宦官"迫胁天子，下视宰相，陵暴朝士如草芥"，"甘露之变"后的那段时间，中书、门下省官员每日上朝前，都要与家人郑重话别，因为谁也不知道下午还能不能活着回来。一次闲聊中，文宗皇帝问当值的集贤殿学士周墀："朕可与从前的哪些君王比肩？"皇帝突然问出这样的问题，让周墀有点不知所措，他急中生智，赶紧拣了一句溢美之词："陛下可比尧、舜这样的圣君啊。"文宗叹道："朕岂敢比尧舜，我是想问，我是否能跟周赧王和汉献帝相比。"周墀说："他们都是亡国之君，怎么比得上陛下的圣德！"文宗说："周赧王、汉献帝受制于强大的诸侯，今朕受制于家奴，如此比较，朕还不如他们！"说着，皇帝落下泪来，周墀赶紧匍匐于地。

正因了长久的憋屈和不安全感，文宗皇帝对儿子寄予了厚望，期待他具备雄才大略，期待他日后有能力廓清阉党，重振朝纲。不过李永并未如父亲所愿，或许一开始的不喜欢也让皇帝很难看到太子身上的优点。总之，册封为太子不久，这个少年就让父皇失望了，新晋的太子不但未能刻苦好学胸怀天下，而且"慢游败度"，沉迷声色，这令皇帝很快生出厌恶之心。当然，这中间还有另一桩事也掺和进来。李永为王德妃所生，其时，王德妃色衰而爱弛，杨贤妃正得宠，杨氏忧心太子对自己不利，时常在皇帝面前摆事实，讲道理，指出李永种种不是。这种话由心爱的女人在枕边说出来，说多了，自然就成为皇帝的心病。开成三年（838），皇帝的心病终于发作，于延英殿召集群臣，商议废除太子一事。由于老臣们竭力反对，文宗皇帝最后动了恻隐之心，此事暂被搁置。不过皇帝开了一通杀戒，诛杀了太子身旁数十个宠爱亲近的人，算是狠狠地整肃了一下少阳院的风气。太子回少阳院后，皇帝命令侍读窦宗直等人到少阳院授经，强化对太子的学业管束。

不过，事情在那年十月变得扑朔迷离，太子李永暴薨。传闻被杨贤妃所害，实际是被太监仇士良谋杀，嫁祸于杨贤妃，这件事令文宗心如死灰。

开成四年（839），文宗在宴会上观看杂技表演，有一个小男孩表演爬竿，他父亲在底下来回地转，紧紧盯着竿上的孩子，生怕他掉下来。这一幕父子情深深触动了皇帝，令他想起死于非命的儿子，皇帝当场落了泪："我贵为天子，却不能保全一个儿子。"皇帝落泪后，又起了杀心，下诏诛杀当初诋毁太子的教坊乐官刘楚材及宫人张十十等十余人。

　　一系列发生在太子李永身上的事件，带来强大的旋风和寒流。作为太子陪游，温庭筠的生活并不宁静，想必也充满了各样凶险。在文宗皇帝想要废太子并诛杀太子身旁幸昵之前，温庭筠预感到了死亡的威胁，深切意识到少阳院非久留之地，他选择了提前离开，并没有经历皇帝大开杀戒的那段变故，这大概是他在这个可怕事件中未曾引火烧身的原因。不过这一经历非但未能给他的人生锦上添花，反而留下了一些后遗症，至少在文宗皇帝这儿，亲近过太子的人，都被打上了一个可疑的问号。

　　这又是温庭筠无法预见到的，他只是想着接近权力中心的那些人物，或许有一天会为自己的人生带来某种意料不到的变化，但他没有意识到权力既带来光鲜和荣耀，又是一头疯狂的野兽，它嗜血如命，一旦发作了，见人就咬。

三

　　庄恪太子李永事件后，宫廷内外笼罩着一种不祥的气氛，这种气氛又逐渐向整个长安城发散。温庭筠觉得待在长安城郊的鄠县未必安全，就萌生了出塞的想法。他从长安出发，沿渭川西行，再由回中道出萧关，最后到达绥州一带。此行的主要目的是从军与入幕。这个年轻人，一心想成为国家的栋梁之材，但机会一次一次地与他擦肩而过，现在，为了理想，他决定走一条更长的路，这多少有些曲线救国的意思。

边塞之行，持续了一年多时间，温庭筠奔走在一个又一个边关大营，谒见节度使和戍边将领，自然有很多人知道这位闻名长安的才子，也随处有人请他入席饮酒，却没有人愿意提供一个职位。

开成四年秋，温庭筠回到长安，参加京兆府秋试。考试进行得很顺利，可谓顺风顺水，那场秋试，温庭筠表现格外出色，位列第二，顺利拿到了第二年进士试的资格。温庭筠禁不住窃喜，心下想着，这一回，事情必然可成。京兆府秋试位列第二的人，一般情况下进士试都是十拿九稳的。

从开成四年秋天起，他的心一日比一日热切。

开成五年（840）春，礼部贡院，进士试如期举行，诡异的事情出现了。这场许多人看来能够彻底更改命运的考试，大才子温庭筠却缺席了，因故未能参加，史书上叫作"等第罢举"。有学者做过一个统计，从唐元和七年（812）到乾符三年（876），六十五年中"等第罢举"者仅三十二人，且原因不乏病故等重大意外。而开成五年秋天，京兆府的又一场考试，温庭筠依然缺席。

他究竟遇到了什么？是真的生了大病？其实不然。温庭筠遭遇了一场人际危机，接连不断的毁谤，最终导致了他的缺席。他受到毁谤的原因主要有二：一是寄居淮上浪荡成性，受姚勖笞逐；二是伴太子游，于太子的悲剧中也有不可原谅的过错，所谓"过错"是什么呢？大概他也被算到导致太子不求上进的那一批人中了。

光这两条罪名就够温庭筠受的了。在机遇遍地的长安，满腹才华的诗人却被安上了一顶"失德"的高帽，或者这也不能算是高帽，确切地说，是一个永远摘不掉的紧箍吧。

接连的失败，令温庭筠生出满心倦意。他决定离开长安到吴中去漫游，那是他自小生活的地方，江南温润的天气和软糯的乡音无疑可以给满身征尘的游子带来抚慰。

会昌三年（843）春天，温庭筠结束吴越之行，重新回到长安，在城外的鄠杜别墅住了下来，这是早年置的房子。这个地方，既邻近天子脚下，又没有长安那样的高消费，是一处不错的选择。那是一段难得的闲适岁月。京都乡郊，坐落于田野中的屋舍外，有不尽的风景可看。春天，垄上荞麦青青，院外篱笆上缀满小野花，屋舍不远处有一片池塘，塘中水草丰美，是垂钓的好去处。秋天，清澈的湖水映着蓝天，近岸蒹葭连片，秋光里白花摇曳，一派苍茫景象。白鹭从水中惊飞，似一朵洁白的云掠过路人的视线。

温庭筠有想过平淡闲适地过完一生。到长长的小路上散步，一直走到落日西沉。记住每一种花的生日，听不同的树歌唱。到长安会腰肢柔软的歌伎，看美人在罗帐间舞动烛影。喝酒，喝酒，从黄昏喝到新月升起……

以小人物的平常心对待每个日子，又何尝不是一种幸福呢？

不过生命的天平何其容易倾斜，他即刻发觉，自己不是过闲暇日子的人。想到年岁渐增，理想依然落空，他就会变得焦灼难耐。

到了大中年间，皇帝换了人，温庭筠的科举之心再次死灰复燃。他为此做了大量准备工作，史书上说他"苦心砚席"。大中二年

（848），三十七岁的温庭筠重新步入礼部贡院赶考，随后，大中四年（850），大中七年（853），一直到大中九年（855），赶考，不断地赶考！这件事像一个永不兑现的承诺，即便得不到，温庭筠也不得不时常奔赴它。七年间，为了得偿所愿，温庭筠给许多高官送上行卷。大中六年（852），西川节度使杜悰调任淮南节度使，温庭筠到府上拜谒，大概是没有见到节度使本人，于是在杜悰城南别墅的墙上题诗一首，盛赞这位驸马爷（宪宗皇帝驸马）为了西川、淮南两地百姓，日夜在外奔忙，无暇顾及池中盛开的红莲。温庭筠此行的愿望是能够入淮南节度使幕府。杜悰倒也并非不解风情，读到这首诗后心中应该是很欢喜的，不过他没有按照温庭筠的预想做出回应，而是大手一挥，赏给这个诗人一千匹绢。一首诗，换来一千匹绢，按照当今的稿费来换算的话，可以算是一字千金了，不过我们也知道，温庭筠一点也高兴不起来。

大中七年，进士试前夕，温庭筠又分别上启裴休、封敖、杜牧、蒋係、萧邺，并送上诗文行卷。如此这般花大力气推荐自己，可以想见随着年岁增长，温庭筠入仕的心愈加迫切了。

一次一次考，一次一次送行卷，都打了水漂，温庭筠还是榜上无名。

到了大中九年，温庭筠已经过了不惑之年，再也没有当年第一次走进考场时的昂扬斗志，只是无法说服自己的执念，他又一次奔赴了贡院。这一年的考试不但没有实质性收获，反而闹出了一场祸端。

　　那一年中书舍人沈询主持进士试。作为主考官，沈大人对温庭筠的才华早有耳闻，更重要的是沈大人对温庭筠的"劣迹"也早有耳闻。沈询得知这个"才子"特别爱在考场上"救人"，简直到了以此为乐的地步。于是，他将温庭筠安排在自己眼皮底下，就坐在主考官的帘前答卷，那是最显眼的地方。这里不得不提一下唐朝的监考制度，较之后来的明清真是太宽松了，甚至考诗赋时允许带韵书进去。至于考生之间相互走动，稍微聊几句也是可以的，《唐摭言》中就有记载，状元郑光业曾在科场上帮同场进士取水煎茶。

　　正是这样的监考模式，才给了温庭筠许多"救人"的机会。那场考试，温庭筠心情很是低落，第一个交卷离场，交卷的同时，给主考官沈大人留下了一封洋洋千言的信。就在做完这许多事的同时，温庭筠在考场上一连"救"了八人，帮助他们写成切韵的诗赋。当然此事应该不是沈大人抓了现行，而是考试后，从其他考生嘴里说出来的。无独有偶，大中九年三月，另一场重要考试，也有一个考生因为嫉妒，供出一桩温庭筠卖诗文帮人作弊的事实。那是宏词吏部科目选，京兆尹柳憙之子柳翰事先从命题官裴诹处得到考题，并托温庭筠写好诗赋，背下来。宏词选竞争相当激烈，十五名考生中录取三名，柳翰的上榜，引发了落榜者的愤恨，这件事后来处理了一批官员，连带着温庭筠也受到了影响。

　　既然扰乱考场，就该有相应惩罚，如何惩处温庭筠确实也难住了经办官裴坦，据说裴大人很是经过一番纠结，还是得到一位老吏的提示，才想出一个办法——贬为隋县县尉。温庭筠本不属于朝廷命官，何来贬官一说？贬为县尉的做法应该是一种象征性的惩戒吧。

到这份上，温庭筠的科考之路基本走绝了。

究竟是什么阻碍了一个文采斐然，在考场上得心应手，于公卿贵胄间进退自如的年轻人的上升之路呢？科举考试这件事为什么会成为一个无法解开的死结呢？

古籍上说，宰相令狐绹曾明确地给温庭筠下过一个断语："有才无行，不宜与第。"这是有多深的仇恨，这位权倾朝野的宰相大人才会下如此狠心的论断呢？不说别的，温庭筠好歹也是令狐宰相的公子令狐滈的座上宾呢。

据说事情是这样的，宣宗皇帝有赏读《菩萨蛮》的雅好，宰相令狐绹就请温庭筠出手，新写多阙《菩萨蛮》进献皇上，并特意强调是自制的，同时告诫温庭筠此事切不可外传。按理说，送这么一个不费力的人情给当朝宰相，是多少人求之不得的机会，可温庭筠呢，在人情世故的关键处又犯了浑，转身就将这事说了出去。当然他这么做或许也有自我标榜的成分。这样一来，令狐宰相就搁不住了，这可是让他在皇帝面前出丑哇。温庭筠确实不太看得上令狐宰相的才华，还写过一句埋汰宰相的诗："中书堂内坐将军"。从献词的事，我们也可以想见，宰相是很在意自我修为的，不然也不会有此一举，所以关于文化修为方面的诟病，一定会令宰相觉得受了大羞辱。尽管，温庭筠与宰相家的公子交情甚好，却一点没能增加令狐绹对他的印象分。

另一件事呢，说来有点蹊跷，大中年间，温庭筠曾当面得罪过宣宗皇帝。这属于特别小概率的事件，作为一介文人，按理说是没有机会面见当今圣上的，他们之间不会有交集，若说到当面开罪，那也得有个几十万分之一的巧遇才成。但这种事，偏偏就给温庭筠遇上了。据说这位宣宗皇帝酷爱"微服私访"，这不，有一回皇帝就在旅舍里遇到了温庭筠。作为闻名遐迩的大诗人，皇帝或许早就读过他那些艳丽悱恻的诗词，自然会格外留意他。

《北梦琐言》中记录了一段宣宗皇帝与温庭筠的对话——

温庭筠打量了一番面前的人："你莫非是长史、司马一类的官员？"

唐宣宗说："不是。"

温庭筠又问："你莫非是大参、簿、尉之流的小官？"

宣宗说："不是。"

皇帝的回答言简意赅，就是两个字，但我们知道人际关系的法则：话越少，事越大。皇帝显然受了一番刺激，当场心下就不自在了。皇帝是什么人哪？一个个都是"玻璃心"，受不得任何怠慢，受不得任何调侃。可怜了口无遮拦的温庭筠，并不知道自己的人设已在皇帝面前崩塌了。

就凭这两件事，再加上淮上遭打及各种风流浮浪的传言，温庭筠摊上的麻烦着实有点大了。就像裴坦在贬官文书中的定论一样："孔门以德行为先，文章为末。尔既德行无取，文章何以补焉？徒负不羁之才，罕有适时之用。"用现在的话讲，他的问题已上升到个人品行和道德层面了。

四

大中九年暮春，温庭筠告别长安，前往隋县就任，途经陕西商山，满怀羁旅惆怅的诗人，写下了名作《商山早行》。当然，被贬为县尉的操作，也算不得是绝对的坏事，毕竟这个从来没当过"官"的人，有了一个小官的身份。

温庭筠到达隋县没多久，就去襄阳拜会了山南东道节度使徐商。徐商，温庭筠旧交，唐文宗大和五年进士，后官至宰相。之前，徐商担任河中节度使时，温庭筠曾有入幕的想法，但未成。到了这会儿，作为故交，徐商见到温庭筠的处境这般局促，终究动了恻隐之心。隋县属隋州管辖，隋州又隶属山南东道节度使管辖区域。如此一来，节度使大人做了人事调整，让温庭筠进入自己的幕府，担任巡官。大中十年（856）至咸通元年（860），温庭筠在徐商幕府一待五个春秋。这段生活算不上富足，不过挺自在疏放的，徐商幕府中人才云集，韦蟾、王传、李骘……都曾出现在那里。

公务之余，这个敏感多情的人便与营妓喝酒唱曲，在这远离家乡的地方，算是寻得了一些情感的抚慰。温庭筠在营妓中结识柔卿姑娘，并纳为妾，这该是咸通元年的事。

那年冬天，新的变动来了。徐商奉调回京，改任刑部尚书。温庭筠的这段幕府生涯随之结束。他又转投江陵，入荆南节度使萧邺幕府，像离了巢的鸟，在无所依傍时，找到了一枝栖息地。不过这份工作也很短暂，咸通三年（862），萧邺调离江陵，幕府人员也随之被遣散了。

经历了七年异乡生活，温庭筠决定返回长安，中途经过扬州。这一趟扬州之行，给温庭筠带来了意外的伤害，这是温庭筠晚年人生里的一个创痕。

到扬州之后，温庭筠自然过了一段放浪形骸的日子，与一群年轻人痛饮狂歌，逛青楼妓馆，每日都是不醉不归。一日，温庭筠到扬子院去讨要盘缠——不知道为什么会有这样一出，是他真没钱花了，还是想借机闹一场，发泄一下心里的苦闷？——喝得醉醺醺的温庭筠从扬子院返回旅舍的路上，遇到了一个巡逻的小卒，起了冲突，那个小卒大打出手，将温庭筠的脸打破，牙齿也敲断了。温庭筠只好求助于令狐绹，为自己讨还公道。其时，令狐绹已离开京城，正担任淮南节度使。暴力攻击温庭筠的小卒叫虞候，很快被抓捕至现场，令狐大人亲自审案。谁都知道温庭筠曾是这位节度使府上的常客，温庭筠也曾数次致书之前的"令狐宰相"，请求他助自己一臂之力。当然，或许只有温庭筠和令狐绹自己知道他们之间的过节。就说这一回好了，区区一个文人，到了扬州地界，四处浪荡，八面会友，却不知道先到节度使府上拜见，节度使人人当然明白这是温庭筠在表明一种态度，一种清高与不屑。这下好了，被人打了，想起自己来了。

公堂上，令狐绹让双方都讲一讲。温庭筠自然有满腹委屈倾倒，那个虞候却也理直气壮，说自己巡夜时发现这位爷"醉而犯夜"，为了维护社会公序良俗，才动的拳头。

令狐大人听后做出了极其"公正"的判决：双方都有过错，都不予追究责任。

此事令温庭筠备觉难堪，无疑是受了奇耻大辱。事后，温庭筠回到长安，很长一段时间里都在向别人陈述自己受到的伤害。

只有徐商得知后，颇为温庭筠说了些话。

时间真是过得飞快，一个人的一生很快就走到尽头了。生命的倒数第二年，这位一生不得志的诗人，在宰相徐商的推荐下，担任了国子监助教，这依然算不得什么有实权的大官，从八品上，但已是温庭筠一生仕途的巅峰了。只是这个官来得快，去得也快，任职不到一年，温庭筠在这期间得罪了宰相杨收，有说是他的直言冒犯了杨收，也有说是他的文章得罪了杨收。总之这个排位在徐商前面的宰相，执意贬了温庭筠的官，将他由国子监助教贬为方城尉。

这一点令温庭筠在最后时光里感觉到安慰的荣耀，好比微弱的烛火，被强风一吹，顷刻间熄灭了。赴任的路途遥远，风烛残年的温庭筠，到任后不久，客死于距长安城九百里外的方城。

天地皆白。竹院深静。一个人向水岸走去。梅静立雪中。微风吹过。一片一片一花瓣。像美人的睫毛在忽闪。姜夔于梅树下驻足。流连。樽春为酒。前雪作新诗。他写下了一阕玉梅令。

予录自野云孤飞 周兴

野云孤飞

姜夔

一

　　嘉泰四年（1204）三月四日晚，大风。风掀翻钱塘江上的船只，冲开虚掩着的房门，打翻瓶罐，折断新发的枝丫……风在大地上肆意怒吼，在街巷里发了狂一般地横冲直撞。

　　这是南渡后第七十七个年头，这个经历过战乱与创伤的帝国，几经挣扎与努力，总算缓和了边事，重回安宁状态。作为一个临时都城，这座城市中的"临"字俨然已失去最初的含义，它早已成为统治者不想改易的京都。

谁也没有想到，这个夜晚，一场巨大的灾难即将扑向这繁华的"人间天堂"。

火起初是从八条巷内刘庆家蹿出来的。刘庆何许人也？他是新任右丞相陈自强的家吏。当晚事情可能是这样的，刘家女儿在困倦中睡着，房中几案上灯盏中的一截蜡烛却未曾熄灭。一阵风推开窗户，掀起帷幔，帷幔撂倒灯台，烛火瞬间点燃了帷幔。一个意外叠加着另一个意外，火势很快失控，由刘家蔓延至隔壁府邸。随后在大风助力下，火势分为两路：一路向南进发，袭击右丞相府、尚书省、枢密院、制敕院、检正房、左右司谏院；另一路向西南进发，侵吞万松岭、清平山、仁王寺。更可怕的是，由于临安城建筑密集，火势突破重围，眼看大内岌岌可危了。太庙一带，更是到了千钧一发的时刻，朝廷紧急在太庙附近设立临时指挥所，下令众官兵以性命死守。三更后，火势丝毫没有减退的意思，太师韩侂胄再也坐不住了，急命官兵将太庙中的祖宗神主、册宝法物悉数撤下，搬至寿慈宫避火。

那个夜晚，火光映红了大半个临安城。或许是嘉泰元年（1201）三月的那场巨大火灾，为南宋的皇帝和中央政府积累了些许抗大灾的经验，又或许是临安城全体百姓奋力死扛顶住了火势，这场大火最后于三月五日下午三时左右才被基本扑灭。火势所及，一片残垣断壁，灾后统计，除不计其数的官舍外，还有两千多户民房毁于一旦。

史书上记载，右丞相陈自强相府毁于大火，一时众家眷无可着落，借宿别处府邸。太师韩侂胄提议为丞相捐款，陈自强得到来自全国各地官员"善款"六十万贯，是本次火灾损失的数倍，失火还能盈利，这是丞相大人始料未及的。人们不得不感叹丞相"命好"，关键时刻足以逢凶化吉。

平头百姓就没有这么幸运了。例如大诗人姜夔，这场大火几乎将他烧成了一个彻头彻尾的穷光蛋，令他们一家子陷入无家可归的境地，令他此后人生惨淡。

那是人过中年后，姜夔唯一一个安宁的落脚处。经历了半生漂泊，已过不惑的姜夔追随至交张鉴来到临安，想到张鉴家族几代居于临安，会有依靠和照应，姜夔才决定将家安于此地。漫长的流离，终于令他生出了满心倦意。庆元二年（1196），在张鉴帮助下，姜夔拿出大部分积蓄，于临安城东青门附近购置了一套民房。这并非富人区，东青门在坊间也称菜市门，人员杂沓，小商小贩络绎不绝。这或许算不上理想的居住地，姜夔心里却觉得很满足了，毕竟在寸土寸金的京城，居大不易，即便落户在平民的街巷，也并非那么容易。

房子不大，屋侧有个小天井，姜夔在天井里种下一棵梅树，不出几年就开了花。每每于窗下吹笛，或伏案写字，抬头就能望见她。到了这般年纪，那些宏大的抱负都熄灭了，入朝为官的愿望也像暮春的那场花事，再不会于深秋的暮色里上演。有粗茶淡饭，有琴声与梅花的清气，有砚台和宣纸，有古书可读、诗词陪伴，即便岁月清贫，姜夔还是觉到了某种安适的况味。

令姜夔猝不及防的是，命运的脾气如此乖戾，定下的法则如此不近人情。年过半百，姜夔的人生竟还历此大劫，这场大火给布衣姜夔一家带来的打击是覆灭式的。家中财产几乎毁尽，姜夔大半辈子费尽心血收藏的字画、汗牛充栋的书籍皆付之一炬。当这个孱弱的书生，和邻人们一道奋力扑火，于余烬中踏入焦黑的废墟，只见到一堵歪斜的土墙上，挂着半张烧焦的琴。这场大火烧毁的不仅是一个屋舍，还是姜夔大半生的珍藏。更令人痛心的是，据说他的小女儿死于这场火。那个在元宵之夜还骑在他脖子上看灯的小女儿，那个趁他不注意，在书房宣纸上随意涂鸦的小女儿，那个笑声清脆天真无邪的小女儿，上天哪，竟连这样一个无辜的生命都不肯放过。

悲伤之余，现实的难题即刻横亘在面前，当务之急还是要让生者活下去。到了五十岁，姜夔生命里最好的那些朋友已纷纷离世。他再也找不到张鉴这样既有财富又有意气的朋友了，而像范成大那样的忘年交，也早已告别人世多年。

几经辗转，又到处托了人，总算在城郊钱塘门外马塍找到一处可供落脚之地。那里有一个破败的茅草小屋，一家人先搬了进去，随后又找匠人修缮了门窗，堵了漏。尽管他曾经钟爱的小妾小红受不住生活窘迫，已嫁作他人妇，但还有其他家人需要养活，生活的难题具体到了一日三餐，绝不像他笔下的词那般清雅抽象。

这个年届五十的羸弱书生，为了一家人的生存，不得不重新过起颠沛的生活。他奔走于嘉兴、湖州、杭州一带，侧身于达官显贵的酒席之间，叫卖他的字画，或者以诗词唱和，为自己赢得几两买米的碎银。

二

"人生就是苦的。"这是少年姜夔对生活的印象。

可生活本来不该是苦的。姜夔出生在饶州（今江西）鄱阳一个普通家庭，由于父亲姜噩一心扑在科举考试上，家中并没有太多稳固的收入，直到父亲凭借勤奋与苦学，考取绍兴三十年（1160）进士后，姜家境况才出现了转机。

姜夔不到十岁，人生第一场劫难就不期而至，母亲的病逝，给这个小小男孩的生命投下了第一抹巨大的阴影，他无忧无虑的童年，仿佛三月新花被一场猝不及防的倒春寒给终结了。随后，男孩跟着父亲，由南方到达了帝国中部的汉水之滨。这个小小少年不曾想见，在不远处的路口，生活准备了另一个下马威，十四岁那年，还有一场死别横亘在生命里：父亲在汉阳知县任上突然撒手人寰。少年在沉痛中送别了父亲，突然成为无父无母的孩子，令他不知所措。被命运弃置的孤独，好比一个无底深渊，令人一瞥就战栗不已。好在上天总于绝境里同时留下一条小道，一个老仆带着这个无所依傍的少年投奔了他在汉川山阳的胞姐。许多年后，姜夔依然记得当时的情形，那是一个严冬，少年跟在老仆身后，远赴另一个陌生之地，大风吹过旷野，猎猎作响。傍晚，两人投宿于野店中，土墙倾颓，连门都没有。这最初的寥落和苍凉，长久沉淀在少年心里。好在长姐如母，对无靠无依的弟弟视若己出，这才为他撑起了一方晴朗。

从小，姜夔便受父亲影响，学习诗词文章，也学习应举科目。父亲不但教儿子阅览经史子集，还以自身的行动为儿子树立了一个"走向正途"的榜样。尽管世间的路千万条，但对姜夔来说，读书人的出路似乎只剩这一条了，或者说读书人的光明大道便只此一条。父母去世后，姜夔似乎更深切地领悟到科举对他意味着什么。这个少年，已写出诸多漂亮的诗句和文章，已在翰墨场上扬名，科举考试，似乎就是蹲下身去拾起门前的一个果子。

南宋淳熙元年（1174），二十岁的姜夔回到家乡饶州，参加解试，按南宋的科举考试惯例，这是当地举行的考试，通过的人可以举人身份参加由礼部举行的省试。不过这个意气风发的青年很快意识到自己的乐观是盲目的，事实上很多才华横溢的青年在走出科场后都会有这样的感叹。

当然，这不算什么。二十岁，正值狂妄的年纪，失败的打击会很快忘却。想起古人如何在这条艰辛的道路上拼杀，便又重新有了奋斗的勇气。于是三年后，他再次回到江西赶考，很不幸，再次失败。从淳熙元年到淳熙十年（1183），十年间，姜夔考了四次解试，他的举业仿佛受了神秘的诅咒，十年，一棵小树已经蹿到了楼房那样高，一个呱呱坠地的孩子已出落成少年模样，可这位文采斐然的文章大家，始终未能叩开科举路上第一扇大门。这是一件特别令人沮丧的事，以至于将他生命最蓬勃绚丽的十年涂上了一层无法稀释的灰调子。

史书上说这个青年"气貌若不胜衣"，这是有多清瘦呢？看上去，羸弱得要撑不住衣服了，简直就是一根移动的芦苇，这一切大概也拜这磨人的考试所赐。

十年苦读，十年期盼，换回的是一腔无望与苍凉。

当然，这十年，尽管一心牵挂着"人生大业"，姜夔也开始向心灵的外部探求。他深深知道，自己不能在这个叫山阳的小村庄里一直消耗下去，僻静偏远的地方极易消磨斗志，极易折断灵魂的羽翼。

二十岁，结束第一次科举考试后，姜夔就决定外出游历，去看看无穷的远方，去认识更多的人。他在潇湘与江淮一带辗转，他是一个朋友缘很好的人，所到处，结识了许多著名的文人朋友。宋人笔记中称赞姜夔"襟期洒落，如晋宋间人"，又说"家无立锥，而一饭未尝无食客"，这是对一个人胸襟开阔的生动描绘，即便已经到了家徒四壁的地步，只要还能开饭，姜夔都愿意慷慨地和朋友们分享。这样的性情，大概也是姜夔往后在艰难人生中得以屡遇贵人的原因。

淳熙三年（1176），二十三岁的姜夔路过扬州，解鞍下马，做短暂停留。其时，下过一场冬雪，傍晚雪光中，郊外田野上荞麦弥望，姜夔向城中走去，城阙荒芜，人烟稀少，只觉得满目萧瑟。绍兴三十一年（1161），金朝皇帝完颜亮带兵南下，江淮兵败，扬州城落入金兵之手，惨遭洗劫，十五年后，这座城市依然未从那场惨烈的战争中恢复元气。黄昏的清角之声自残破的空城上响起，愁绪仿佛清寒一般不绝如缕，让人不禁念及扬州昔日的繁华，"天下三分明月夜，二分无赖是扬州"。那个南朝文学家所撰《殷芸小说》里令多少人神往的扬州，"腰缠十万贯，骑鹤上扬州"；那个杜牧流连忘返的扬州，"春风十里扬州路，卷上珠帘总不如"，此刻，只剩颓败与荒凉。这个年轻人，被这番景象深深触动，提起笔，写下了旷世名作《扬州慢·淮左名都》。

漫游持续十年。十年中，姜夔结识了诸多名士，也经历了刻骨铭心的爱情。尽管，他依然没有找到一条进入仕途的道路，依然未能赢得安定富足的生活，但他的灵魂正在经历着世事的锤炼，心正变得日渐丰盈起来。

漫长羁旅中，最令姜夔流连的是合肥。一个地方令人生出情愫，往往因了与之相关的人和事，只有故事生长过的土地，于流水般过往的生命才具备意义。二十二岁左右，姜夔抵达合肥后，与一对姐妹邂逅。两姐妹不但明眸皓齿，更是姜夔的知音。年轻的才子，爱好深广，除了诗词文章，还醉心音乐、痴迷书法。两姐妹恰巧能歌善舞，精通音律，三人便有了说不尽的话。姐姐擅长弹琵琶，妹妹擅长调筝，而姜夔擅长写词和度曲，这是三人间的另一种语言。他们看过柳枝在春风里的轻舞，他们听过鸣蝉在夏夜里的歌唱，他们为一轮皎洁的明月驻足过，也为一场缠绵的夜雨感伤过。炫目的青春，天籁般的音乐，爱情、诗、酒以及大把大把的虚度时光的闲暇，真是神仙般的日子呀。

"大都好物不坚牢，彩云易散琉璃脆。"有些事物之所以刻骨铭心，并非由于恒久，而是在于倏忽即逝的遗憾。这段爱情并不比青春来得稍微久长一点，在现实的遭际面前，情侣终究各自分飞了。

姜夔未曾在文字中谈及具体的缘由，或许在他看来，倾吐事实已根本不再重要了。但他将这段青春时的爱情写到了诗句里，化作了透明而久远的惆怅。许多年后，他依然在诗句里怀念合肥的时光。在他现存的八十多首词中，提及这段刻骨之爱的词作有十七八首，超过五分之一。

三

走马观花的生活，是给年轻人过的，它热闹也热烈。随着年岁的增长，大多数生命都渴望憩息，就像长久漂泊的船儿需要进入港湾，飞倦的鸟儿需要归巢一般。

游历湖南时，姜夔遇见了诗人萧德藻。两人一见面就成了忘年交，萧德藻被姜夔的才华震惊，十分欣赏与器重他，萧德藻曾说过："四十年作诗，始得此友。"此外，萧德藻看到年已而立的诗人还在四处漂泊未成家，就将自己的侄女许配给了姜夔。这样一来，姜夔大概在三十二岁那年结束了漫长的漂泊生涯，成了家。其时，萧德藻已厌倦官场，并逐渐丧失了仕途进取之心，他有大把的空余时间用来怡情山水和玩味文字，见到姜夔后，遂又多了一项"正经工作"，就是推荐这位大才子。

淳熙十四年（1187），萧德藻调任湖州，姜夔也决定带着自己新婚不久的妻子与萧家随行，并在湖州苕溪畔定居。途经杭州时，萧德藻拜会老朋友杨万里，自然邀姜夔同行，这是姜夔第一次与杨万里见面。读着这位后辈的诗词文章，杨万里欣喜不已，忍不住夸赞他是南宋的陆龟蒙，说他"为文无所不工"。随后，杨万里欣然提笔，给另一个大诗人写了一封信，姜夔就出现在范成大的视野里了。其时，这位担任过朝廷副宰相的大诗人已数次辞官，又数次被朝廷委以重任，但他内心深处，打定了要在石湖归隐的心思。筑园栽花，用余生营建一个庄园，重返自己向往已久的田园生活，这是范成大始终不渝的愿望。

那年冬天，姜夔往返于湖州与苏州间，常去拜会范成大，诗酒唱和，成为至交。

绍熙元年（1190），姜夔去往合肥小住，在赤阑桥附近度过新年。其间，他见到了青春时代的恋人，当然，这注定是一场预示着永久离别的相见。绍熙二年（1191）正月二十四日，姜夔与合肥的姐妹作别，写下一阕《浣溪沙》。冬寒未尽，早春的柔柳已早早露出新芽。生命恰如浮萍，随波逐流，姜夔离开合肥后前往金陵。之后，那年秋天，他又返回合肥，但昔人已不复见。那年的七夕，姜夔也是在合肥度过的，只是陪伴他的已不再是旧日的梦中人。七夕夜，下过小雨，姜夔与好友赵君猷偃卧于西窗下饮酒。此去经年，有的爱情，注定将成为遥远而清晰的回忆，成为雨夜里一场又一场的宿醉。

绍熙二年，注定是一个刻骨铭心的年份，在经历了患得患失的惆怅后，时间终于走到深冬。姜夔决定去拜访范成大。湖州距范成大的石湖别墅并不遥远，驾一叶轻舟前往，船到达时，已下过雪。故友踏雪而来，端的是生平快事。范村的梅花开了，范成大仿佛预料到姜夔会来，早早制了一支曲子，叫《玉梅令》，而这位大诗人却不曾填词，并不是他没有心思锤炼漂亮诗句，也不是他江郎才尽了，而是他要等一个恰当的人。范成大深知，只有一个人真正懂梅花，也只有一个人可以真正描摹出梅花的风神。

范成大是有名的梅痴，他居住的石湖玉雪坡，原就有梅树数百株，后又买下南面王氏七十余间旧舍，将房屋拆除平整为土地，其中三分之一种植了梅花。范成大费尽心思，集齐了江南能搜集到的全部梅花品种，并将这一片遍植梅树的地方命名为范村。

晚年，与梅共处的时光里，这位老诗人意趣风发，动笔写成了一本奇书《范村梅谱》，据说这本书创造了好几项纪录，它是古老中国第一本关于梅花的专著，也是世界上第一本关于梅花的专著。这样一看，我们就知道，范成大是有多迷恋梅花了。

现在梅花已开，新曲已制，就等待一首好词了。

天地皆白，竹院深静。一个人向水岸走去，梅静静地伫立雪中，微风吹过，一片片花瓣像美人的睫毛在忽闪。姜夔于梅树下驻足、流连。揉春为酒，翦雪作新诗，他写下了一阕《玉梅令》。

那年冬天，是姜夔在范成大的别墅里逗留最久的一次，他待了一个月。固然是因为主人盛情，也因为梅花的动人，更因为心中无法言说的情殇之痛。

他们踏雪游园，围炉夜话，有了新曲，便令歌伎演绎出来，歌之舞之。在这般闲散、怡然以及悠远的时光里，主人范成大邀请姜夔再制新曲，于是姜夔写出了后来在文学史上久负盛名的两首词，一是《暗香》，一是《疏影》。两首词皆发端于梅，又悉数落在了无尽的思念里。他赏雪与探梅，可满眼见到的都是情人的倩影，每一朵梅花是她，每一段洁白的雪路是她，流水是她，修竹是她，风是她，月色也是她。他无数次地想象着，在如梦的月光下，她环佩叮当，似一缕暗香，再次光顾他的夜晚。

直到除夕，姜夔踏上了回湖州的归途。水路迢递，只有诗人一舟归。不过这一程水上的路并不寂寞，沉湎于爱情哀伤里的诗人，此刻身旁多了一个佳人——小红。离开石湖别墅时，范成大沉浸在姜夔写下的那些咏梅的诗句中不能"自拔"。临别时，无以表达这份欢喜，老范想到了一个风雅的办法——赠送佳人一位。遂将歌伎小红送给姜夔为妾。

远山如黛，江水寂寥，尽管江河之上只有诗人的孤舟一叶，但姜夔的心里，忧愁已消散。船驶过垂虹桥下，姜夔令小红唱一支自己新谱的曲子，而他则以洞箫相和。轻舟如飞，江上烟波浩渺，夕阳凌乱。

这是绍熙二年的最后一天，旧年即将被时光的大河带走，全新的日子又像绵绵不绝的江水汹涌而至。

四

绍熙四年（1193），姜夔客居绍兴。在京城临安游历时结识了人生中另外两个重要的朋友，张鉴和张镃。这两兄弟可不是一般人，出身名门，家世显赫。张鉴、张镃的曾祖父张俊，是与岳飞齐名的"中兴四将"之一。

这两兄弟确实是姜夔生命中的贵人，往后的日子里，在生活的诸多方面，姜夔因为这份纯属欣赏不计得失的情义获得了诸多照拂。

庆元二年，萧德藻结束了湖州任职，前往陕西池阳侄子处定居。在湖州，姜夔找不到可依傍的人了。张鉴、张镃待姜夔如手足，很是给了他一些生活上的帮扶，并帮助他将家安顿在了南宋的国都临安。

"十年相处，情甚骨肉"，这是张鉴去世后，姜夔对这段情义的评价。在姜夔的人生里，友谊是非常重要的部分，那是一条生命的摆渡船，总在激流和险滩中，渡他到一个平稳的对岸。因了张鉴与张镃，姜夔在临安的生活大体不差，他时常出入张府，或拜访名山，或荡舟江河，或踏雪寻梅。张鉴颇为姜夔才华无用武之地而感到不平，就动了花一笔钱为姜夔买个官当当的念头。这件事后来并未实现，大概被姜夔婉拒了。

尽管姜夔科举屡试不第，他出仕为官的念头却并没有熄灭，反而在人过中年后，变得迫切。想想徒有满腹的经纶和济世的才华，又想想人生已过大半，功名却邈远空落，这是多么难以忍受的现实。

这个时常沉浸在虚空的浪漫里的词人，时不时会落回坚硬的现实中。"功名""抱负""理想""地位"……这些男人词典里永恒的词汇，也会在夜深人静时分，像晚归的群鸟盘踞于脑海中。

经过很长一段时间的酝酿，姜夔想到了一个突破的方法：给朝廷上书。那段时间，他心里时常浮现出北宋大词人周邦彦的名字来，就是因为向神宗皇帝献了一篇洋洋洒洒的《汴都赋》，周邦彦名动天下入朝为臣。"毕竟这也是一条路子。"姜夔觉得自己的想法正变得无比清晰起来。他决定从自己最擅长的"音乐"入手，向朝廷献上了《大乐议》一卷，《琴瑟考古图》一卷。在上书中，姜夔表达了自己对朝廷乐典久废的担忧，希望能够重振庙堂雅乐，毕竟"礼乐"是统治的基础，他还提出为大宋列祖制作赞颂曲。据说这份带着拳拳之心的奏疏确实到达了宁宗皇帝面前，皇帝下诏管乐制的太常寺商议此事。姜夔的机会来了吗？这灵光乍现一般的运气，微弱得就像风中的烛火。太常寺当然要按照皇帝的意思去办事，不过事情办成什么样子，还是太常寺的老爷们说了算的。

于是，就出现了一场颇为"尴尬"的"讨论会"。太常寺郑重其事地邀请姜夔列席，做一个"重要"讨论。不过姜夔没有想到，这仅仅只是为了完成一个例行程序，给皇帝一个交代而已。太常寺的长官们做的第一件事是让乐师抬出一件大乐器——锦瑟，姜夔问："这是什么乐器？"太常寺官员们都抿嘴笑。

　　这个插曲被当成一个笑话，先在太常寺传播，随后想必又陆陆续续传到更多官员耳朵里。我们很难相信，精通乐律，写出《琴瑟考古图》的姜夔会不认识锦瑟。但有一点我们知道，就是这个地位"低下"的布衣遇到了诸多忌才妒能的官员，他们是决不会欣赏这样一个半路杀出来的"人才"的。而就在给朝廷建言之前，据说姜夔无意间得罪过宰相谢深甫。事情源于谢深甫曾让儿子拜访姜夔请教书法，姜夔未能以特殊礼遇接待，宰相耿耿于怀，从而坏了姜夔的好事。这种说法并不可信，谢深甫为相稳健，并以"守法度，惜名器"著称，又是杨万里的好朋友，绝不至于如此小肚鸡肠，即便姜夔开罪于他，大概也是别的原因。

　　不管细节究竟是怎样的，有一个事实似乎很难更改，一个布衣出身的士子，想要展示自己过人的才华这件事，是不合时宜的，也是不合规矩的。

　　这束落进现实的光，短暂至极，几乎在云翳一开一合间就不见了。姜夔的上疏，热闹了一番，重新归于岑寂。

　　可姜夔终究不愿死心。

　　他没有反思人性种种的恶意，没有反思上升渠道中的种种死结，而是反思了自己的《大乐议》是不是光顾着讲高深理论了，他想，是不是应该展示一些可以触及的成果，或者那些令当权者感兴趣的东西？他又花了两年时间，研究大宋开国历史，选取历史中的盛事，撰写了一组歌词，并为之谱写了恢宏的乐章，称为《圣宋铙歌鼓吹》。这一回，姜夔的才华确乎触动了皇帝，为此，姜夔得到了一生中最重要的一个机会——免解试应礼部试。也就是说，他始终过不了的"解试"，始终走不通的独木桥，这下子可以不走了，直接获得进士考试的资格。这是多少人梦寐以求的事，于姜夔的人生来说，这也是一桩可以改变命运的大事。姜夔没有想到，期盼了多少年，"入朝为官"的事在四十五岁这一年终于现出端倪。他暗自激动着，这回该成事了，他的人生没能靠诗词与文字叩开一扇大门，必然是要靠音乐启开一扇天窗的。这事在父亲给他命名的时候，似乎就有了某种奇妙的暗示。姜夔，字尧章，"夔"之名据说来自上古尧舜时代的一个乐官，而"章"字，则有乐曲名的意思。"尧章"，合起来的意思就是"尧舜盛世的雅乐"。不过，他不敢再往下想了，他害怕这个即将降临到自己头上的幸运过于轻薄，轻轻吹口气就飞走了。

接下来，又是一番准备，挑灯夜读，废寝忘食，仿佛回到了那段不辞劳苦"迎战"科举的年轻岁月。不过生命中有些事，就像一盘棋局，你既不是下棋的人，也不是观棋的人，你仅仅只是一枚棋子，冥冥中，你的位置和方向早已注定了。对姜夔来说，仕进这条路就是如此，作为一枚棋子，他无法左右下棋的手，也无法左右行进的方向。他只有努力，只有等待，只有期望那只手将他牢牢地抓住，将他置于一个重要的位置上。

礼部试，姜夔落败。

这局一生中的大棋再次下败了，棋子重新落回棋盘中。这也是姜夔人生中最后一次进入仕途的机会，眼看着即将成为现实，顷刻间又变为梦幻泡影。听到礼部试落败的消息后，他在挚友张鉴处痛哭了一回，又大醉了一场。

痛哭，宿醉，长夜过后，姜夔认命了。一个中年人，时间和幸运都已经不会再眷顾他了，仕进的路，道阻且长，他在这条路上的征程与战斗已经结束了。谁能说生命没有遗憾，遗憾不就是生命的本意吗？

五

岁月像飞驰的马儿，又像江上倏忽而逝的帆影。范成大离开了，张鉴离开了……更多的人在悄然离开。姜夔觉得自己的生命渐渐空了，再也没有力气像年轻时那样说走就走，长久地漂泊于异地了。尽管为了生计还得各处奔走，但每一趟出行，在外消磨的日子显然较以前短了许多。

进入生命的傍晚，姜夔越来越喜欢寂静和简单。他常到马塍的田野上去看花，由于土壤细腻肥厚，农民们大概看到了种花的利益，就在这里种起连片的花来，马塍成了南宋的"花窠"。几乎每个黄昏，姜夔都要去田野走走，在夕光中，河畔的芦苇荡芦花飞白，像往日下过的一场又一场雪。他喜欢这样的黄昏，再没有热烈的情感需要挂碍，再没有宏大的抱负需要去实现，一切都沉下来了，像落定的尘埃，像一条流到深秋的河流，已不会漾起激越的波澜了。

中年后，姜夔开始将心力投注于书法，在宣纸上，在笔墨间，他相信自己能够捕捉到某种深藏于时光里的真趣。这门古老的艺术，他在孩提时就已经接触了，却似乎总未能真正领会到内里的奥秘。历经世事后，姜夔对书法生发出越来越大的兴致。此后，南宋的书坛，乃至中国的书坛上将迎来一位大家。嘉泰三年（1203），姜夔关于书法的著作《绛帖平》问世。同年九月，姜夔书《王献之保姆志跋》，这是世间流传下来的为数不多的姜夔墨迹。这本小楷法帖，倾注了姜夔的心血，下笔清朗俊润，无一丝烟火气。也亏得留下了墨迹，才让世人得以目睹这位大书家的笔底云烟。

在人生的黄昏里，姜夔为南宋的书法史贡献了一部重要的理论著作《续书谱》，该著似意欲续孙过庭《书谱》，但并非《书谱》之续，而是提供了全新识见和方法论，历代书家皆认为《续书谱》对孙过庭的理论有补充增益之功。全书分总论、真书、用笔、用墨、方圆、疏密、笔势、情性等十八则，由于著书的主人书艺精湛，理论深入浅出，论及书法各个方面，这部作品很快引发了书坛的巨大反响，并且这份反响绵绵不绝地向着遥远的后世传递，让《续书谱》成为中国书法史公认的南宋书论中成就最高、影响最大的学术著作。

更值得一提的是，时间的长河淌过一百年后，到了元至治元年（1321）九月，六十八岁的大书法家赵孟頫，以一手无与伦比的行书写下了《续书谱》，理论文字摇身一变成为书法杰作，可谓珠联璧合。这件作品创作于赵孟頫书艺臻于巅峰的时期。世人评价："赵孟頫的《续书谱》行笔婉转流畅，结体骨肉停匀，书风苍老洒脱，笔力愈加深湛，章法渐入化境……"这是一场跨越时空的交谈，是一位大师向另一位大师的遥远致意。

命运并不公正，命运又无比公正。姜夔没有料到，于书法世界中一番无意的"闯入"，让他成为南宋书坛中的一代名家。

大约在嘉定二年（1209），五十五岁的姜夔走完了生命最后一程。他的晚景颇为凄凉，他像一叶漂泊的浮萍，停驻在钱塘门外这片开满鲜花的偏僻一隅。史书角落里，关于姜夔的最后一笔是黯淡的：晚年贫病交加，死后无丧葬费，朋友得知后，出钱将他安葬于钱塘门外西马塍住处附近。

索性回到他的竹斋。这一带十数椽

茅屋错落竹景间。清风入怀。满目

葱茏。写大幅的梅花。习画法。击

剑。侍奉母亲。痛饮酒。高声诵

离骚。这样的日子。清贫。却自在。

专承自梅花的骨气 周华

梅花的骨气

王冕

元大德十年（1306），绍兴城里，孩子们最开心的事是跑到街上看一个"奇怪的青年"。如果运气足够好，孩子们就能如愿以偿。那个青年将骑着一头牛，从街口缓缓行来。他时常头戴高帽，身披一件绿蓑衣，腰间佩一柄木剑，两脚蹬一双长齿木屐，旁若无人地端坐在牛背上，显然牛与主人间早就达成了某种默契，牛走得不疾不徐，也是一副旁若无人的样子。青年神情泰然，手中执一卷古书，任由牛按自己的节奏走着，他的目光兀自落在书上。有识字的孩子跑过去，跳着脚，偷偷瞄了瞄书名，回来大声告诉小伙伴："他读的是《汉书》，《汉书》!"孩子们不明就里，只觉得《汉书》必定是一部非凡的书。

有些时候，这个古怪的青年并不坐在牛背上，而是令牛拉着一辆车，车上坐着一位头发花白的老妇人。青年就跟在车后走路，还是着一袭绿蓑衣，走动时，两臂夸张地甩开，衣袂像飞动的大鸟的羽翼，那柄木剑也有节奏地在腰间晃荡。孩子们趁机围上去，好奇地打量这个"怪人"，他们冲着怪青年咯咯地笑起来，青年并不恼，任由毛孩子们笑哇闹哇，他只静静地停下来，对着孩子们微微笑着，露出一口洁白的牙齿。

赶上大雪纷扬的日子，有人也曾被这个怪青年的行为惊掉下巴。只见他披头散发，穿着袖口宽大的衣服，赤足登上潜岳峰，在皑皑白雪中仰天长啸："遍天地间皆白玉合成，使人心胆澄澈，我要羽化登仙而去也！"

这个举止怪异的年轻人长得并不怪异，他身长七尺，看上去高挑俊朗。他叫王冕，那年他二十岁，正值青春鼎盛的年纪。不过，二十岁，对于元代的人来说，也确实不小了，王冕周围大多数年轻人已结婚生子，准备像父亲以及父亲的父亲一样，趴在田地里，挣一口饭吃，聊以度过此生。二十岁，对于漫长的时间轴上的人来说，也并不算小了。二十岁，贾谊已写下无数宏文，并身居要职，即将担任太中大夫了；二十岁，霍去病已西击匈奴，一战封侯了；二十岁，王维已名动长安；二十岁，司马光已高中进士……这是别人的二十岁，而王冕，这个南方农民的孩子，他一点都不曾望见前方的亮光，不曾获得一个关于未来的答案。王冕二十岁那年，科举考试已被停办了三十多年。按照元朝等级制度，百姓分为四等，分别是蒙古人、色目人、汉人和最末等的南人。南人，即原南宋统治区的子民，这个区域的人最为元朝统治者鄙夷。南人的农家子弟几乎没有任何上升路径，这是众所周知的。这个年轻人读《史记》、读《孙子》，研习兵法，胸怀济世之才，可他周围的年轻人，比较高远的梦想就是学成一门手艺，大部分人早就放弃了对明天的想象，所谓未来，就是父亲伛偻的背和手上厚如树皮的茧。

一切出格，一切不肯安于现状的心思，或许都应"归咎"于文字与书籍。许多年前，当这个年轻人还是孩童的时候，他的世界里一不小心出现了书，他一不小心认得了汉字，随后一扇天窗被打开了，某些黯淡的事物，某些深藏已久的愿望经了光，从此，他再也不能像动物和草木一般无意识地生活了，再也无法像他的父亲和母亲那样几十年如一日，怀藏着古井般的心绪，等待老之将至。

一

出生不久，王冕就表现出远超同龄人的早慧，周岁即开口说话，三岁时，就像一个小大人，与人交谈对答如流。乡亲们称这孩子为"汗血驹"，这可是人们心目中的千里马。

不过，面对同乡人的夸赞，做父亲的似乎并不在意。据说，儿子出生后，王冕的父亲做的最为上心的一件事是拎了一壶酒、一只自家养的鸡，走了十五里山路，到隔壁村找到一位老先生，给儿子带回这个颇具文采的名字。随后，父亲彻底松懈下来。并不是当爹的目光短浅，也不是当爹的没有责任心，只是生在这样的世道，这个干了一辈子农活的人太了解生活的真相了，人穷志短，他不相信天上会突然掉下一个奇迹，更不相信奇迹会砸中自家儿子的脑袋。

王冕七八岁时，一个夏天的早晨，父亲将睡眼蒙眬的儿子从床上拽了起来。父亲牵出家中那头和他同岁的大黄牛，将牛绳递给他："不要再去玩水了，今天开始，放牛的事就交给你了。"小男孩一脸不悦，不过没说什么，毕竟右侧屁股还在隐隐作痛，他即刻回想起前一天傍晚，他浑身湿漉漉地从村外小溪中回到家，挨了父亲一顿好打。

尽管有十万个不愿意，小男孩还是牵过了牛绳。他随即想到放牛也有好处，就是可以带着牛到处去转转，山上的池塘那里，此时满塘荷花都开了，他可以躺在池塘边看半日荷花了。这么一想，他随即变得快乐起来。当然，很快地，这个孩子发现了另外一种乐趣，这种乐趣既非跟着其他放牛娃漫山遍野追逐游走的白云，也不是将水滴泼洒到荷叶上，注视着剔透的珠子在荷叶上滴溜溜打转。这一切都没有上学来得有趣。那天，他牵着牛经过学舍，这是这一带唯一一所学校。他先是被里面孩子们齐声诵读的声音给吸引了，于是不知不觉地放开了牛，由它在学舍外的一片草地上吃草，自己悄悄翻过了一截土墙，好奇心驱使着他进到里面看个究竟。他踮着足尖到了窗下，先生的声音变得清晰真切，一字一句都落进耳朵里。羡慕之情油然而生，他想，小伙伴们摇头晃脑读书的样子真好看，他们琅琅的读书声那样齐整有致，有别于乡间任何一种声音。待他离开，牛早就不在了，追出去老远，才在两里地外的河边找到它。

有了那样一次偶遇，事情很快变得不可收拾。那所学舍仿佛具备了某种神秘魅惑，每天都在"逗引"着这个放牛娃。此后，王冕天天将牛往那个方向赶，寻个山坡，将牛随便一放，就悄悄溜到学舍去，照例站在窗下偷听先生讲课，没几日，他竟然听懂了先生课堂上的奥义。里面的孩子咿咿呀呀囫囵吞枣地读着书，外面的孩子却在心里一一记下了课堂上的重点，没多久，竟能背诵数百句诗文了。过了一段时间，母亲发现了儿子的异样，这个孩子回到家的时候神情恍惚，嘴里总念念叨叨的，不过母亲也并不太在意。直到有一天，牛走丢了，男孩躲在村口不敢回家，被出来寻找的母亲拽回家里，父亲才知道了事情的原委，当然，王冕不可避免地挨了父亲一顿板子。

不过这孩子一点没长记性，第二天，又将牛朝着学舍的方向赶去，或者说他想都没想，脚就朝那个方向迈开了。第三天，他又将牛朝着学舍方向赶去。这一回，牛起先也没有找到，不过事情似乎更严重 些，直到暮色降临，家门口出现了一个气势汹汹的农人，身后牵着王家的那头牛。他是来告状的，说牛糟蹋了他家庄稼。当然，王冕又免不了一顿板子。做母亲的实在看不下去了，劝阻男人："孩子既喜欢读书，强做规矩有什么用，何不由着他些？"

"哪里有这样的条件供他读书啊。"父亲叹息了一声。

条件都是靠人创造出来的。王冕有一位伯父叫王厚最，这位伯父出家做了和尚，其时正是绍兴城外天章寺住持。王厚最听说家中侄儿如此这般迷恋读书——其实于这个侄儿，他早有耳闻，早就听说过他禀赋过人了——他说服了兄弟，索性让王冕住到了寺院里。他还承诺给这位侄儿寻一位塾师，教他读书识字和经义文章，"别看现在没有科举考试，没准儿哪一天恢复了呢？"伯父确实是一个有远见的人。

少年王冕就这样住进了天章寺，平常偶尔帮着做点洒扫庭院拾柴洗菜的杂活，其他时间都在埋头读书。白天的时间不够用，就趁着夜深人静，悄悄潜入大雄宝殿里去。深夜的佛殿里，幽暗的烛火摇曳着，佛像在夜色里显出令人惊悸的神情来，有的青面獠牙，有的满身肃杀，有的手执利剑作挥舞状，有的手持大锤作抡动状。少年丝毫未被这样的情状吓住，见一尊大佛附近正点着一盏油灯，他轻巧地向那尊大佛攀去，手脚并用，很快来到了佛膝上，坐定，取出书来读。有风钻进佛殿，悬挂的经幡晃动，灯影摇曳，少年不为所动，手执书卷，端坐着。我们相信，书中世界实在令人着迷，在那样一股专注力的驱动下，少年或许不知道什么叫害怕了。不过我更倾向于认为，少年王冕的胆子是天生异于常人的，至少要比一般人大。

日后待少年离开寺院，坊间还流传着另一个他与佛像的故事。说是在王冕居住的竹斋附近有一座小寺院，有时家中缺柴，王冕就到小寺院里抡起刀砍下神像的胳膊或腿当柴烧。有一个王家邻居，向来谨小慎微，又笃信神佛，见王冕以刀斫神像，心下惊恐不安，悄悄地到寺院中细细测量了被毁坏的佛像，回家去拿木块雕刻出相同部位，将其补上了。王冕砍一次，他补一次，来来回回补了三四次。没想到王冕一家人安然无恙，这个一心救佛于"大苦大难"的邻居，妻子和儿子却都得了病。这位仁兄心中实在不平，请了一名巫师询问事情原委。巫师作法后，对着这位好心好意的人一顿斥责，巫师向他质问道："如果你不修这个神像，神像怎么会不断地被人砍呢？"

对于巫师的回复，我们不想戳穿他那可笑的逻辑错误。不过，由这坊间传说我们大致可以看出来，大概王冕打小就是一个无神论者，他眼里的神，就是书，是渊博的学问。

少年的好学很快引起了更多人的注意，同乡王止善就格外器重有才华的年轻人，特意到王家拜会王冕的母亲，让她转告王冕有空时来见自己。王冕回到家得知了这件事，就去谒见这位长辈。

王止善看到面前的少年衣衫褴褛，脚上草鞋穿破了，脚趾齐刷刷露在外面，真是一副衣不蔽体的样子，心下不胜唏嘘，禁不住以一种过来人的口吻向少年劝导了一番，大致是说："读书自然是好事，但当务之急却是谋生，最好先谋个小吏的差使吧，做着做着，也许有一天能成为地方的官员。"王止善其实说得没错，在元朝，年轻人的出路大有四条，第一靠根脚，也叫出身；第二靠承荫，就是恩荫授官；第三靠吏进；第四靠科举。第一条、第二条、第四条对王冕来说都是不存在的，不就剩下当个小吏这条唯一的路了？尽管小吏何其卑微，根本算不得什么官，顶多只是官员们的耳目和手脚，是他们任意差遣的小小办事员，那又如何呢？这可是普通的南人家庭的孩子想要出息的最可能的办法。

那一日王冕没有作答，只是站在一旁笑了笑。王止善苦口婆心交代完毕，又拿出一双草履，递到王冕手中。王冕再次冲王止善笑了笑，然后俯下身去，将那双鞋工工整整摆在厅堂门边的地上，立起身，高昂着头，离开了王止善的宅第。

不过，之后这个"目空一切"的年轻人还是成了王止善先生的弟子，这是后话，是在他意识到狂妄并不总是意味着强悍之后，他体会到了先生当初说那番话时的苦心。

二

除了王止善，这个桀骜不驯的年轻人还遇到了一位令他心悦诚服的良师。老师叫韩性，出身名门，自小聪慧过人，为绍兴城内一位大儒，还是一位理学家。韩先生在绍兴城内讲学，四方学者咸集，据说王冕是最后一个拜韩性为师的人，也可以说是他的关门弟子。

王冕很快就成为老师最器重的弟子。韩老师教授王冕典籍，也讲述儒家理学；王冕既精研历史文化，也学习诗词文章。说白了，这并不是一种纯功利的学习，相反它更像为了学问本身而学习。

在韩先生处，年轻的王冕学问精进，大有青出于蓝而胜于蓝的气象。同时，王冕还跟了绍兴当地的画家学画，画艺更是突飞猛进。这样过了些年，他想给自己谋一份职业，首先想到坐馆教书。可那个年头，他所在的小城和乡村根本没人愿意花钱请一个私塾老师。王冕想起孔子当年在大树下教授学生的情形，于是决定在绍兴城内一座佛寺的廊屋下讲学。他还靠墙垒灶，这是用来解决吃饭问题的。起先还真有几个人报名听课，这些人大概都是爱赶热闹的，被这人古怪的行为吸引了，想听听他究竟会讲出些什么名堂来。不过好景不长，没多久，学生一个一个跑光了。

就在王冕期望为自己谋一份差使的当儿，有一个绍兴的地方官找到了他。这个过程说起来是相当曲折的，全赖王冕的高傲，他们之间也差点擦肩而过了。此人叫申屠駉，新任绍兴理官，这位申屠大人特别喜欢结识才俊，就向王止善打听会稽一带有没有什么有为君子。王止善告诉他："我的家乡向来盛产各种传奇君子，现在有一位叫王冕的人，志气极高，真不是一般俗人能比的。"申屠大人于是牢牢记住了王冕的名字。

申屠大人上任后没多久，就想着和这个年轻人见上一面，令衙门里的小吏带上名帖去邀请王冕。人是见到了，不过小吏讨了一个大不痛快，王冕说："我并不认得你说的申屠大人，这位大人要寻的王先生应该也不是我，而是别有他人。"没有完成上司交代的任务，小吏不肯走，放下身段请求"王先生"务必到老爷府上走一趟。王冕不胜其烦，斥责道："我一介处士，难道能参与官府的事情，搅扰你家大人的公务吗？"小吏只好怏怏而回，如实禀告申屠大人。

　　王冕的这番言行更令申屠骃惊奇了，他非要会会这个一身傲气的人不可了，便择了个日子亲自上门，叩开了王冕的家门。两人见上面，说上话，恍若故友，往后这位申屠大人成了王冕人生里少数几位当官的至交。申屠骃回到衙门，向自己的上级——州尹宋子章推荐了王冕。宋子章也是难得的文人型官员，还是一位画家。又一日，宋子章偕同申屠骃登门造访，宋子章是"有备而来"的，此行的目的就是邀请王冕出山，到绍兴官学任教。宋大人带上了聘书聘银，以及官学先生穿戴的衣服帽子。王冕被宋子章的诚意打动了，应承了下来，出来担任官学讲师。这一段公职持续了一年多，王冕心生厌倦，给申屠骃写了封信，就辞职了。他不能忍受衙门里小官吏的蛮横无理，也不能忍受官学中一些不学无术的所谓先生，不能忍受他们的迂腐和势利，不能忍受他们因愚蠢而带来的傲慢。

　　索性回到他的竹斋，这一带十数楹茅屋错落竹影间，清风入怀，满目葱茏。写大幅的梅花，习兵法，击剑，侍奉母亲，痛饮酒，高声诵《离骚》，这样的日子，清贫，却自在。

三

　　至大四年（1311），元朝第四任皇帝孛儿只斤·爱育黎拔力八达继位。这位皇帝号仁宗，自幼熟读四书五经，倾心释典，师从李孟、王约，身上确乎沾染了一点文气。他一改之前几任统治者"只识弯弓射大雕"的尚武风格，试图将元朝带向全面"汉化"之路。

皇庆元年（1312），仁宗皇帝正在酝酿一件大事。他特命自己的授业恩师王约为集贤大学士，并着手修订法律，将"兴科举"著为令甲，即作为法律的第一条。可见皇帝推进人才变革的决心之大。

皇庆二年（1313）十月，仁宗要求中书省议行科举。

十一月，仁宗皇帝下诏恢复中断了三十九年之久的科举试。

那年深冬，王冕听到恢复科举试的消息，激动得彻夜难眠。这个农民的儿子，这个一心扑在学问上的青年，自觉有满腹经纶，有经世济民的文韬武略，这么多年来，一点也见不到人生向上的希望。他没有想到，凛冬的寒梅已悄悄送来了春天的消息。那个辗转难眠的夜晚，他披衣而坐，听着门外竹林里呼啸的风声，心里的热血像潮水一样澎湃起来。

几乎第二日，王冕就投入到了备考中。参照宋朝的规则，元朝的科举也采用层层进阶模式，分为乡试、会试、殿试三级。在元朝，要获得乡试资格还多了一些额外的条件。乡试人选事先由"本贯官司于路府州县学及诸色户内推举，年及二十五以上，乡党称其孝悌，朋友服其信义，经明行修之士"，并"结罪保举，以礼敦遣"。"倡优之家及患废疾、若犯十恶奸盗之人"不在保举应试范围之内。另外，元代的科举并不排斥工商子弟，比起唐宋禁止工商户应试要开明一些。从这样的规定看，被推荐人除了要有应试能力，还得具备良好的品行操守。

元代科举在政策制定上是有双重标准的，由于统治者眼中的高级人群蒙古人与色目人并不精通汉语，他们的考试难度要比汉人与南人低许多。

不妨一起看一下大致的考试内容：蒙古人、色目人考两场，分别为第一场经问五条；第二场策一道，以时务出题，限五百字以上。汉人、南人考三场，第一场为明经经疑二问，限三百字以上，经义一道，各治一经，《诗》以朱氏为主，《尚书》以蔡氏为主，《周易》以程氏、朱氏为主，以上三经，兼用古注疏，《春秋》许用《三传》及胡氏《传》，《礼记》用古注疏，限五百字以上；第二场为古赋诏诰章表内科一道；第三场为策一道，经史时务内出题，限一千字以上。

不同人的考试内容、答题要求都不尽相同，难易差距肉眼可见。统治者认为这是一种公平的民族保护，毕竟蒙古人、色目人文化底蕴不如汉人。但要知道参加考试的汉人远远多于少数民族人口，录取的比例却是一样的，以皇庆二年的乡试为例，全国乡试录取人数为三百名，蒙古人、色目人、汉人、南人各占七十五名，这种分配比例显然极不公平。

世上哪有绝对的公平呢？现在皇帝重开科举，对于心怀远大抱负的年轻人来讲，已经是一桩命运额外恩赐的公平了。

王冕顺利获得了绍兴当地官员的推荐作保。延祐元年（1314）夏天，王冕提早几个月到了杭州，准备考试。其间他遇到了一些考生，经历这漫长的科举荒漠期，大家都像沙漠里的植物突然遇上了一个淋漓的雨季，枯竭的希望重新萌生出来，一个个意气风发、欢欣鼓舞。

八月二十日，乡试开考。等到揭榜那一天，满怀期待的王冕很快跌入情绪的低谷，他落榜了。

不过这并不算什么挫折，古往今来，哪一个大人物没有经历过这样那样反反复复的挫折？唐朝的韩愈、贾岛、张继，北宋的柳永，南宋的陆游，谁不是从磕磕绊绊里走来的？

这样想过，他又平静了，大不了卷土重来，大丈夫志在千里，岂能折服于一时的马失前蹄呢？三年后，王冕又参加了乡试，又将之前经历的种种烦琐的程序重新进行了一遍，他再次失败了。

之后，他又持续不断地在科举的路上奋斗着，可失败如影随形，始终无法摆脱。

隔着遥远的时光，我们无法得知他究竟失败了几回，只知道这件事持续到了王冕的中年岁月，忽忽已经二十多年过去了。面对又一场惨败的乡试，人到中年的王冕做出了一个决绝的选择，他将那些苦苦困扰了自己二十多年的为应举所作的文章堆在院中，随后点了一把火。火光中，这些他曾日夜捧在手中的文章仿佛发出了痛苦的呻吟，它们本就残破的边角蜷曲起来，那些不容置疑的语句，那些被年轻的生命追逐了数百年的　成不变的古板的要义，现在都被火焰炽热的手撕成了碎片，很快便化为一片灰烬。火光在王冕日益苍老的瞳仁里跳动，风吹来，一片一片灰烬扬起……王冕笑了，他能够感觉到身体变得舒泰了，这么多年后，他才获得了一份永久的释然，他再也不考了。尽了二十多年心力，让自己成为一条十足的书蠹，这种连小儿都羞于做的事，早该结束了。

就这么痛苦而愉快地决定了。从今往后，这谨小慎微的技艺，这无休无止的挂碍和折磨，都见鬼去吧！从今往后，就做一个天地间来去自由的人吧，像梅花一般，即便在飞雪的凛冬，也烂漫地开，恣意地吐露芬芳。

四

到了四十多岁，王冕的画技日益纯熟，更为可贵的是，他只写梅花，笔下的墨梅尤其独树一帜。有很多人上门求画，王冕便在竹斋的堂屋中大大方方贴出润格，按尺幅长短，以粟米计价。也有人嘲笑一个画家竟有如此"功利"的举动，不过王冕很不以为意，他觉得他以笔墨的耕作换取稻粱，与农人以锄头钉耙的耕作赢得收成并无二致。这样，王冕颇有了一些积蓄，不过他并不是要将钱攒起来的人，只是期望赖此让生命获得更大的自在。

手头宽裕了些，他要做的第一件事就是离开越地去往远方，他要去看看辽阔的天地与无尽的人间。先是东游吴地，到了现在的苏州一带。苏州一带向来有尚艺术的气氛，在苏州，王冕或许开了一个画馆。他的墨梅很是有一批达官贵人收藏，虽然王冕始终与官僚和富人保持着距离，但也不妨碍他们买他的画。

在苏州一带待够后，王冕前往集庆。随后，他的脚步行得更远了。他跨过了长江，在广大的中国北部游走，到达燕蓟一带，纵览居庸关，瞻仰古北边塞，并在大都旅居。在首都时，王冕结识了秘书卿泰不华。泰不华为蒙古人，从小在浙江台州长大，十七岁时即赢得浙江乡试第一名，十八岁时以殿试第一名高中状元。泰不华官至礼部侍郎，是中央政府高官中的一股清流。他是一名正直的官员，尚节气，不随俗浮沉，这些品质都令人钦佩。泰不华与王冕一见如故，成为莫逆之交。

在大都的日子，王冕住在泰不华家，他们交流学问，交换对时局的看法。唯有泰不华推荐他到朝廷谋个差使，才会惹得王冕不高兴。有一回，史馆中刚好有一个职位空缺，泰不华竭力推荐王冕担任，他第一时间将王冕请了来，兴冲冲地将这个消息告诉给他。

王冕丝毫未被朋友的好心感动，笑着说："你呀，目光还是不够长远哪，现在我们置身的地方，别看它深宅大院，一派华贵，不出十年，这里将变为一片废墟，到处长满荒草呢。"这事就作罢了，作为老朋友的泰不华也越来越了解他的脾性了。

在大都的时候，时常会有达官显贵上门求画，王冕就按尺幅收取润格，似乎这样的生活才更接近本心。人们走进这个古怪画家的居所，就能见到墙上张挂着一幅大写意的墨梅图，上面用苍劲的书法写着："冰花个个团如玉，羌笛吹它不下来。"此后，凡是见过这幅墨梅图的人，都不再劝王冕入朝谋差使了。

"不过，你们未必看得懂这幅画。"有一回酒醉后，王冕指着画上的梅花，笑对几位慕名而来的友人，"世人晓得我善画没骨梅花，世人都不晓得我的梅花与他们不同，皆是因了笔下这一股清气。"

走过了辽阔大地，看过了人间风景，至正八年（1348），王冕已年逾花甲。无论是战士还是浪子，到了这个年纪都该回到故乡。

他踏上了南归的旅途。一路行来，满目疮痍，这个庞大的帝国将隐藏在民间的伤口一一展现在他面前。尤其走到广阔的黄淮流域，王冕的心彻底凉了。他无法想象，数月前他见到的大都和眼前见到的情状简直判若天堂与地狱。在帝国首都，官僚与豪强夜夜狂欢，朱门酒肉臭；而在黄河流域，村庄萧条，万户凋敝。一路走来，都可见到路旁的饿殍，街口有人卖儿鬻女，将草标插在孩子破旧不堪的衣襟上。

史书记载，元至正四年（1344），黄河暴溢，水平地深二丈许，北决白茅堤、金堤，济宁、曹州、汶上等地皆受灾，水势北侵安山，沿入会通运河，延伸至济南、河间一带。黄河的决堤，造成无数生灵涂炭，整个华北平原都在苦难中挣扎，山东、河南等地数十万民众蒙受大难。就在这节骨眼上，中央高层却就是否要修治黄河展开了剧烈争论，一方是要修，另一方是不需要修，双方各执一词，争得难分难解。几年后，朝廷在丞相脱脱的坚持下决定修治黄河，不过脱脱的坚持并未真正给黄河治理带来任何改变，尽管朝廷财政拨出了巨款，当权者拉了十七万劳工大举治河，但实际情况是治河经费被贪官污吏层层盘剥，到底下几乎分文不剩。劳工们出了力，却根本拿不到劳动报酬，他们连轴地苦干，却连每天吃的粮食也被不断克扣，连基本口粮都无法保障。官员们无视这一切，劳工成批逃跑，他们就叫恶吏到村庄里抓壮丁。元朝帝国的最后崩塌，就是从黄河决堤开始的。这一年农民起义频发，越来越多的人在统治者的压榨中揭竿而起。位于淮河中游的濠州，有一个叫朱重八的人，他的父母、大哥、年少的侄子，皆在这场天灾人祸中饿死，惨痛的命运令他第一次觉醒了，若干年后这个农民的儿子将为元朝帝国敲响丧钟，当然这是后话。

在大都，王冕见识了官僚的恶，见识了阶层断崖一般的分化。为官者跋扈，为富者不仁，穷苦大众则在层层叠加的赋税与徭役中苦苦挣扎，苟延残喘地在城市的暗角延续性命。走到黄淮流域，他听到了民间痛苦的呻吟。这些古老土地上生长出来的，像庄稼一般朴素的人，这些勤劳善良听话的人，这些不到黄河心不死的人，有如沉默的羔羊在啜泣。乞丐与流民像漶漫的黄河水一样，一队一队、一堆一堆地行进在苍茫天底下，他们的恸哭、眼泪、绝望都那样渺小轻淡，他们生如蝼蚁、死如蝼蚁。

这段漫长的返乡行程中，还有一个值得留意的插曲。王冕即将离开京师的时候，听闻好友卢生死在滦阳，无人料理后事。王冕毅然决定前往滦阳，出钱安葬了故友，并带上他遗留下来的两个无人照料的孩子南返。

这条从帝国的北方跨至帝国东南的行程，让王冕有了一个坚定的判断，元朝离灭亡不远了，这是指日可待的事，剩下的只是以怎样的形式覆灭了。

王冕一回到绍兴，就告诉一些乡亲近邻："天下不久将大乱了。"

不过没有几个人相信这样的"危言耸听"，大家只是觉得可笑，还有人嘲笑王冕是一个"妄人"，"妄人"是指无知妄为的人。听到这些话后，王冕笑了："如我不是妄人，还有谁是妄人呢？"

五

许多可见和不可见的事物都在死去，许多人坚信了数百上千年的价值体系都在崩塌。

王冕彻底看透了，既看清了功名的虚妄，也看到了整个帝国的朽烂，它像一个倒地的巨兽，正散发出浓烈的死亡气息。

他能做的是什么呢？既然无法兼济天下，那么就独善其身吧。

他要开始另一种生活了，他要在深山里度过剩下的岁月。

绍兴城外，九里山。

青山如聚，涧水似清澈的眼眸。这是王冕喜欢的去处，他将这些年卖画所得，置下一片山地。筑茅屋于青山深处，植梅树千株，桃杏树五百，种豆三亩，粟六亩，芋一区，韭百本。带着妻子儿女，他们就在这深山里自耕自足。

王冕还置下一艘小舟，就叫它"浮萍轩"。他时常载着酒，放舟鉴湖，有一批附庸文雅的人也纷纷驾着小船，荡舟在鉴湖，追随着他。

在劳作之余，王冕仿照《周礼》写下一部书，不过这部书秘不示人，他只在夜深人静时分独自一人挑灯诵读。在他看来，这是一部经世治国的大书，只有等来合适的君王才值得奉上，很有点"以待明主"的意思。每每合上书卷，以手摩挲封皮，他总禁不住感慨："趁微躯未死，哪天拿着它见英明君主，就能辅佐其成大业了。"

山上岁月，确乎有它不可言喻的美。晴朗的日子，岭上多白云，入夜，星子钻石般闪耀。白雪飘零的时节，红梅像焰火般盛放，暗香穿堂入室。深林见麋鹿，晴溪听鸟声，自然的馈赠何等丰盛。不过，山上的生活也的确有它不能言说的清苦，耕作并不容易，如王冕在诗中写的那样："我穷衣袖露两肘，回视囊箧无一有。"这种囊空如洗的境地，大概只有真正穷过的人才能体会。不过，一个人只要从灵魂深处热爱这样的生活，即便一贫如洗，内心也是宁和的。

元至正十九年（1359），朱元璋统一江南的战争打得如火如荼，部下大将胡大海率兵攻打绍兴，屯兵城外九里山。军队的入侵令山下百姓十分恐慌，他们携家眷行李慌忙逃窜。

胡大海是在绍兴城外兰渚山的天章寺见到王冕的，那里正是大帅的指挥所。王冕和胡大海说了一番话："而今天下大乱，手握兵权的人若不知道安顿百姓，一味肆意抢掠，离灭亡也不会有几日了。如真能行大义，天下百姓谁敢不臣服？如执意作恶，那么谁不是你的敌人呢？越地之人向来重义，不可以侵犯，我难道会教你和我的父老兄弟相互杀戮吗？你如果听我的，就立即改过从善；若不听我的，请速速杀之。我不再多言。"

胡大海是位功勋卓著、智慧过人的战将，听得进建议，王冕的话句句说到他心坎上了。据说胡大海很欣赏这位居深山而不出的隐士，并向朱元璋推荐了王冕。朱元璋与王冕后来应该有过会面，这位未来的皇帝，正着手物色各路人才，很希望王冕进入自己的智囊团，于是授之以咨议参军一职。

不过世事难料，接到任命书那晚，王冕逝世了。

三十六岁那年。这个生活的别处。时不时逗引

着唐寅。他时不时想起状光中的芦苇。想起

桃花河里的鳜鱼。想起坡上梅花。想起四月。

遍野桃花随风而落。

节录自桃花醒着周杰

桃花醒着

唐寅

一切有为法，如梦幻泡影，如露亦如电，应作如是观。

——《金刚经》

有人四岁识文断字，九岁那年看破红尘出了家；有人六十岁仍一无所成，耄耋之年始有建树。有人一生都在雄心壮志的感召下前行，有人一看清这世界就感觉到了生之无趣和黯淡。

唐寅，三十六岁那年起了归隐之心。

这份心思并非突然而至，而是一点一滴、一丝一缕攒起来，攒了三十六个年头，攒到弘治十八年（1505）春天，酒醉的唐寅在一棵桃树下醒来，用手拈起落在衣襟上的花瓣。一阵早春微凉的风吹过，让他打了个寒噤。酒意消散，他仿佛历经了一个长梦。抬头，一树灼灼的桃花由蒙眬而清晰，"这正是她最好的年华，能抵得住几番风雨？"他在桃树下又坐了半个时辰，蓦然想到："人生这盘错综复杂的棋，已下到再无悬念的地步。"他不禁难过起来。

时间已显现出重量，它几乎在急速下坠，一夜间令人两鬓侵染霜雪，一夜间在人额上刻下皱纹。那酣畅的青春哪，正如电光石火一般逝去了。

想明白这个问题后，他决定开启自己的"归田园居"，将生活领域迁出苏州阊门，去往一处僻静之地。

阊门，苏州城内最繁华的所在，唐寅自小长大的地方。他自然是爱这里的，爱它的丰饶繁盛，爱它的缤纷多姿，爱它喧阗的市声、温软的生活。现在他决定和这一切稍稍隔开一点距离。这既缘于他有了归去的心思，又缘于他想与旧的生活划开界限。他的人生，如果说还有梦想，就剩这最后一个了。

他要去的地方并不遥远，沿阊门河向东走，到能仁寺，再循着章家河向北，过石塘桥，出齐门，就到了人们口中的桃花坞。

这是一片广阔的田园，杂花生树，河道纵横，最早为农桑之地。汉代，张长史治桑其间，此地始称桑园。北宋熙宁年间，梅宣义不惜花费十年光阴，于桑园旧址筑台治园，建五亩园，由于园内梅树遍植，又称梅园。苏东坡先生与梅宣义其中一位儿子梅子明为好友，曾写诗表达对五亩园的喜爱与向往。北宋绍圣年间的名臣、同知枢密院事章楶在五亩园南面筑桃花坞别墅，占地七百亩。章氏子弟在此基础上广辟池沼，建成一座庄园式园林——章园。据说，梅、章两家为世交，梅宣义之子梅采南、章楶之子章咏华决定仿效"曲水流觞"，将两园池塘打通，建双鱼放生池，一端通梅园"双荷花池"，一端通章园"千尺潭"。此地遂成为苏州胜景，每当春天，大量游人前来踏青赏花。宋末，战事频仍，民不聊生，园林一度荒废。元之后，桃花坞一带几度兴废，有隐士前来建筑园林，不出几年，人去楼空，遍地野草。过些年月，又会有新的人来兴建园林。数百年光阴更迭，这一片城郊野地一直静候在那里，桃花坞，成为了一个生活的"别处"。

三十六岁那年，这个生活的"别处"，时不时逗引着唐寅。他时不时想起秋光中的芦苇，想起桃花河里的鳜鱼，想起坡上梅花，想起四月遍野桃花随风而落。他花去卖字画所得的一大笔积蓄，置下章园旧址那片荒废的别墅，筑庐修亭，营建一个人的桃花源。

三十六岁那年，唐寅格外钟爱这个新身份：桃花庵主人。

与其说这是一场隐居的开始，不如说这是对生命中最后一个理想的落实。筑室桃花坞，并非为了远离尘世之乐，而是想着将行乐的场景切换到广阔自然里，那里有更大的可供腾挪的空间，在山水之中，在月下花前，在春光诗酒间，尽兴地度过余生。这是生活走过一段急速下坡路后，唐寅为自己辟出的一条小道。

当三十六岁的唐寅走到桃花坞，在他疲敝的灵魂深处，另一些形态的唐寅已然死去。人间只剩下一个放诞的、不羁的、坚定的享乐主义的唐子畏。

头一件事，在桃花庵四周种桃树，足足种了几亩地。四年后，一片桃林延展开来，将桃花坞里的亭台和茅庐紧紧拥抱住。此地曰桃花坞，桃树自然是最应景的。为什么偏偏是桃树，不得不说这是唐寅的最爱。他是爱花的人，他爱深谷里幽静的花，更爱世间如许灿烂的花。他最钟情桃花的热烈绚烂，春意一浓，桃花便如云霞铺陈着；春天一走，满山满树的花，悉数零落，仿佛集体奔赴一场死亡。多像炫目的青春，只顾盛放，从不惧怕生之短暂。

他将桃花的颜色剪了一片，融进写意的丹青里；他以桃花酿成甜酒，醉倒在黄昏的晚风中。春光如梦的日子，他愿意整日坐在桃花丛中，忘却蝇营狗苟的生活，忘却时间的流转。

三十六岁那年，桃花庵粗具规模，唐寅在这片田园中与时间赛跑，及时行乐。读书、宴客、种花浇园；作诗、画画、醉舞狂歌……文人、和尚、妓女皆为座上宾。

新的日子正在仓促地覆盖旧的日子，他终于有大把大把时光用来挥霍、感伤，用来纵情山水与声色。只是，只是在午夜梦回时分，薄霜一般的月色悄无声息地落在阶前，仿佛下了一场雪；只是，只是在秋雨如丝的黄昏，人影散去，遍野暮色挤向一盏青灯，那走过的歧路，那过往的困厄，那些轻狂与不安，又会一次次接踵而至。

一

明宪宗成化六年（1470）二月四日，一个男孩降生于苏州吴县阊门内皋桥南吴趋里一户唐姓人家。正值虎年，家人就为他取名

"寅"，在十二生肖中，"寅"为虎的代称。唐寅是家中长子，排行老大，故字"伯虎"，后又由"伯虎"而更字"子畏"。

唐寅出生在一户普通人家，父亲唐德广在临水的街上开着一家小酒馆。这种小酒馆有着旧时苏州一带常见的模样，临河而筑，门面朝街开。小木楼有一部分伸向河面，凌空架起。唐德广的小酒馆就跻身于金阊门附近连片小饭馆中。唐寅于这热腾腾的市井间度过童年岁月。喧阗的市声里，杀鸡宰鹅、烹鱼沽酒的忙碌中，一个男孩渐渐成长起来。

不过童年的唐寅并不需要操心其他事，只需一心读圣贤书就可以了。小业主唐德广骨子里崇尚读书，在那个年代，大家都明白，无论生意做得多好，也只是谋生技法，"万般皆下品，唯有读书高"，哪个行当也抵不上由读书发端的升官加爵。唐寅开蒙后，父亲为他请了授业老师，教他读书识字，期望儿子有朝一日改变门第。

唐德广的这个愿望并非无迹可寻。唐寅自小聪慧，酷爱诗书，其他男孩还在玩儿泥巴，他就已知晓书卷滋味。他在《答周秋山》中忆及少时读书的情景："闭门读书，与世若隔，一声清磬，半盏寒灯，便作阇黎境界，此外更无所求也。"什么是"阇黎境界"？即"高僧入定"的情状。

由此可见，少年唐寅整日趴于书案，功课上用足了功夫。以至于好友祝允明在撰写唐寅墓志铭时，还念念不忘他当年埋首书海的情形。祝允明不无调侃地说少年唐寅天性聪慧，但他的聪慧离不开苦读。他那会儿读书没日没夜，成天足不出户，就是问他家门口街道叫什么名字，通往哪里，他都说不上来。他的心气那般高，像一匹日行千里的马，可眼界又那么小，丝毫不曾留意小楼门外热热闹闹的人间生活。

在后来，祝允明将成为唐寅人生中的挚友，用祝允明自己的话讲是"肺腑友"。最初，祝允明去拜访了两次比自己小九岁的唐寅，按照当时文人间交游的规矩，主人是要回访的，但唐寅顾不上回访来客。年少的他，心思囿于书本，一心只仰慕古时豪杰，觉得身边的人大多不过尔尔。祝允明并不见外，两次拜访后，唐寅让人送去两首诗，算是回访，字里行间，伫立着一个恃才傲物的少年。祝允明读后给唐寅写了答诗，诗中，他劝唐寅不妨开阔胸襟：世间万物最终都会向高深细致发展，从未听说高大的山峰能建在都市之中。只有天，处于至高之境，却又谦和地接纳万物，成为万物根本。祝允明的意思很明白，要做天空那般博大的人，只有接纳与包容更大的世界，才不至于被狭隘局限住。

在祝允明回赠的文字中，唐寅恍然大悟：这位坊间传说中的怪异才子，绝非徒有虚名，他着实有自己不具备的眼光和识见。随后，唐寅和祝允明成为莫逆之交。那一年，初次相遇，唐寅大概十二岁，祝允明二十一岁。

随着和祝允明成为朋友，唐寅走下了那闹市中门窗深闭的小楼。他结识了更多的朋友，好些是当时苏州的大才子：杨循吉、徐祯卿、张灵、都穆等。

还有一位后来人生中很重要的朋友，文徵明，也在这个时期向他走来。与文徵明的相识要归因于其父文林。

文林是文天祥后人，先祖文俊卿曾在元代做过大将军，到曾祖父文惠，入赘苏州人张声远家，遂迁居苏州长洲，成为吴人。文林为成化八年（1472）进士，后任温州知府。文林是唐德广酒馆里的常客，时常随三五友朋，到这临湖的小馆尝湖鲜，吃小酒。一来二去，就和唐德广相熟了。当他读到唐寅的诗句，深深地被这位少年的才华折服。

文林的出现，为少年唐寅的人生开启了一片新天地。他带着唐寅去拜会苏州当时的著名文人和官员，并引荐唐寅向自己的好友、著名画家周臣学画。更重要的是，他给唐寅送来了又一位挚友——自己的爱子文徵明。文徵明与唐寅生于同一年，只比唐寅小了几个月，性情淡泊，处事谨严，是一个与唐寅截然不同的人。当然，这一切不同并未妨碍他们相怜相惜，成为一生的挚友。

十六岁那年，唐寅参加府学生员考试。明代，官方政府创办的学校有两类，包括中央创办的国学和地方创办的府、州、县学，两者都是为科举考试做预备的。考入府学后即成了秀才，可视为获取功名的起点。在府学，秀才们会受到全面专业的科举考试训练，进而再参加乡试、会试。府学考试中唐寅名列第一，很是在当地引发了一些轰动，这是小小少年第一回拿才情小试了牛刀。父亲唐德广却心有忧虑，有时会和人感叹："我这儿子，日后或许会出名，可不一定能成器！"或许在他心目中，所谓成器，就是考个功名，做个大官，这是作为平民的唐家几代人的凤愿。

　　尽管唐寅埋首书案，也表现出雄心勃勃的样子，但毕竟知子莫如父，唐德广太了解儿子了，他真正热衷的并非什么科举考试，也不是什么加官晋爵，他的志趣大概在山水林泉，在奇花异草，在酒与女人。父亲虽然不识几个字，但也知道儿子打心里痴迷的都是些驳杂"无用"的闲书，对科举考试最实用的时文，对经史子集，他却兴趣索然。

　　确实，历经过一段闭门苦读，唐寅已将那份科举考试的心思抛诸脑后了。这一群才华横溢的吴中才子，年少轻狂，颇过了一段痛饮狂歌的生活。据说他们曾在小酒店里喝得酩酊大醉，付不起酒钱，只好脱下衣服典当。又据说他们曾假扮成道士，跑到盐运使官署化缘，由于盐运使好附庸风雅，他们以一首诗骗取了一笔假称修缮苏州玄妙观的经费，随后又将这笔钱挥霍一空。

　　在府学中，唐寅和他的同学张灵成了最桀骜不驯的两个生员。

　　大雪纷飞的深冬，唐寅和张灵装扮成乞丐，着破衣烂衫，将头发披散，在脸上抹两把炭灰，于风雪中，往热闹的街口一站。唐寅手执快板，张灵拿一把破胡琴，做出瑟瑟发抖不堪忍受的模样。过往行人见状可怜，就往两人脚前破帽中投几枚铜钱。一旦见身着绸缎、坐着轿子或骑高头大马的有钱人出现在街口，他俩就凑到近前，运气好时，讨到的铜子就不止一文两文了。他们往往在街口站上半天，等破帽中聚集起几十枚铜子，就收拾了面前这套乞丐行头，到街角沽一大壶酒，买两斤熟牛肉。随后，蹦跳着前往城郊一个破败的荒寺，在古寺大殿外捡拾些柴火，于殿中生起一堆火，将酒埋入炭灰中，酒香弥漫开来。殿外，大雪纷纷扬扬；殿里，菩萨怒目圆睁。唐寅与张灵席地而坐，大碗喝酒，大块吃肉，柴火噼啪作响，在跳动的火光中两人相视大笑。

每每返家的路上，唐寅都要问张灵，若李白和我们一起，不知道他会作何感想？大概也要感叹不如我们畅快吧？

盛夏，唐寅与张灵来到府学旁的荷花池畔。那日，阳光热辣，两人先在池边濯足，随后掬水泼洒，玩到兴起，索性脱光衣服，一丝不挂扎入池水中，在青碧的荷叶与婷婷的莲花间戏水，白亮亮的水花飞溅，惊飞了无数人的眼球。此事一度引发了府学的地震。不说明代，就是今日的大学，若有人于光天化日下裸身戏水，也足可以判为有辱风化。

唐寅的朋友中，这般的狂士又岂止张灵一个，那位年长他许多的祝允明，和唐寅更是"趣味相投"，他们喝酒吃肉，高谈阔论，研习书法字画，一有空，就去逛"合法"的妓院，民间流传着许多他们的故事。

据说也是一个盛夏的日子，唐寅去祝允明府上拜访，小书童将他迎入书房。祝允明竟全然未察觉到访客光临，正一丝不挂，右手擎一支斗笔席地挥毫。待到唐寅于近旁站立了好一会儿，祝允明才回过神来。唐寅见他脸上、身上沾满墨迹，活脱脱一只露出芝麻馅的大元宵，失声大笑，打趣着问："无衣无褐，何以卒岁？"祝允明丝毫不觉得尴尬，答："岂曰无衣，与子同袍。"

只有文徵明例外。尽管钦佩唐寅，尽管成日里和他打成一片，也改变不了一个事实——文徵明是另一种人。他是冷峻的，内敛的，自律的。他从不酗酒，从不纵情声色。这就给了唐寅和祝允明他们一些捉弄文徵明的"灵感"，他们自然明白文徵明坐怀不乱，但偏要带他去烟花柳巷，他们不信世间男人还能抗拒得了温柔的攻势。当然，很多时候，这样的计划一开始就会失败，因为一旦听闻要去寻花问柳，文徵明就会急匆匆地独自离开。

据说有一回，唐寅和祝允明邀请文徵明同游竹堂寺，说要到寺院里找老和尚说茶论道，文徵明自然一口答应，欣然前往。不过去往寺院的路上，唐寅和祝允明"走偏"了路线，拐进路旁一家青楼，文徵明还不及细想，就被带了进去。来之前，他们俩特意和老鸨打了招呼，让楼里面容姣好、最具风情的头牌女子接待这位羞涩内敛的"闷骚"朋友。他们想着，这一回，这个文绉绉的书呆子必得就范。没想到的是，过不多久，那位青楼的"花魁"气呼呼地出现在唐寅和祝允明面前，向两位兴师问罪："你们口中的风流才子，是个男人吗？"两人被问得面面相觑，才知道文徵明早已夺路而逃。

还有一回，他们索性在一艘游船上悄悄安排下一队勾栏美人，心下想着这回文徵明插翅难飞了。当五六个妙龄女子出现在面前，并投怀送抱，将他团团围住时，文徵明确实大大窘迫了一番。他急得大汗淋漓，脚避之不及，手也无处可放，真是太折磨人了。唐寅、祝允明、张灵这些人却怀抱美人，开怀畅饮起来，故意装做不去理会文徵明的样子。文徵明想求救，无人理睬；想逃脱，退五六步，就退到船舷旁了。那窘迫的情状，真是活画出"进退两难"这个词语。手足无措间，恰好一叶小船自游船旁驶过，文徵明纵身一跃，跃入了那小船，船身剧烈摇晃着，溅起一片水花，差点侧翻于水上了。

这是唐寅和那一拨吴中才子们度过的最初的一段放浪不羁的岁月。"痛饮狂歌空度日，飞扬跋扈为谁雄。"他们一边啜饮着青春欢畅的酒，一边在字画诗词上精进，同时关于他们的传说，像暗夜里的烟花一般，在人间的天堂苏州城绽放开来。

二

十九岁，唐寅成婚，娶徐廷瑞次女为妻，徐氏敏慧贤淑，婚后生活温暖安定。

不过这份美好短暂得像一场早春的花事。

唐寅二十四岁那年，死亡似连绵的阴雨接踵而至。先是常年多病的父亲唐德广离世。唐德广自是难以瞑目，他有太多心愿未了，既未看到长子取得功名，也未看到小女儿成家。可生命无常，死亡从不会因为某个人的心愿迫切和美好而做出让步。

唐德广离世后不久，唐寅的母亲也因哀伤与疾病，离开了人世。

作为长子，唐寅主持了家中丧葬事宜，命运的重担第一次向他压来，让他体会到生之沉重。但命运的击打似乎没有停下来的意思。几乎紧锣密鼓地，妻子徐氏在难产中丧生，小婴儿也随之夭折。

　　父亲病榻前全心托付的小妹唐秀，出嫁后不久，因无法忍受夫家的凌辱与恶意而自尽。此事又给了唐寅沉痛一击。他含着热泪写下《祭妹文》。那些时日，他神思恍惚，悲伤不可终日，外出时常会忘记要去的地方，回家时常走岔路。

　　一日晨起，他惊觉镜中的自己鬓边生出了第一根白发，为此特意写下一首叫《白发》的诗。接连的死亡，在唐寅灵魂深处，激荡起一片激越的回响，这回响让他深切体会到生的短暂和悲凉。他不仅再次认定了人生需及时行乐，也觉得要及时努力建立功业。

　　建立功业？不就得重拾父亲的夙愿吗？趁着壮年，何不搏一把呢？这大概也是死亡给唐寅敲响的警钟，求取功名的紧迫之感随着生命的无常之感而来。好友祝允明也郑重向唐寅提及此事，这位平日放浪不羁的兄长，骨子里也对功业充满向往，将"入仕为官"当做人生正途，要不然他一生中不会五次参加乡试，七次参加会试，直到儿子考中进士后，才知难而退。

　　祝允明看出了唐寅的矛盾和彷徨，他质问唐寅："你若想完成父辈的愿望，就好好将精力投入课业中去；若要按照自己的志趣生活，就赶紧褪去这身秀才衣巾，一把火烧掉应试书籍。你现在既身处府学，又不理会举业应试，究竟为哪般？"

　　面对祝允明的质问，唐寅沉默良久，答道："明年就是大比之年，我决定了，尽一年光阴，刻苦一番，若不能遂愿，就放弃仕途。"话里，既表明了决心，又显出才子的自负，他是觉得赢得科举考试恰如囊中取物，以他唐子畏的才情，花个一年半载精力足够了。

重新闭户读书。那些春风杨柳，那些明月溪水，那些醉酒的夜，那些腰肢柔软的美人和慷慨陈词的朋友，一概拒之门外。

"这一回，势在必得。"他暗暗跟自己发了誓。

在梦里，事都已成了。他见到自己骑在高头大马上，身披紫袍，腰缠金带。

除了埋头苦学，他也做了一些额外的功课，例如给曾经的状元、同乡吴宽写了一封热情洋溢的自荐信——《上吴天官书》，在信中，他既坦陈了自己的困苦无助，又展现了一腔为国为民的雄心壮志和伟大抱负。

弘治十一年（1498）秋于应天府的那段时光，是唐寅生命里最明媚的岁月。

唐寅高中解元，夺得应天府乡试第一名。诗书簪缨盛的江南，乡试解元，真可谓万众瞩目，街头巷尾争相议论。更可喜的是，考官梁储见到唐寅的试卷叹为天人，回到京城后，他向来年的会试主考官之一程敏政力荐了这位南方的大才子。程敏政读了唐寅的文章，也是赞赏有加。这样一来，唐寅的大名，已传到京城传到帝国上层去了。

赴鹿鸣宴，游秦淮河，如此欢畅，如此甘美，就像浩荡春风过处，无边光景焕然一新。尽管时值秋天，唐寅却觉得自己的春天轰轰烈烈地来了，心里的得意挡也挡不住。落寞、困厄、暮色中借酒浇愁的哀伤、报国无门的沮丧……一切，统统翻篇。他唐寅即将迎来崭新的人生。"长风破浪会有时，直挂云帆济沧海。"李太白呀，你的诗句多么精确地道出了这无边的快意！

他也曾孤芳自赏过，也曾对那些追逐功名的三流官员嗤之以鼻过。但当世俗的嘉奖到来，当某种权威的认可到来，他才明白，那些口口声声的"无所谓"，只是得不到的人们浸泡了醋意的话语。

高中解元，这件事是唐寅生命里璀璨的一笔，也确乎是唐寅一辈子引以为傲的事。他有几方印章，一枚阳文长印刻着"南京解元"四字；另一枚阳文闲章上刻着"龙虎榜中名第一，烟花队里醉千场"；还有一方阴文章，上刻"江南第一风流才子"，"第一"，当然指应天试解元了。唐寅的南京之行，可谓风流潇洒，满载而归，既收获功名，又赢得了无数士子倾慕的目光。

从南京回苏州的路上，唐寅已暗暗做了一个决定，他想着，南京也只是一种人生的起始，明年春天，京师会试，才是我要登临的人生巅峰。

三

这一年会试定在二月，在礼部举行。南方的士子们，要到达数千公里外的京师，即便持续不断地赶路，也得耗时多日，何况中间还会有各种意外。按照经验，南方的学子往往乡试一放榜，得知中举后，便会踏上会试赶考路。苏州在中国东部，距离京师一千多公里，唐寅至少需要在冬天出发，赶在过年前到达，这样，才会留有一点余地。

　　按他一贯的张狂与自信，有什么理由怀疑此行不会如愿呢？他早就知道内阁多位大学士都已知晓了自己的文名，人未至，口碑已传扬开去，这叫先声夺人。

　　迎着料峭寒风，唐寅踏上了进京之路。这一程，水路遥迢，从苏州出发，沿京杭大运河北上。当时一般举子都会自己雇一条小船，或者与人合雇一条小船，船舱可容两人平躺，中间置一摞书，可随时翻阅复习，既节省成本，又有个照应的同伴。相比那些乘寒碜小船的考生，唐寅要舒适许多，他搭乘了徐经的游船。徐经者，江阴人氏，弘治八年（1495）举人，早年和唐寅相交。这些并不重要，重要的是徐家富甲一方。说一个小小的数据，我们就会知道这个富豪究竟有多豪，据记载，徐经死后，其子徐洽分得田产一万二千五百九十七亩。另外，徐经还有一个玄孙，也就是孙子的孙子，叫徐霞客，这位恐怕就无人不晓了。

　　徐经的船雕梁画栋、旌旗飘扬，船上除了两位赶考的主角，还有六七个服侍左右的仆人，书童、厨娘、丫鬟都有随行。一路上，鱼肉酒菜，营养均衡，身心舒适，在气势上就压倒了那些穷困的书生。

　　到京城后，唐寅自然与徐经下榻于同一家会馆。彼时，京师还没有太多宾馆和客栈，大多数士子也不富足，同乡官僚、缙绅就想了一个办法，辟出一些宅院，为参加会试的举子提供居停聚会的地方。这是一种以地域关系为基础建立的接待场所，既为远道而来的举子行了方便，也随着他们的金榜题名而提升了地方乡绅的声望。

一应事宜安排停当，两个行事高调的人便活络起来，走访官员，结识各地赶考士子，热闹得很。其中一个重要行程是拜会翰林院学士、礼部右侍郎程敏政。

这也是一件平常事，大多数举子都会想破脑袋，挖空心思，七拐八弯地在京城寻找官员，作为科考或日后仕途的倚靠，这是古代中国人情社会的官场惯例。不过，程敏政着实算得上特殊时期的特殊人物，毕竟他很可能成为这一届主考官，他府上的访客大概也格外惹人瞩目吧。

主考官公布，果然是翰林院学士、礼部右侍郎程敏政和文渊阁大学士、文坛领袖李东阳。

弘治十二年（1499）二月，会试开考。

会试结束后没几天，成绩还未及揭晓，一篇奏章却在朝堂上引发了巨大震动——给事中华昶弹劾程敏政鬻题。奏章很快被送到孝宗皇帝手中。由于这件事在唐寅人生中太为重要，我们不妨引用一下那封弹劾翰林院学士程敏政的奏疏：

> 国家求贤，以科目为重，公道所在，赖此一途。今年会试，臣闻士大夫公议于朝，私议于巷，翰林学士程敏政假手文场，甘心市井，士子初场未入而《论语》题已传诵于外，二场未入而表题又传诵于外，三场未入而策之第三、四问又传诵于外。江阴县举人徐经、苏州府举人唐寅等，狂童孺子，天夺其魄，或先以此题骄于众，或

先以此题问于人，此岂科目所宜有、盛世所宜容？臣待罪言职，有此风闻，愿陛下特敕礼部，场中朱卷凡经程敏政看者，许主考大学士李东阳与五经同考官重加翻阅，公为去取，俾天下士就试于京师者，咸知有司之公。

华昶如此这般言之凿凿，加上会试事关国家用人大计，举国上下千万双眼睛盯着。皇帝即刻安排礼部彻查，由于未发榜，不能从中榜结果推断徐经、唐寅是否作弊。礼部又提请皇帝，让主考官李东阳会同同考官们，重新翻阅程敏政批阅的试卷。李东阳等人复核试卷后向皇帝报告，三百个中榜者中没有徐经和唐寅，试卷批阅也未见出问题。

当时，唐寅与徐经已被打入大牢，而上疏的谏官华昶，因反映情况不实，也被下狱。

至于出题的主考官程敏政，他不仅是朝廷高官，还做过孝宗皇帝的老师，皇帝对自己的恩师不可能不存在敬惜之心，加上无更多证据表明程敏政泄题，皇帝就想着让大事化小、小事化了。

可皇帝没料到，华昶上疏入狱的事，却在京城官场掀起轩然大波。工科都给事中林廷玉在舞弊案渐趋平静时，再次上疏直言程敏政受贿，并指出六大疑点。林廷玉的上疏让皇帝很生气，他后来也被打入监狱。

可大臣们并未就此罢休，更多言官上疏要求释放华昶，逮捕程敏政。他们认为徐经和唐寅未录取并不能排除程敏政事先未泄题，更不能排除程敏政受贿。

皇帝迫于压力，也为平息舆论，将案子移交三法司（刑部、都察院、大理寺）和锦衣卫。事情到了这个地步，皇帝不得不让老师下狱。锦衣卫和三法司很快得出结论：舞弊查无实据，但徐经曾给程敏政送过金币，有勾连嫌疑，华昶则有察事不明之罪。事情的结果是，唐寅、徐经贬为小吏，终身不得举业，程敏政致仕还乡，华昶调职，林廷玉贬官。

唐寅做梦都未曾料到，满心向往的京师之行，会演变为一场牢狱之灾，从春风得意的弘治十一年秋天，到银铛入狱的弘治十二年春天，命运以翻云覆雨的大手向唐寅昭示了什么叫"生之无常"。

满身疲惫的唐寅回到了苏州，仿佛一场洪水卷走了昔日的一切，生命似乎一夜间荒芜起来，鹿鸣宴上归来时得意扬扬的唐解元一夜间成为千夫所指的阶下囚，这经历让他永生难忘。那些锦绣前程，那些功名和抱负，都永诀了。就连过去豢养的看家狗，也不认得他了，冲着这个衣衫褴褛的人狂吠不已。他回到了家，却寻不到丁点烟火气。其间，妻子徐氏去世后，唐寅娶了一位继室，但随着科场案的发生，继妻已对这个昔日风光的"空头才子"彻底失望了，她扬长而去。而弟弟子重，也为了兄长的案件上下打点费尽周折，只是靠着父亲手中传下来的小酒馆维持着生计。

文人最后一点残剩的骄傲，促使唐寅后来决定搬出老宅，与弟弟分家"异炊"。

日子举步维艰，就像给好友文徵明信中描述的那样——

回望家中，环堵萧然，除却几只空盆破碗，几件旧衣，几双破鞋，再无家什。西风吹动，我成了一片羁旅的枯叶，独自零落。实在无计可施，只好打算春来捡点桑葚，秋来采点橡果，聊以果腹，不够充饥时，就到附近寺院讨点饭吃。每日醒来，我只有一个愿望，即这白日中能吃到一餐饱饭，至于日暮以后晚饭能否有着落，就不敢奢望了。

当然，这般饿肚子的落魄也只是暂时的。毕竟，他还有几个朋友，是不至于让他窘迫到一直去寺院讨饭吃的。数月之后，祝允明和文徵明等旧友劝慰唐寅暂离苏州，到外地游历一番，从而也换一种心境，重新开始。

四

弘治十四年（1501），唐寅开始了一段漫游期，这是他生命中持续时间最长、游览路线最远的行程。游历是中国古代文人寻求人生出路的一种方式，他们在漫游中结识官员，交往贤达，为生命找到上升渠道。孟浩然、李白、杜甫、苏轼、陆游等大诗人都有过漫游经历，唐寅此去的目的却和他们不同。尽管都在走向外部世界，他们是想求得进取的道路，唐寅却是想求得内在的宁静，都是向外的路，走法却截然不同。

一路乘船，离苏州后到达镇江，再由镇江入扬州，游瘦西湖、平山堂，随后南下，抵庐山，又乘船溯江而上，到达苏东坡遭贬谪后任职的黄州，凭吊先生笔下的赤壁。之后沿着长江入湘，行舟洞庭湖，登岳阳楼，再顺着湘江至衡阳，攀上南岳衡山。继而入闽，漫游武夷诸山，特别去了仙游县九鲤湖。九鲤祈梦的习俗，历经千年，在唐寅的时代广为流传，明代很多士子都曾踏足此地，向神仙祈求功名。唐寅此去，更想探究接下来的人生何去何从。

深沉的夜晚，祈梦的人们席地睡于湖边。风穿过树林，扬起阵阵松涛声。入睡前，像其他人一样，唐寅已在九鲤湖中洗了脸，濯了足，只带着一颗简洁的心，等待命运的启示。那晚，他做了一个奇特的梦：一位须发皆白的老人挑着一个担子向他走来，他正纳闷老人担中为何物，近前一看，竟是一锭锭墨，随后，老人将担子一放，走了，只留下一句话："给你的，送到了。"老人走后，他正四处找寻，又惊觉自己置身一处书斋，他格外留意到墙上悬挂的一张泛黄的条幅，上书"中吕"两字。

第二日晨起，找到解梦的道士，道士说，你是要以字画立身哪。而问及"中吕"何意，道士沉默不答。

带着梦境的启示，唐寅离开九鲤湖，由闽入浙，登雁荡山、天台山，又渡海去普陀山，再沿富春江北上，入皖，攀登黄山与九华山。路途遥远，风餐露宿，身体劳累加上盘缠吃紧，唐寅结束了这段长途旅行，回到苏州。

历时一年左右的长途跋涉，远山，长路，异乡的空气和食物，陌生的习俗，都令唐寅获得了从未有过的体验，也为生活的困境找到了答案。在科场舞弊案之后，他曾立志重新振作起来，他曾想过像孔子和孟子那样，在困厄中留下闪耀的思想；也曾想过著书立说，像司马迁一样，于屈辱中留下不朽的著作。一段长路走下来，唐寅在反复自省里，意识到自己成不了孔子、孟子，也成不了司马迁，他是那样喜欢"找乐子"的人，建功立业的抱负心死了，想要在这人间尽兴玩耍一番的心思没有消散。

哪一种生活是他所渴盼的呢？这一程，从意气风发走到阴冷的监狱，又从逼仄的监狱走向广阔的河山，唐寅终于确立了自己的生命志向——在水墨和丹青中寄寓余生，在诗酒和欢场中及时行乐。

旅行回来，他又生了一场大病。漫长的疲敝后，像早春里重获生机的枯树，唐寅的身体渐渐恢复了生机，他终于可以直面生命里的这段屈辱了，他要重新做一个生气勃勃的人。

混沌散去，空茫心间，只剩一枝明艳的桃花。

作画，宿醉，挥毫，吟诗，寻花，问柳。他更深地体会到生之短暂与无常，也就要更热烈地享受有限的欢愉。唐寅开始贩卖他的才华，他和他的朋友们的字画渐渐地成了"硬通货"。几年下来，唐寅总算有了一笔积蓄可供挥霍了。

他和朋友们都不是会攒钱的人，他们过着今朝有酒绝不明朝醉的生活。正好，这点钱作为桃花坞的"首付"够了，至于后期的造园、筑亭、养鱼、理石……这类软装饰花销，慢慢来吧，他也不急。

唐寅回归了他"花中行乐月中眠"的生活。桃花坞，与繁华的苏州城隔开了一点距离，既有独处的宁静，又方便朋友随时造访。

他们在春天的雨中雅集，芭蕉听雨，曲水流觞，常常长谈至深夜，酒酣月明，大醉了的人就住下来，微醺的人提着灯笼，让家仆撑船回去。盛夏，赤条条斜坐在松荫下消暑，袒胸露背，以拳头敲开西瓜，开怀大啖。

这样放诞的生活持续了十余年，生命里又一次转折来了。

正德九年（1514），宁王朱宸濠征聘人才的专使到达苏州。作为苏州知名文人，文徵明和唐寅都收到了宁王府的信函和聘金。

宁王何许人也？明太祖朱元璋的五世孙，朱元璋第十七子朱权的后代。朱权起初受封为王，封地在长城外的大宁，手握重兵。这让后来的明成祖颇为忌惮，于是将朱权的兵权收回，封地改到南昌，这样一来，宁王这一系一蹶不振，历代王孙都以文学艺术上的爱好作为人生抱负，用以自娱也用以自保。而朱宸濠世袭了老祖宗的爵位后，却无端起了野心，秣马厉兵，广招天下英才，欲取天下。

文徵明以生病为由推辞，闭门不见。

而唐寅，身体里建功立业的抱负在一纸聘请函面前，不可遏制地涌动起来了。也是鬼使神差，没有人能劝住一个一心想成功的人，他期望去了宁王那边，能找到倚靠，或许也能获得一番举荐。当然，时日一长，他大概忘记了那场舞弊案的"滑铁卢"。他也并不了解宁王的野心，在政治上，他还是那个天真简单的人。他看到的表象是宁王爱才，却看不到表象背后的野心。

于是，他远赴南昌，很快成为座上宾。以他的侃侃而谈，以他的落笔成章，以他的酒量和挥洒……在一派暖融融的类似微醺的状态中，似乎真是英雄找到了用武之地。这样的微醺和得意维持了五个多月。有一天，他突然意识到宁王和他笼络的一群人要造皇帝的反，纵观华夏历史，谋反的结局大都是直接掉脑袋的。他想到自己的偶像李白，想到李白追随永王东巡而被判罪流放夜郎。这么一想，恐惧令他脊背发凉。

唯一的办法就是开溜，但有些地方，有些人身边，不是想来就能来，想走就能走的。面对宁王的"礼贤下士"和"热情款待"，很难轻易找到"离开"的理由。既然这样，唐寅心里有了另一个主意——让你请我滚开。别的事他或许并不擅长，但装疯卖傻他可是资深又拿手的。

到宁王府五个多月时，唐寅疯了，疯得彻底。在床单上用浓墨挥毫，脱得精光在屋子周边裸奔……这些乱七八糟的疯狂事，他都干了。属下当即将此事报告给了主子，宁王不信。好端端的人突然疯了，鬼才信。

据说有一回，宁王亲自去探视疯癫的大才子。唐寅照例适时发了一场疯，先上去抱住宁王，要亲嘴，宁王赶紧躲闪，从他双臂中挣脱，几个随从冲上来，推搡着将疯子隔开，并按倒在地，当宁王示意随从放开唐寅时，没想到，脸上被啐了一口唾沫。那次，弄得宁王狼狈不堪，几乎头也不回地离开了唐寅的住处。

如此这般，没多久，宁王下令将这个疯子遣送回家。唐寅这才挣脱了那条无形的锁链，回到故乡，回到他的桃花坞。他挣脱的岂止是宁王的控制，还有对功名的念想。如果说弘治十二年（1499）

的银铛入狱，是对求取功名的一次"斩草"，这一回就是对人生抱负的一场"除根"。回苏州后，唐寅用了好久才从惊魂未定中恢复过来，从此，再无治国平天下的念想了。

除了自保，生命已没有更多悬念了。写诗，卖画，饮酒，狎妓，会友，游山玩水……他又多了一个名号——六如居士。"六如"出自《金刚经》："一切有为法，如梦幻泡影，如露亦如电。"名号的改变缘于心境的变化，他啜饮了生活的苦酒，真正品咂了活着的虚空滋味，他是以此向过往的求取做一个了断。他只想做放浪不羁的归隐者，做尊崇欲望的居士。

世人熙来攘往，汲汲于名利，戚戚于贫穷，他只关心农事和春天，只关心桃花的盛开，关心一地的落红。他时常会用一管毛笔，清扫桃树下的落花，装在锦囊里，葬于泥土中。后来，有个叫曹雪芹的人，将这一段典故写到了他的小说《红楼梦》中，安插到他钟情的女主角林黛玉身上。

唐寅最爱看月下花。溶溶的月光流泻在花瓣上，娇羞的桃花恰若娇羞的美人蒙上了轻柔面纱。执一壶酒，向桃花丛中走去，走几步，抿一口酒，他醉了，桃花醒着。他们就这样相对着，他笑，花也笑，他哭，花亦含泪。

五

上天给每一个人的好日子都不会太多。嘉靖二年（1523）冬，唐寅冒雪去往太湖东山的王鏊家，拜访这位已退休居家的前朝廷高官。王鏊是唐寅的忘年交，唐寅曾撰联盛赞他："海内文章第一，山中宰相无双。"

王鏊请唐寅入书房用茶。窗外大雪纷扬，室内晃动着一豆灯影。一个白日过去，黄昏落到了这临湖的宅子里。暗影中，独自候在书房的唐寅，见壁间有苏轼的《满庭芳》词，下有"中吕"二字，他的目光随着词句移动："归去来兮，吾归何处？万里家在岷峨。百年强半，来日苦无多。"到这里，顿住，他开始恍惚，一个久远的、二十多年前的梦突然击中了他。"中吕？中吕？"那梦中的字此刻定定地落在墙上铿然作响。"百年强半，来日苦无多。"是上天在召唤他可以归去了吗？那一瞬间，他陷入一种无法自拔的感伤里去了，仿佛心脏遭受了巨石的击打，他颓然地瘫坐在椅子上。直到主人进来，他仍然没有回过神。暮色笼住了小楼，窗棂之外，已是一片苍茫。

那晚，他冒着大雪回桃花坞，并不陌生的路，踩着新下的雪竟格外漫长起来。来到河边，登上船，夜色混沌，风撕扯着雪片，一种冷包围了唐寅，他突然觉到了冷，身体里积攒了这么多年的暖正在被剥夺。风雪漫天的水路，船吃力地走着，只听得风声呼啸。

他不禁眼眶湿润了，这就是生命的归途吗？

唐寅于那年十二月二日去世，没能等来新春第一枝桃花开放。

以后。他还将无数次走运这条水路。沿着京杭大运河去往应天府。去往京师。橹、晃、的小船。承载的不仅是一段旅程。还是一种人生的可能。这条长河多少有点命运的意味。它寄托着远行的希望。又带来失败的惆怅。

苦永自触不可及周华

㐀

触
不
可
及

吴承恩

河下风气

一岁时，吴承恩蹲在巷子里的一个墙角，右手握着一块碎瓦片在青砖墙上涂鸦，这是他找不到小伙伴玩耍时，独个儿最喜欢做的事。有个老爷子踱着悠闲的步子，正好经过这里，一眼便认出了这男孩，不正是彩纱铺吴痴子家的吗？老爷子停下了步子，弯下腰，和小孩打趣："听说小哥儿画画拿手，画只鹅给爷爷瞧瞧。"小孩抬起头来，向老者打量了几眼，眸子乌黑透亮，在眼眶里骨碌碌打着转。

显然，他认出了这位住在另一条巷子里的街坊，回转身去，握瓦片的手飞快地在墙上画起来。小孩画画真是好看，有一种横冲直撞、毫不拘束的洒脱。唰唰唰，不一会儿，墙上出现了一幅画，男孩随手将瓦片一扔，意思是大功告成了。

不过，身后的老头却不自在起来，老头鞠躬向前，对着墙左看右看，墙上确实画了个动物，那是鹅吗？老头困惑了，自己明明让小孩画只鹅，小孩却画了一只类似大雁的振翅飞翔的鸟。"爷爷可是要你画只鹅呀！"小孩再次抬起了头，眼睛扑棱扑棱眨着："我画的是天鹅呀！"

老爷子这才恍然大悟，心里还有了些微尴尬，真是"燕雀安知鸿鹄之志"吗？这穿着开裆裤的小屁孩，一出手画的就是天鹅，是有多高的志向！这件事令老头很感慨，于是逢人就说。不久，街坊邻居都知道老吴家的儿子小小年纪就有了不同常人的志趣。

吴承恩生活的这一带，人们对神童可是格外津津乐道的。

吴承恩出生在淮安府西北隅一个古镇，古镇濒临京杭大运河，顺带有了一个依傍运河的名字：河下。尽管这只是一个小镇，却有着不凡的地理位置。大明永乐年间，明成祖朱棣将统管全国漕运事务的机构——漕运总督府设在淮安城，这一布局将淮安推到了一个交通枢纽、贸易重镇的位置上。河下临水靠城，自然成了淮安崛起的受惠者。到弘治年间，河下又赢得了另一项政策性机遇，淮北盐运分司下属主要业务机构批验所迁到了河下。批验所原位于安东，后遭黄河大水冲毁，就有了迁址的决策。明代，制盐业可不是一般的产业，绝对事关国计民生，这样一来，带动了一大批盐商进入河下。商业人群集聚，必然带动城镇繁荣。河下的一小部分人先富了起来，紧接着，更多人看准商机改善了生活。

富庶的生活一定会带来观念的改变，河下一地经商人家渐渐增多，读书的子弟也随之增多，这是水涨船高的事。在温饱无法解决的年代，人们思考的是如何让孩子活下去；有了余财之后，人们思考的是如何让下一代发展，进而给家族带来更大的声望。明代，衡量家族真正兴盛的标准，并非这户人家出了多少商贾，而是这户人家出了多少读书人，有钱顶多算"富"，读书入仕位极人臣，才是"贵"，家族的兴盛并非要止于"富"，而是要走向"贵"。

到了吴承恩出生的时期，河下靠读书仕进的大户人家已越来越多，即便小户人家，也都有了一个固不可彻的"考学"的执念。据不完全统计，明清两朝，河下出过六十七名进士（其中不乏状元、榜眼、探花），一百二十三名举人。

十五岁那年的春天，吴承恩正与一群孩子在街上玩耍，忽然听到一阵锣鼓喧响，随即，一群闹嚷嚷的人从街上跑过去，人们兴奋地喊着："蔡家儿子高中探花了！"好奇心驱使着孩子们跟随着人群。到了蔡家门口，那里已围满街坊邻里，三匹高头大马立在门前，每匹马头上都戴着大红花，威风又喜庆。这时，蔡家的亲戚已在门口点燃了鞭炮，噼里啪啦一阵脆响后，三名小吏恭恭敬敬地将捷报递到探花郎父亲手中。老人家的手颤抖着，喜悦挂在脸上，人群里各样的声音都在传递着一份与有荣焉的喜悦。这里新鲜出炉了一位甲戍科探花——蔡昂。大伙儿相信，有了这样一个华丽的开始，往后还会有更多人挤进这条通往荣耀的道路。

其实，蔡昂的名字早就铭刻于吴承恩心中了，他是河下许多孩子的榜样，早在七年前，蔡昂以乡试第二名的成绩中举，就已成为河下人口中的话题了。吴承恩的父亲吴锐，也时常在茶余饭后提起蔡昂来。显然，在吴锐心中，蔡昂就是儿子的楷模。

中进士六年后，翰林院编修蔡昂回家探亲，二十一岁的后生吴承恩带着自己的诗词文章，斗胆叩开了蔡府的大门（那时蔡家已荣升为蔡府）。对于这位不速之客，正值人生得意时期的京官蔡昂并没有表现出丝毫傲慢，反而以礼相待。一番交谈后，蔡昂对这位后生表达了殷切的期望。这件事，令吴承恩感念了一生，许多年后，蔡昂去世，吴承恩写下长文《鹤江先生诔》，纪念这位与自己心意相通的前辈。

那天晚饭时，父亲吴锐特意开了瓶珍藏的黄酒，还在儿子面前放了一只小酒杯，先给自己斟上了一杯酒，又郑重其事地往儿子面前的小酒杯里倒了半杯。这是从未有过的事，父亲的这个举动让吴承恩有些摸不着头脑，也令吴承恩的母亲很诧异："又发痴了？这么小的孩子可不许沾酒！"

吴锐说："莫急，今日河下有大喜事，我跟儿子喝一杯。"吴锐自己先抿了一口酒，随后问吴承恩："知道什么是探花吗？"吴承恩说："蔡昂啊。"吴锐说："热闹你去看了吧？儿子呀，这热闹可不是白看的，爹爹期待着再过几年，我们吴家也出现送捷报的快马，那时候你爹一辈子就没白活喽。"

"来，为河下的探花干杯。"吴承恩第一次端起酒杯，他的小手紧紧捏着杯子，脸上满是紧张与羞涩，笨拙地与父亲的酒杯碰了一下。父亲仰起头，一口喝干了杯中酒。吴承恩将杯子凑近了，手却停住，有点不知所措，仿佛在问："真的可以喝吗?"父亲用眼神鼓励他："喝，喝一口。"

吴承恩端起了杯子，嘴格外小心地靠近，仿佛杯里的酒很烫嘴，随后挺了挺身子，鼓足了勇气，将杯沿向口中倾斜，抿了一口酒，小小眉头皱了一下，调皮地吐了吐舌头。

这下，吴锐仿佛完成了一个重要的仪式，如释重负般往嘴里送了几筷下酒菜，一边吃一边说："儿子呀，今晚这酒老爹可不是白给你倒的。几年后，看你了!"

往后，吴承恩一直未能忘记父亲第一次和自己干杯的情形，还有父亲说出那一句"看你了"时的表情。

另类的父亲

中国有一个词语叫"子承父业"，吴承恩虽然没有继承父亲的行当，但确实承接了父亲的梦想。父亲吴锐的梦想不是做成大生意，而是靠读书改换门庭，靠科举走向那个世人皆羡慕的彼岸，父亲的梦想也是吴氏家族数代人的梦想。

自高祖吴鼎起，吴家就已紧紧跟上了河下的读书风气，让儿子读书是吴鼎义无反顾的决定。后来这位被吴鼎寄予厚望的儿子，也就是吴承恩的曾祖吴铭并没能在举业上开拓出一番大气象，而是做了浙江余姚的县学训导。当然，即便只是末流小官，在吴家族谱中已算得上是闪亮的一笔了。随后到了吴承恩祖父吴贞这一代，吴贞的父亲吴铭当然希望儿子在科举上能比自己更进一步，最好考个举人什么的。很遗憾，吴贞仍然未能在科举路上开疆拓土赢得一席之地，而是选择了纳捐，以例监生入国子监。不过捐了监生并非等于捐了官，中间还有许多不确定因素，例如，有没有职位空缺？有没有合适时机？等到这些都有了，有没有人愿意举荐你？毕竟等待做官的，不止一拨一拨监生，还有多少举人也在苦苦地翘首企盼呢。

吴贞纳捐后随即陷入了长久的等待，等了十年，才拿到朝廷的仁和县教谕任命书，不过这个职位比之他父亲的县学训导要向前迈进了一小步，也算得上是吴家的骄傲了。但上天对吴贞确实有点太残忍了，他刚刚费尽心思当上这个给家族长脸的小官，几个月后便得了场大病，死在任上。

吴家的族谱在迁移的颠沛中散佚，到吴承恩父亲这一代，能清晰说起的家族历史就是这些了。这份不多的家族记忆，依然不妨碍吴锐在自己的孩提时期认定吴家已是读书之家，他也一定要在这条路上走下去，并且一定要比父辈走远一些。

当父亲吴贞突然病倒在任上时，吴锐很快体会到了命运的磨难。显然，按他家目前的境况，他已无法进私塾读书了，更不可能请先生上门坐馆。后来，母亲梁夫人将他送去了社学，社学是一种地方学校，门槛低，收费便宜。即便上这个社学，也是母亲勒紧了裤带攒下的钱。逢年过节，其他家庭都会例行向老师献上一些财物以表达心意，独独吴家办不到，少年吴锐就被先生"另眼相看"了。先生将他孤立起来，只将"有用的学问"传授给那些"懂得礼节"的孩子。不过先生没有想到这个被孤立的孩子，靠着从旁听窥，竟然学得比其他孩子都好，这下社学先生转变了看法，并决定推荐吴锐入乡学。

这个美好的愿望并未达成。梁夫人在丈夫猝然离世后，深感生存不易，经过一番思虑，觉得这个家已经不足以支撑起儿子的"修文"之路了。一天晚上，梁夫人将儿子叫到跟前，坦承了这份为生活所迫的无奈，母子相拥而泣。

吴锐就这样放弃了孩提时的梦想，这个抱负远大的少年，在人生正待开始的时候心里的某种信念就坍塌了。随后，他进入河下一家经营彩缕文縠的彩纱铺，做了一个小学徒。彩纱铺的东家看这小伙子文质彬彬，很有一些读书人的样子，就将唯一的女儿许配给了他，后来小伙子顺利继承了岳父大人的铺子。

这位新上任的小老板是河下一带公认的"痴人"，在古代，"痴人"的意思就是呆子或傻子。他成天穿着青色长衫，头上戴着方巾，全不像别的商人，他似乎是在刻意维持着读书人的身份。

他确乎是一个读书人。他不喜欢和其他商贩一道吃酒悠游赶热闹，而是成天寂寂地坐在自己的店里，他手里总有一卷书，仿佛书是黏在视线里脱不开的。不论寒来暑往，他都埋头于书籍，读到精彩处，他或手舞足蹈，喜不自禁，或唏嘘慨叹，眼泪涟涟。

有客人至，他才略略将书放下，当然也不至于多么热情地招呼，他并不是善于言辞的人，买卖嘛，顺其自然就好。他的店也不兴讨价还价，每一种小商品的价格，都用极漂亮的小楷写在木牌上，老顾客们都知道。店内若来了个读书人，一下子就会显出生趣来，这位小老板会陡然间兴致盎然，仿佛舌头做的结开了，道古说今，竟日不休。不过，大多数时候，他是沉浸在自己世界里的，他虽长久地做了这一桩买卖，却像一个临时来做生意的人。

快到店铺上交赋税的时候，他总是先用线穿好铜钱，等待胥吏来收取。可胥吏往往对这个最配合的人不买账，他们一眼看穿他是个老实木讷的人，有时，就将赋税提高一倍，他也没有二话，默默地添一倍的钱，如果胥吏说要提高两倍，他照样给。旁的人看不过去，劝吴锐到官府投诉这些无良的恶吏，吴锐不紧不慢地说："我家中无人当官，连胥吏都不敢惹，更不敢去惹他们背后的长官了。"吴锐的顺从，既是对现状的无奈，更是对自己的不自信。当然，没有人知道，他在等，等儿子有一天能够在仕进的路上披荆斩棘、谋得一个官身，他就再不受这窝囊气了。

吴承恩少时，有一回去集市，有人认出他是吴锐的儿子，就指给另外的人说："看，他就是那个开彩纱铺的呆子的儿子。"这个小小孩童回到家不吃不喝，大哭一场。父亲却笑着对儿子说："你爹是个十足的呆子，你怎能避免成为呆子的儿子呀？"但童年时期的吴承恩没有想到，他爹，这个人们口中的"痴人"，往后却越来越受人尊敬，那些为利益争执不下的邻里，那些对生活倍感沮丧的失意者，那些调解纠纷、倾诉苦闷的人都会走进彩纱铺，找这个"痴人"纾解烦恼。

对于吴锐来说，科举之梦过早破灭后，他的人生里便没有太需要追求的东西了，他安于小处的生活，大多数时候脸上挂着自足的平静，尽管"百不及人，但未尝有机心"。他好饮酒，但从不喝醉，三杯下肚，便不胜酒力了。遇到晴好天气，他就将店铺交给小学徒，自己一个人背着手，慢慢踱出城。他几乎走遍了近郊古寺的角角落落，或者到丛林里去，在树荫下流连徘徊，在空旷的田野上为天光云影动容。

他将所有的希冀都收敛起来，郑重地放到儿子手里。他在等，等待儿子有一天承接到浩荡的皇恩。在儿子还未降生前，他就已经给孩子取好了名字——承恩。这个名字意图十分明确，且打破了吴家人几代取单名的传统，足可见吴锐寄望之深了。

触不可及

吴锐有足够的理由相信这个儿子能实现自己未尽的理想。

十几岁，吴承恩早早参加了府学考试，督学使者见到吴承恩的文章后，下过一句评语："一第如拾芥耳。"这句话的意思是，这孩子将来考个功名就像俯首拾起一根草那么简单。这话厉害了，就像一杯烈酒令人上头，不但父亲吴锐为此兴奋了良久，少年吴承恩也备受鼓舞。

就在那次府试中，少年吴承恩结识了人生中一个重要伙伴，他叫沈坤，也是一棵好学的苗子。沈父卓亭公对儿子管束很严，不许他和一般的孩子往来，但独独欢喜儿子和吴承恩交往，大概也是希望这两个读书人能在学业上相互扶持。

随后，另一位少年也成了两人的朋友，他叫朱曰藩。朱家是方圆百里有名的书香世家，朱曰藩之父朱应登是弘治十二年（1499）进士，为"弘治十才子"之一。朱应登对吴承恩相当看重，并有说不出的喜欢，多年以后，还将自己平生所积的许多藏书送给了吴承恩，据说有"一半"。

大概二十岁，吴承恩以优异的成绩考取了秀才，沈坤和朱曰藩也不负众望，相继考取了秀才。河下风流如许，这些读书的种子都已绽开新芽，正奋力地向上生长。

尽管少年吴承恩更喜欢跑到码头去看来来往往的船只装卸货物，喜欢到巷口三官殿前大槐树下听老道士讲神仙的故事，喜欢躲在讲书摊上听说书艺人讲《西游记平话》中唐僧取经的故事，喜欢躲到巷子口一栋废弃老宅的墙角读《水浒传》《太平广记》《搜神记》，喜欢下棋，喜欢绘画，喜欢作诗与听戏……但在他家人看来，他弄错了，读书，不是读闲书，而是读圣贤书；作文，也不是作闲文，而是作八股文。少年旁逸斜出的心很快被拉回正途，人生只一条

"正路"——考试，考试，考试。

他必须收起好奇、八卦、作乐的心思，因为轰轰烈烈的科举考试接踵而来。

大约在嘉靖四年（1525）前后，吴承恩与河下大户叶家的小姐成了婚，剩下的事就是立业了。正值大比之年，吴承恩迎来了人生中一场重要考试。父亲将他送到码头，这是他第一次乘船南下。去往应天府的旅途不算遥远，考试时间在八月上旬，一般的考生都会提前几个月到达以熟悉环境，或打听乡试的消息，或进行必要的社交。

以后，他还将无数次走这条水路，沿着京杭大运河去往应天府，去往京师。摇摇晃晃的小船，承载的不仅是一段旅程，还是一种人生的可能，这条长河多少有点命运的意味，它寄托着远行的希望，又带来失败的惆怅。

这一场远行并不寂寞，河下一地同去的学子可不少。

除却极少数幸运儿，科举之路当然没有那么顺利。他落榜了，但他没有太大的压力，毕竟同去的小年轻大部分都落榜了。从秀才到举人，谈何容易。应天府给这个初出茅庐的年轻人留下了深刻的印象，无论是秦淮河的灯火，还是夫子庙的建筑，都让他看到了世界另外的面貌。

就这样，吴承恩回到河下，继续埋首经书，研制八股。三年一晃而过，这一回吴承恩与朱曰藩同行，不过朱曰藩不是去考试的，他的父亲刚于两年前去世，他需要守孝三年，是不能参加本年度乡试的，他是去苏州拜会书画名家王宠。吴承恩当然乐意一同前往，书画不正是他热爱的吗？他们去了王宠所在的石湖草堂。令吴承恩欣喜的是，在石湖草堂，他见到了另一位书法大家——文徵明。其时，这位性格孤傲淡然的书画大家刚从翰林院待诏的职位上辞官归隐。文徵明也为结识这位小年轻备觉欣喜，他们俩仿佛有说不完的话，从范宽的画说到米芾的字再说到苏东坡的文章，他们还写词唱和。文徵明喜欢这个年轻人身上的朝气与才情，也欣赏他的见地，若干年后，七十五岁的文徵明画下一幅水墨兰花，送给吴承恩。

嘉靖七年（1528）的乡试再次败北，这一次，踌躇满志的吴承恩自然比第一回尝到更苦涩的滋味。但这依然算不得什么，若论失败，这也才失败第二回。于是继续努力。

紧接着，时间到了嘉靖十年（1531），吴承恩再次赴南京应考。这一场应考的失败，给这个向来乐观的年轻人沉重一击。与他同赴考场的朱曰藩、沈坤，两位少年时代的好友都在这一年榜上有名，成为举人。

这样一来，事态就变得严重了。一道出发的人都到了彼岸，独独自己翻了船。我们可以想象，吴承恩回到河下后，该面对多少异样的目光，而老父亲吴锐，又将面对多少异样的目光。总之，这一年的乡试无疑是一场灾难。

乡试惨败后的第二年春天，老父亲吴锐就与世长辞了。这件事也加重了吴承恩的心痛，毕竟他总觉得父亲这一辈子是可以等来儿子高中举人的，没想到他竟会这般仓促地离去。吴承恩亲自动手为父亲写下一篇墓志铭，文中，他表达了自己未能中举的深切遗憾，他责备自己散漫不刻苦，以至于令父亲以布衣身份离开人世。中国古代儿子入仕为官，是可以为父母更改身份的，这也确实是吴承恩一心考取功名的原因之一。他太了解自己的父亲了，尽管父亲越活越冲淡，越活越与世无争，但他在骨子里是不甘心的，他不甘心自己的商贩身份，不甘心自己少年时代因命运的逆转而中断举业。

随后，吴承恩入了淮安知府葛木创办的龙溪书院。入龙溪书院，一为求教名师，更重要的原因恐怕还是想为接下来的科举考试做准备。葛木着实是欣赏吴承恩的，他还请这个名不见经传的年轻人撰写了《告先师庙文》，镌刻于学宫大成殿之侧。按照惯例，这样重要的文章，都应该出自名家手笔，在崇尚读书的淮安府，名人名家确乎是不少的，但葛木偏偏请吴承恩来写，这必然是刻意为之，大概他是想以这样的举动告诉年轻人，你要相信自己，你的文章早已是大家手笔了。

嘉靖十三年（1534）六月，葛木升山西布政使司右参议。那年秋天，他自山东任上南归省亲，船只经过淮安，听闻吴承恩再一次乡试落第，心下格外记挂，于是访承恩，未遇。后来船经过扬州，他再次派下属快马加鞭赶到淮安，想接吴承恩一同北上，或许也有帮他开导、让他散散心的意思。可等差役赶到吴家时，吴承恩正卧病在榻，秋闱归来，旅途劳顿，加上再一次落第的沮丧，吴承恩生了一场大病，就这样错过了这位伯乐的好意。而人生莫测，葛木于上任山西的第二年在任所病故。吴承恩以沉痛的笔调写下《祭厄山先生文》，再次向这位离世的师长表达了自己将发奋图强、重振举业的决心。那一年吴承恩已三十余岁。孔子说三十而立，以举业结果来衡量，吴承恩的人生当然远远没有立起来。

他注定要在这遥迢的长路上跋涉下去，他不知道自己要走到哪一年哪一月。他想过放弃，无数次想过。吴家算不得穷困，他们家有祖上的积蓄，也颇有一些田地可出租给佃户，他是不必这样死磕下去的。可他又不敢让这念头生发开去，他怕自己的信念由此崩塌。这么多年过去了，他深知自己并不靠科举活着，但似乎又是为了科举而活着。他的父亲，他的母亲，他的妻子，他的家族，没有一个人不曾等待，等那个邈远又抽象的荣耀降临吴家。

经过一回又一回内心的战斗，"继续考下去"这个念头再一次占据上风。但谁都知道，越往后，这条路就越难走，简直可算举步维艰了。等吴承恩考到四十多岁，差不多已经成为了"孤家寡人"，那些儿时的学伴里，不少人不仅通过了乡试，甚至还挤过了会试的独木桥，成为众人仰慕的进士了。

他的至交朱曰藩，考中嘉靖二十三年（1544）进士，授乌程县令。

另一个好友沈坤，更是开创了淮安科举考试的纪录，于嘉靖二十年（1541）考中殿试一甲第一名，成为淮安府历史上第一个状元，授翰林院修撰，后官至南京国子监祭酒。

沈坤的姐夫张侃，也是和吴承恩等人一道求学应考的，考中嘉靖二十三年进士，官至刑科都给事中。

同乡倪润，考中嘉靖二十三年进士，官至工部员外郎。

同乡冯焕，考中嘉靖十七年（1538）进士，官至刑部主事。

过不了多久，吴承恩另一位青年时代结识的好友李春芳也将迎来人生巅峰。嘉靖二十六年（1547），李春芳破空而出，一举夺得殿试一甲第一名，大魁天下，而后在仕途上一路"开挂"，官至内阁首辅。

只有他，自二十岁到三十岁，又从三十岁到四十岁，又从四十岁到五十岁，还是无法通过乡试这条船渡向彼岸。最后，这段行程上，就剩下老去的年华和踽踽独行的身影了。

五十岁左右，吴承恩铁了心，决定放弃这漫长而屈辱的考试，他再也不想考了，他受够了，开始相信这条路根本走不通了。

另一条路

有些事恍如宿命。五十岁的吴承恩又一次想到了祖父与曾祖，他们走过的路径，此刻再次清晰地投射到他的人生里。入贡，是吴承恩唯一能走的路了，或许只有通过这样一种方式，他才能挣得最后一点体面。

一个生员决定放弃乡试，就可以去报名参加贡生考试。一般贡生名额是分配到府县的，贡生的录取又分若干名目，有交钱的称为纳贡，有按年资排序的称为岁贡，晚于吴承恩许多年的蒲松龄就是考的岁贡。

按照吴承恩的资历、文名，加上那么多身居要职的师友推荐，吴承恩并不费力地赢得了一个岁贡的名分。根据朝廷规定，贡生可入国子监读书，这叫坐监，经过一段时间的坐监之后才能出监，出监后在吏部排队等待遴选，一旦有基层低阶官吏的职位空缺，等待的贡生就有望对号入座，不过僧多粥少，一般人要等到空缺名额降临在自己头上，很是需要一点造化的。

一般人不愿意入贡，原因自然是入贡这样一个"安慰奖"和科举考试不能比，不但无法带来莫大的世俗荣耀，等来一个职位也是一个微乎其微的小概率事件。而且入贡后，这些秀才许多都上有老、下有小，一大把年纪，还得远赴南京国子监或北京国子监坐监，实在麻烦。吴承恩倒没有生活层面的太大困扰，他的家庭是有一定的收入的，再说南京国子监于他也并不那么远。

当然，如果有一定的人脉关系，或者借助一些非常规渠道，也有少数贡生是不必去国子监坐监而被直接授官的。

入贡后，贡生需要到吏部办理相应手续。吴承恩第一次进了京城，准备为自己的仕途做一次谋划。嘉靖二十九年（1550）早春，吴承恩自淮安出发，沿京杭大运河北上。这是一段并不急迫的行程，一路上他游了一些景点，他登上泰山，也到济宁太白楼喝了酒。这趟京城之行，也成了"探亲之旅"，沈坤、李春芳、张侃……此时都在京城，他们自然也在为吴承恩的前途想办法。据说，很快地，沈坤就在翰林院里找到了一个空缺的差使，他发觉翰林院正缺个书办，正适合吴承恩，尽管一个书办从品级来看，小到不能再小，但翰林院起点高、平台大呀，绝不能拿基层的县衙来比的。

知道了这个讯息，李春芳等几个好友就着手向吏部官员打招呼，希望能够将"岁贡生"吴承恩排到考察序列中去。事情应该是顺利的，但没有想到，到京城一段时间后，吴承恩突然收到了一封紧急家书，终止了这一趟希望之旅。

家书带来了儿子吴凤毛突患疾病夭亡的消息。吴家数代单传，子嗣萧疏，到吴承恩这里，也只得了一个儿子，这件事给人到中年的吴承恩沉重一击，他不得不放弃京城的选官等待，匆匆收拾行囊返回淮安。

人生总有那么多始料未及的事。过了这个村就没有这个店了，之后，吴承恩只能入南京国子监坐监，一边读书一边等待机会。吴承恩的南京之行应该是在嘉靖三十三年（1554），那年沈坤调任南京翰林院，朱曰藩也因故履新南京。

尽管等待空缺职位遥遥无期，但吴承恩在南京国子监的这段岁月格外值得铭记。说实在的，坐监也就是个过场，并不需要天天在那里苦读，剩下的时间都是可以自由支配的，访朋问友，诗酒唱和，去山水间探访大树，到古刹里聆听钟鸣，更重要的是，闲下来的夜晚，吴承恩有了更多的心思琢磨他的《西游记》。写小说这种并不那么上得了台面的事，他也没有太声张，他热爱这项事业，热爱那个唐僧取经的故事，他在默默准备，悄然收集着各种资料。这之前，他已经写成了一部短篇志怪小说集《禹鼎志》，而他想象中的《西游记》却是一个宏大的、回肠荡气的故事，是一部又厚又大的书。不过时机还未到，他还在等待。

到南京坐监后，吴承恩对未来只抱有邈远的期望，他不知道属于自己的"官职"什么时候会真正落到手中，一切都不确定。时光一年一年流逝，生命这般仓促，举业未成，人生已近黄昏。这期间，他的状元朋友沈坤已离他而去，因为有人弹劾沈坤私自团练乡勇、图谋背叛朝廷，皇帝听信了谗言，将沈坤下狱，嘉靖三十九年（1560），沈坤冤死狱中。命运就是这般诡异，如果沈坤当初未曾考取状元，他是不是可以平安地度过一生？

吴承恩回到了淮安生活。

吴承恩的好运到六十五岁那年才落到头上。这时候，他的另一个状元朋友李春芳已经做到礼部尚书了，妥妥的二品大员。嘉靖四十三年（1564）八月，李春芳发妻去世，这位李尚书与发妻有着极深的情谊，决定亲自扶柩回家乡兴化安葬妻子。官船途经淮安，李春芳指定见了几个人，其中就包括吴承恩，其间自然又提到入贡待职的事，李尚书将事情牢记在心了。

嘉靖四十四年（1565），吴承恩接到李春芳来信，再次上京打点，有的放矢，把握就很大了。下半年，得吏部消息，任命书正式下达，吴承恩被选为长兴县丞。这一任命出乎所有人意料，一个步入老年的岁贡，能够遴选成为八品官员，概率与天上掉馅饼差不多大。不得不说那位状元朋友还是靠得住的。

官道多歧途

谁会想到，新官上任不到两年，县丞吴承恩竟下了大狱。

吏部的安排实在太富有戏剧化了。吴承恩赴长兴上任时是六十多岁，差不多是别人退休的年纪，几乎和他同时到任的长兴知县，也就是吴承恩的顶头上司，也是一名新官，年近六十，他是中国文学史上另一个著名人物，被称为"明文第一"的归有光。归有光于人生的傍晚，将近六十岁这年，经过六次乡试九次会试的回环曲折，终于考中进士，授长兴知县。

按理说，这是多么精彩的组合！一个写小说，一个写散文，一个擅虚构，一个擅写实，他们将产生奇妙的互补。吏部的这项安排，乍一看真是一出喜剧，不过后来，在吴承恩与归有光各自的回忆里，大概都会觉得为官长兴是一出悲剧。

当然，这么讲并不是说这两位长兴县的"一把手"与"二把手"之间有着剧烈的冲突。在知县面前，一般情况下县丞是不可能有与之叫板的心思的。吴承恩也乐于给知县打配合，他主要负责粮草、马政等工作。一个县的工作局面都是知县构建的，何况这位知县雄心勃勃，一心要革新原有的种种陋习。

归有光到长兴后，推进的第一项强有力的改革就是厘清冤案。他发觉此地背山面水，民风彪悍，县衙里的监狱人满为患。小小一个县，何来这样多的犯人？当时长兴县山区、湖边盗贼极多，之前官府曾乱抓了一批无辜者，归有光上任后用计擒获了真正的盗首，使狱中蒙冤受屈者多人得以获释。归知县还广开言路，敞开公堂，亲自审案，公正的惩罚大概是最重要的一项民心工程。

紧接着，归知县着手改革征粮方案。征粮是地方官最主要的业绩体现之一，当然也是硬任务，是直接与官员的考核、升职挂钩的。其时，征粮的方式采用里递制，所谓里递制，就是让地方基层组织里的里递直接充任征粮者，每年秋收后，由他们负责征收粮食。由于里递没有实权，却要承担这样沉重的任务，往往没有人想当，朝廷就强制挑一些中小户担当里递，毕竟大户往往豪横，强龙不压地头蛇，地方官谁愿意惹他们呢。

连朝廷都不愿意去惹大户，里递们征粮的着力点肯定是比自己更小的小户，或者将纳粮的平均额度提高，或者实在收不足粮食，被逼无奈，只好自己想尽办法将缺口补上。这样一来，有势力的大户成了惯于偷逃粮税的硕鼠，辛劳的升斗小民们日子却更拮据。归有光很快看到了这项制度的弊端，他要改革，但谁都知道，这可是上头的规定，不是长兴县一地如此，整个江浙都是这么操作的。归有光铁了心，还是要改革，他见不得百姓在一个坏制度里沉陷下去，他决定动一动这些地主豪绅的"奶酪"。经过调研，知县和县丞一致决定，颁布《长兴县编审告示》，由知县亲自指定县里大户轮流征粮。大户们就这么好惹，这么听话？他们当然有十八个不愿意，不过知县在这封告示中已经将话说绝了，大概意思是，你们这些大户有大宅，有奴婢，有好吃的好喝的，小民们终年耕作，到头来糊口的问题都解决不了，给小民们留条生路，每年征粮你们带头完成缴纳，也就是在身上拔根毫毛的事呀，请求你们当粮长，就当是支持本县工作了。话说到这里，又以文告的形式发到每个人手里，他们只能硬着头皮应承下来。

就在这般强势政策的推动下，县丞吴承恩在第一年任上算是顺顺利利完成了征粮工作，到了年末总结的时候，他长舒了一口气。

尽管在这样敬业又无私的"一把手"的带动下，吴承恩在长兴的生活可谓忙得焦头烂额，但这一切并未阻止他为自己找寻一点乐趣。他不像知县大人，成天苦哈哈，过得像苦行僧一样。他是一个"生气勃勃"的老小孩，虽然县丞的收入毫无富足可言，但他喜欢到处走走。到长兴后不久，吴承恩就遇到了著名文学家徐中行，其时，徐中行因母丧回故乡丁忧，闲居于家中。两人一见如故，时常一起交游、唱和，也算为吴承恩异地为官的生活增添了一些生趣。

生活表面平静，内里多有波澜。知县归有光的强势改革，为他赢得了民心，却得罪了当地的地主豪绅，也得罪了上级，湖州府多次责令长兴方面整改，都被归有光顶了回去。事情终于闹到了浙江巡抚处，但由于知县足额完成征粮任务，巡抚方面似乎也没有什么可横加苛责的。这项改革就被知县以强制的方式保留了下来，再加上知县是当今名震海内外的文坛大家，私德上又干净得找不到一点瑕疵，那些不服气想背地里搞点事的人，暂时还奈何不了他。

不过，机会很快到来了。按照明朝政府官员的考核制度，地方官员每三年一次，在元旦前赶往京城，向吏部述职，并觐见圣上，听取训勉和指示。这是明代官员政治生活中的重大事件，尤其地方官员更是准备充分，不敢有丝毫怠慢。

隆庆元年（1567）秋天，得知轮到了自己年末进京述职，归有光内心极不平静。其他事倒不担心，就是这刚刚稳定下来的征粮制度该怎么办？他一走，按照惯例，朝廷一定会派一个署印担任代理知县，临时接替他的工作，从理论上讲，这个署印是有权力做主重新推行里递制征粮的，这样一来，他这两年的用心算是打了水漂。

临行前，归有光请县丞到自己的住处吃了一顿酒，还特意吩咐仆人多加了两个小菜。他向吴承恩提及了自己心里的隐忧，并托付了一些必要的事。吴县丞都一一应承下来。那餐饭，就他们两个人，气氛不算热烈，但也算得上推心置腹，推杯换盏间透出些朋友闲聊的意味。

随后，归有光进京去了。

如他所料，他一走，长兴县即刻"妖风四起"。

问题当然还是出在这个署印身上，据说他是浙江巡抚的内亲，派到湖州历练的。此次，州府大人特意安排了他接替进京的归有光，或许湖州知府也希望这个署印能趁此机会，扭转粮长制。这位署印原先的官职未必比吴承恩大，此刻却成了他的顶头上司。那段时间，吴承恩陷入了进退两难的境地，他既认可归有光之前推行的征粮方案，又拗不过署印大人，毕竟官大一级压死人。于是，这一年征粮的方案被打回了原形，重新推行里递制。这样一来，民怨就大了，别说那些重新轮到当里递的小户，就是上一年带头缴了粮的大户，见到今年别的大户轮空，心态也即刻失衡，纷纷递状纸到了湖州府。

湖州府与浙江巡抚方面借此大做文章。不过，上头的官员们似乎忘记了一件事，他们这么一折腾，征粮的任务是完不成了，这个结果，不是谁都能承担的。或许因无法完成征粮任务，署印主动投案自首。吴承恩首当其冲卷入了这场阴谋的旋涡里，他被指控受贿，直接被下到狱中。且他的那位进京述职的上司，却在回到长兴后，接到一纸调令，往顺德府任通判，主管马政。据说，后来吴承恩在《西游记》中写到齐天大圣被封为弼马温，灵感就来自归有光这个事件。

当然，此时县丞吴承恩没有心思考虑这些，他的当务之急是为自己申冤，以摆脱这恶意的抹黑与指控。

好在他的好友徐中行即刻知道了这件事，第一时间就出面斡旋。而吴承恩也给李春芳发去了一封紧急信函，那年，这位状元朋友已身兼武英殿大学士，入值内阁了。

指控本就不实，加上徐中行的营救，尤其是李春芳的过问，隆庆二年（1568）初春，浙江巡抚、湖州府方面干脆做了个顺水人情，将吴承恩无罪释放。随后，也应该是在李春芳的安排下，吴承恩调任蕲州荆王府，担任荆王府纪善，这是一个明代王府特有的官名，正八品，掌讲授之职，也相当于是王府的专用教师。

蕲州有好山水，工作也没有做县丞时纠结和辛苦。王府里有藏书楼，也有大书房，纪善先生有了自己的时间，心里那一桩酝酿了多年的"大事"总算可以搬上日程了。他要开始写他的大作《西游记》了。

我们无从知道这部书他到底写了多久，是在蕲州就完成了，还是从蕲州回到了淮安后仍在埋头著述？

隆庆四年（1570）七月，第五代荆王去世，吴承恩算是退休了，回到了淮安河下。历经了生命起落，生活这条大河已趋于平静，剩下的部分就用于度过余生了。他要按照心底里喜欢的方式写字、作画、下围棋、写闲散的文章，他要接近本心地生活。

万历十年（1582），吴承恩的生命走到了尽头，在平静里，波澜不惊地离开了人世。

不过，令人遗憾的是，《西游记》并未能在他有生之年被人们熟知，这部书稿还要雪藏十年。万历二十年（1592），明代著名书坊金陵世德堂刊印的《新刻出像官板大字西游记》终于向世界走来，这部书很快引发了轰动，成为每一个中国人必读的经典，神通广大的孙悟空成为全中国孩子的偶像。但在最初，它出版的时候，却缺失了作者的名字，我们无法知道这是出于怎样的原因，才导致这般差错。

又等了好些年，时间才将《西游记》的著作权还给了吴承恩。

满头白发的徐渭终究告别了跨越七个年头的牢狱生涯。重新拥抱生命的自由，登楼一望。院中寒梅已绽开红艳的花朵。重获自由的人儿百感交集。他们在烟花和爆竹声里，欢饮畅言。徐渭一次次流下泪来。也一次次想到，新的春天即将到来。

节录自六个徐渭静斋月异

六个徐渭

徐渭

1966 年的某一天，一群年轻人冲进绍兴前观巷大乘弄 10 号，砸烂旧居里的门窗桌椅，撕毁一应旧书。随后，见到一棵青藤如巨蟒蹲踞于老屋窗外的乱石丛中，虬枝葱茏，似一股墨绿旋风向四角的天空进发。这群年轻人心里顿时生出一股股无名业火，抡起柴刀与斧头，朝青藤一顿狂砍，继而以锄头挖断根部，十几个人足足折腾大半日，才消灭了这"封建余孽"。它是四百多年前，十岁的徐渭手植的青藤。

年轻人不明白，青藤可以被砍死，徐渭却是砍不死的。死去多年的徐渭，随时可能复生，就像每个春天到来，在大地的很多角落，依然会有青藤伸张狂野的想象，以不灭的生机昭示精神的永生。

自杀者

一个人自杀一次，没死成，并不奇怪。

一个人自杀九次，仍没死成，这就蹊跷了。

中国有个成语"九死一生"，徐渭以行动创造了另一个词语：九死九生。

你会认为，徐渭的自杀纯属表演，只是借此表达某种虚张声势的悲壮。你错了，四十五岁那年，徐渭一心赴死。

他请木匠斫制了棺材，为自己写好了墓志铭，将自认为贵重的物品，一些字画、几柄宝剑交付乡人，让其帮忙出售，用以死后入殓支出；将手头文稿交付友人，期望有一天付梓；他一一处理身前事，并安排了身后事，明确表示归葬山阴木栅。

他坚决地要消灭这日益迟滞的朽烂的肉身，没人阻拦得了。

嘉靖四十四年（1565）春末，徐渭被一种幻觉控制住，幻象不分昼夜地在脑中杀伐：时而手执镰刀的判官来收割脑袋，时而面目狰狞的厉鬼以利齿啮其脑髓，时而遍地毒蛇洪水一般涌过来，时而又有轰隆隆的震天雷鸣响起。他的脑袋，是闹嚷嚷的戏班子，彩旗挥舞，锣鼓喧天；是彻夜不休的铁匠铺，丁零当啷，无时无刻不在锤打着。

他益发地多疑，益发地惊恐，益发地度日如年。

酬字堂阒寂无人，黏稠的空气凝固于廊柱之间。木格窗外，树张牙舞爪，像古怪的野兽，露出青黑的尖牙。第一阵疼痛闪过，紧接着，更剧烈的疼痛在脑中搅动，混杂着皮肉被撕开的声音。一定要驱逐它，粉碎它……徐渭以头撞击柱子，仿佛那不是自己的脑袋，只是安在脖子上的一只空洞的破瓮，痛觉似乎已经麻痹了，只听见沉闷的声响。此时，木柱上一根钉子凸出在视线里，他以一把羊角锤拔下那根三寸长的钉子，顺手刺入左耳。再用头往廊柱上敲击，要将钉子打进左耳，一阵钝痛袭来，将他击倒了，他战栗着跪向地面，随即侧身倒地。死亡的欲念再次熊熊燃起，他以脑袋撞向地面，一下，两下，三下，三寸的铁钉终于钉进左耳，刺穿耳蜗，鲜血迸射出来……

死亡没有带走他，只留下一个深邃的伤口，仿佛对一个死期未到的人的回应。不几日，脸颊左侧脓肿淤积，污血流淌着，一日流几大碗。家人四处访医，问药。意识在混沌与清醒间交替，死亡的召唤时远时近，在某一个潜意识深处，在漆黑的夜里，牢牢扼住了他。

第二次自杀，以斧头劈开颅骨，锐斧击打骨头的声音铿然作响，颅骨骨裂，血染红半床被絮。

第三次自杀，以尖利的锥子击碎肾囊。你以为肾囊是位于身体两侧腰部位置吗？这就是古今词汇差异了。肾囊，睾丸……男人最软弱的所在。

　　第四次自杀，第五次自杀，第六次自杀……第九次自杀。那一年，徐渭频繁地在生死之间切换，这具于人间使唤了四十五年的肉体，这曾给他带来无限欢愉和无尽力量的肉体，这倾倒欲望和梦想、仁慈与邪恶的生命容器，成了与自我厮杀的战场。

　　仅是疾病促使了一场接一场的极端杀戮吗？似乎不全是。到了嘉靖四十四年，徐渭遭遇了一场接一场的"内忧外患"。精神疾病像藏在暗处的毒蛇，四十岁不到时就在困扰他了，此为"内忧"。而那年，他追随过五载的浙江总督胡宗宪已身陷囹圄，因事涉严嵩案，胡宗宪被判为严嵩同党，其时朝廷上下都在轰轰烈烈剪除严嵩党羽，徐渭作为胡宗宪格外器重的幕僚，惊惶如秋蝉，他既为胡公遭遇鸣冤叫屈，又为自身命运深感忧戚，则是"外患"。外患自然还有很多，非三言两语可道尽：功名无望，贫穷如影随形，家庭失和，儿子不孝……作为一个多疑的、敏感的、神经质的中年人，四十五岁那年，徐渭坚定地认了一个死理——杀死自己。

　　不过命运爱捉弄人。当然，或许一心赴死的人也会临阵而逃。站在死亡的深渊面前，有谁不望而却步呢？一边自杀，一边就医，再自杀，再就医。嘉靖四十四年，酬字堂一直没有安生过，日子挨到那一年年底才算消停了下来。

　　这中间，徐渭遇到一位华姓医生，以海上奇方，治愈了为铁钉所伤的左耳，身体的困扰也才得以慢慢摆脱开去。

杀妻者

徐渭一生有过四次婚姻。

两次娶妻入门，两次入赘。

他并不是一个和女人处得好的男人。纵观他的人生，男性友人可列出一串长长的名单，却从未听说过什么红颜知己。

他最中意的女人，是第一任妻子潘氏。许多年后，徐渭回首往事，字里行间洒落着对潘氏的脉脉温情。

嘉靖二十年（1541），生活没着落的穷秀才迎来了自己的春天。那年，徐渭已二十一岁，到了谈婚论嫁的年纪，但父亲早逝，家道中落后，娶亲的聘礼都难以凑齐，成家确乎是桩困难事。

不过世间偏有爱才甚于爱财的人，潘克敬就是其中一位。潘克敬，绍兴大户，其时在广东担任县衙门的典史。潘克敬不图钱财不图地位，只是欣赏徐渭才华，愿将女儿许配，让其入赘潘家。嫡母苗夫人去世后，徐渭一直和长兄长嫂一家相依为命，深感日子的狭促与艰难，自然乐意接纳这桩婚事。

同父异母的长兄徐淮当然也乐意摆脱这个弟弟，他甚至还表现出了某种慷慨，找出一根簪子交到弟弟手中，让他作为聘礼。随后，徐渭随岳父潘克敬往广东定居，于当年夏天在阳江县官舍成婚。

这是一桩美满的婚姻，二十一岁的徐渭，十五岁的潘似，正处于人生的开端，徐渭初尝家庭的暖意，也憧憬未来的人生功业。

嘉靖二十三年（1544），潘克敬退休，结束多年官吏生涯，回到绍兴，并购下东双桥姚百户的宅院，举家回迁，徐渭一道回到绍兴。第二年，潘似生下儿子徐枚，更为婚姻生活增添了实质内容。

可命运的阴影却在某一个看似明亮的时刻不期而至，似魔鬼身上抖动的黑袍，总在倏忽间闪现在视线里。

两年后，潘似死于肺病。

妻子离世后，上门女婿徐渭自觉待在岳丈家显得不合时宜。嘉靖二十六年（1547）秋天，不顾潘克敬挽留，徐渭搬离潘家，在绍兴东城赁了几间破屋，开学馆招生。他将学馆命名为"一枝堂"，馆名取自《庄子·逍遥游》："鹪鹩巢于深林，不过一枝。"寓意一个个体的所求只是一丁点便够了。这确乎是一个简陋所在，只是两间茅竹结构的草屋而已，隔壁邻居说，徐渭的这个一枝堂，只要打个喷嚏，屋前路上的行人都能听见。

即便如此，徐渭也感觉到内心里的某种踏实。有了属于自己的居所，他率先想到流落在外的生母苗氏，将其迎回家，离别十九年的母子终于得以重聚。此中有段曲折身世，徐渭的生母并非父亲明媒正娶的妻子，而是其父丧妻后续娶的后母的丫鬟，在徐家一度没有地位，时常遭受强势的嫡母苗夫人的排挤打压，徐父死后，生母被苗夫人赶出家门，也有说卖到别家。

迁居一枝堂两年后的八月，徐渭赴杭州参加第四次乡试。

考试结束，他在杭州城逗留了一些时日，并不纯粹为结识名流和看风景，他也在物色合适的女人。心里挂念着刚回家生活的老母亲，也记挂着前妻潘似生的幼子，潜意识里他是渴望家中能有个女人的。遂买到婢女胡氏，带回家作妾。

胡氏追随徐渭，于水路回到绍兴。一个女人的到来，令日子焕发出一点光泽，像布满裂纹的粗陶上了一层釉。不过好景不长，婆媳似水火不能相容，以至于日日争吵，苦不堪言。对"孝"字，徐渭是极尽恪守的，说他是一位不折不扣的孝子也不为过。由此，他决定卖掉胡氏。胡氏不依，诉诸衙门，为此徐渭因婚姻的事打了一场官司。许多年后，他忆及这段光景，以一个"劣"字评价胡氏，并表示："三十岁，卖胡，胡氏讼，几困而抑之。"第二段婚姻不到一年就仓促结束了，孰对孰错，隔着久远的年月，没有人知道。

此后，徐渭生存日益艰难，他想到城上去放羊，在身无分文的日子，也到街市卖过一口祖传宝刀。秀才放羊，自然不顺手；街市卖刀，也无人问津。其间，徐渭去到杭州，寓居于西湖北面宝石山葛岭上的玛瑙寺，为湖州潘钺伴读。困顿中，潘钺舍饭两月有余，徐渭内心有无尽感激。

潘钺古道热肠，见徐渭鳏居，便想着替他做媒。出于多疑，也出于对刚完结的那段婚姻的后怕，徐渭两番拒绝潘钺好意。直到第三回，嘉靖三十一年（1552）五月，潘钺致书徐渭，邀其前往湖州归安县双林相亲。推托不了友人热切的心意，徐渭出发了，一路旅途劳顿，但双林位于太湖南面双溪流域，路上青山满目，夏景明丽，倒也令人对未知的明天生出一些向往来。

女方父亲严翁，是某位已故知府的同胞兄弟，家世不错，这大概也是吸引徐渭于炎夏里不辞远路前往的原因，毕竟仅仅倚靠自我清高是无法对付贫穷的。

一见面，相谈甚欢，大有相见恨晚之感。严翁告知家有二女，拟将长女许配徐渭做继室。徐渭一口答应，订下亲事，他想象着不出多少时日，自己便可迎娶这位新媳妇，不禁心生期盼。

不过计划没赶上变化。住了两日，徐渭心中不自在起来，反复打量严翁，琢磨他的言行举止，觉得异于常人。话多易失，反复的交谈，也令徐渭断定严翁有智力缺陷。他由此想到那位即将下嫁自己的严家长女，会不会也智力低下？即使未曾与姑娘谋面，心里的疑虑却放大开来，令人辗转难眠。第三天，徐渭匆匆逃离了这个叫双林的地方，而这段八字仅仅有了一撇的婚姻，就不了了之了。

与严氏长女的故事并未由此结束。往后，一些孤寂的时刻，徐渭会想起那位不曾谋面的女子。三年以后，嘉靖三十四年（1555）十一月，一股倭寇自柘林进犯嘉善县治，而后西进入侵湖州诸县，位于归安双林的严家遭到倭寇洗劫。严翁被倭寇砍断一臂，两个女儿被掳走。倭寇押解着两位姑娘撤离途中，经过一座石桥的当儿，严家长女一跃而下，自行了断了性命。得知此事，徐渭心内大恸，后来他将这个姑娘的故事写进了《严烈女传》，他痛悔自己当初那无来由的怀疑和逃避。在《严烈女传》中，徐渭表露了心迹，视这死亡的女子为自己的妻子一般，为这刚直的生命痛惜。这刚烈的女子，在漫长的岁月中，恍如徐渭心头一轮皎洁的月亮。

于前妻潘似，徐渭由情而爱，于这未谋面的女子，徐渭由敬而爱。两种奇怪的爱，在他心里生发着，像藤蔓在岁月的废墟上延展着。

嘉靖三十七年（1558），续弦的事又被提上日程。那年，徐渭与杭州王家议好了婚事，打算于嘉靖三十八年（1559）春入赘王家，但中间出现了一些曲折。据他晚年回忆录记载，入赘王家的确切时间在那年夏天，这是他的第三段婚姻。这段婚姻比第二次还要短暂，勉强挨过一个季度，秋天，徐渭便离开了王家。对王家女的评价，徐渭在之前对胡氏的"劣"上又追加了一个"甚"字——"劣甚"，他时常后悔这次入赘的选择。

两年后，在浙直总督胡宗宪张罗下，徐渭迎娶人生中第四任妻子，杭州女人张氏，这是他一度满意的女人，张氏面容姣好，身段优美，家境也不差，可谓百里挑一的人。

嘉靖四十五年（1566）新春，历经九次自杀后，徐渭的身心一点一点地康复过来。他怀着一份新生的渴望步入了春天。不到一年，嘉靖四十五年凛冬，死亡的气息再一次笼罩了酬字堂。

那天，雪已落了两日，整个酬字堂，屋瓦、花园、小径，上下皆白。傍晚时分，一摊鲜血染红了院落。徐渭以一把四齿耙，刺中继妻张氏胸口部位，妇人立刻扑倒。

那个傍晚，徐渭正在院子里铲冰，张氏立于不远处，两人口角相向，言辞激愤。徐渭操起四齿耙掷向张氏，一场死亡就这样不期而至。漫天飞雪，成了送葬的白衣。

争端缘何而起呢？徐渭自己的说辞是精神病复发，但杀人者的说法，或许并不全指向真相。

更多人推测徐渭的杀妻之心起于嫉妒和猜忌。据说那个雪天，徐渭家的男仆外出归来后，湿了一身衣服。妻子张氏出于好心让这名男仆坐到灶间炉火前暖一下身体，并让男仆脱去外衣，拿了一件自己的衣服让他先披一披。

这一幕被徐渭撞了个正着。况且，在他心里不止一次猜测过妻子的出轨，这无意间的举动，恰好印证了他的疑虑。

紧接着，恶意与死亡就像雪一般猝然来临。

阶下囚

公堂上，大人正襟危坐，衙役分立两旁，惊堂木一拍，重审徐渭杀妻案。

徐渭匍匐于堂下，脑袋频频磕向地面，苦苦哀告：“杀人时神志不清，实属精神病复发……由古至今，很多并非蓄意的杀人者得到宽恕，大人哪！”他讲了一个例子，接着又讲了一个例子，语速飞快，唯恐这些在脑海里奔涌的话来不及说完就被巡抚大人喊停了。

大人全然不听，突然站起身，挥了一下手。

徐渭瞥见面前多了一张长书案，身形肥硕的大人踱到书案前，摊开一幅长卷，并用目光示意衙役取下徐渭脖颈处的枷锁，令他站起身，立于书案前。

徐渭才看到面前摊开一幅《白犬雪猎图》，大人尖细的声音响起来："给这幅画配首诗，若能完成十韵，即刻放了你。"徐渭提起狼毫，略一思忖，笔落向了纸面，他奋笔疾书，但等他写到第十二句，成了六韵，大人转身走了……

徐渭一声惊呼，从梦里挣扎出来。

哪有什么大人，哪是什么公堂？惨白的月光从破败的屋顶漏进来，这是一间四壁萧然的囚室。手硌到了脖子上的木枷，一阵酸麻的痛。另一端，黑黢黢的墙角闪着几点光，他即刻将一截破砖扔了过去，三只瘦骨嶙峋的老鼠"吱"一声逃开了，消失在徐渭视线里，墙角的破碗发出哐啷的响声，那里还有一口吃剩的牢饭。

隆庆元年（1567）正月，徐渭好友沈炼之子沈襄到狱中探望他，见他蓬头垢面，掀开破棉絮，跳蚤密密麻麻。沈襄禁不住落了泪，临别时说："今日见到叔如此狼狈，我沈襄岂能袖手不管？"沈襄当即表示要去京城周旋，帮助徐渭摆脱牢狱之苦。

尽管如此，徐渭潜意识里感觉到自己死期不远，这一回在劫难逃了。

沈襄之后，少颠和尚也到狱中看望徐渭。

那年秋天，远在安徽歙县的好友方阜民听到徐渭入狱的消息，不顾路途遥远，赶来绍兴探视。连狱吏都觉得惊诧，这个杀人犯竟是那么多人口中敬仰的"先生"！

那年冬天，成都杨道士到绍兴祭拜大禹陵，也顺带到狱中看望徐渭。徐渭沉浸在对死亡的惊恐中，面对远道而来的道士，全然没有心思询问前程凶吉。他悲观地预感到，算来算去，无非也只是死路一条。

入狱后，他既不断写信给自己能想到的有力量的朋友，寻求司法上的帮助，幻想着免于死刑，又着手安排起后事来，他将文稿委托给葛韬仲与葛景文叔侄，期望死后得以面世。

隆庆二年（1568）正月，好友丁肖甫带着徐渭幼子徐枳前来狱中探望。丁肖甫提来酒菜，两人在囚室对饮。这是入狱以来过得最畅快的一个春节，望着稚子红扑扑的脸蛋，听着挚友聊起监狱外林林总总的生活，一抹来自墙外的暖意感染着他。这个曾经反复自杀的人，突然无比留恋起"生"来，还有什么能比活着更好的事呢？活着，哪怕仅仅像一截蜡烛的火苗一样微弱，像一截蜡烛的火苗一样在夜晚的风里摇曳着，也比遭遇冰冷阴暗的死亡强许多。

杀人犯徐渭的生命里或许没有太多爱情的慰藉，却从未缺少友情的帮扶。骨子里他是传统的中国士人，重情义，好交往，由此，确乎拥有一批牛气的好友。

那年元宵还未过，即将赴北京参加会试的张元忭走进关押徐渭的监狱。张元忭的到来，于徐渭的命运走向具有不可估量的意义。这位徐渭好友、甘肃按察副使张天复的长子，几年后将高中状元，进入京官序列。临别时，徐渭写了一首诗为张元忭饯行，他期待张元忭高中进士，以助自己一臂之力。

正月二十四，兵部尚书吕光洵的族弟吕尚宾与另一位朋友时中来狱中探监。两人与徐渭聊了半日，感到意犹未尽，决定在囚室里和他共度一晚。那一晚，风雪大作，滴水成冰，囚室里寒冷彻骨。三人就着一盏青灯，说了大半夜话。后来，各执一端破棉被，或倚靠于墙，或蜷曲于席，过了一夜。这番情义令徐渭感动不已，次日晨起，写下两句豪迈的诗："话深白榻三人雨，冰断黄河一夜风。"

这些贵人的到来，以及他们与朝廷和监狱方面的斡旋，使得徐渭的狱中生活有了很大改观。以至于到了那年五六月份，徐渭获得了一次短暂的保释，得以走出困了他三年的斗室，回了一趟家。

丁肖甫以徐渭生母的过世为缘由，向朝廷提出了保释徐渭回家处理母亲丧葬事宜的请求，并获得了准许。脖子上的枷锁打开，手上的铁链卸下，走出监狱那一刻，用他自己的话形容："就在昨日，我的身体还像蝴蝶化为庄生那般沉重，而到今日，我已如庄生化为蝴蝶这般轻盈了。"徐渭突然明白，如果要给自由找一种形态，其实一个词语就可以形容。自由是什么？自由就是"轻快"。无论吹到身上的风，还是视线里的流云；无论振翅高飞的鸟雀，还是在水中自由遨游的锦鳞，无一不是轻快的。

隆庆三年（1569）正月，元宵节，张元忭又来到狱中探望徐渭。而此时，其父张天复正卷入朝廷纷争，正在申诉云南按察副使任上的相关事宜，张元忭即将赴云南接父亲回绍兴。在这样忧患的年月，张家人仍然未忘记身陷囹圄的徐渭。隆庆三年秋天，张天复父子自云南归来，一起到狱中看望徐渭。

隆庆四年（1570）二月初四，徐渭在囚室里度过五十岁生日。

那天，吴景长带领一众子弟到狱中为徐渭祝寿，霉湿昏暗的斗室，酒宴开了，肉香四溢，回响着朗朗的笑声。这是在绍兴这座古老的监狱里从未出现过的场景，这也是其他囚犯从未享受过的待遇。

此后，未过多久，莫叔明奉绍兴知府岑用宾之命来狱中探望徐渭。那年八月，知府主持修建的郡学竣工，徐渭受诸多官学子弟请托，撰写《修郡学记》一文，此文勒石为碑，立于郡学门前。徐渭再一次挥洒了文学才情，将岑知府崇尚知识、泽惠一方的功业颂扬了一番。岑用宾十分欣赏这篇文章，并设宴招待徐渭。写文章不仅是徐渭谋生的方式，身处牢狱时，也成了他自我救赎的方式。在狱中，他给很多人写过求救信，也写下许多情意款款的漂亮诗句送给前来探监的朋友。

这场知府与杀人囚犯的宴席，值得写入中国文化史。这不仅是两种截然不同的身份的融合，也是权贵阶层向落魄的文人阶层投去的慈悲一瞥。由囚室到知府的官邸，面对满桌珍馐，徐渭大有一种恍如隔世之感，这是命运奇妙的转折。他预感到，性命或许可以保住了。

忽忽又一年，隆庆五年（1571）正月，张元忭再次到狱中看望徐渭，并告知他，将再度进京会试。恐怕徐渭与张元忭自己都未曾料到，那年春闱，张元忭高中状元，轰动京城。

徐渭于狱中听闻消息，一气狂饮五大碗酒，随后声泪俱下。这泪，既有为张元汴的欣喜，又有念及自身命运的悲怆，他徐渭少年时即以神童名扬乡里，迄今八次乡试一无所获，而今沦落为阶下囚，何其曲折，何其无奈？

之后，当朝状元张元汴回到绍兴，又至狱中探望徐渭。徐渭为张元汴的融真堂写下一首七言古诗《万玉山房歌》。状元到访，不说于徐渭个人，就是于监狱，于当时的绍兴府也是一桩具有轰动效应的事。

这一年，岑用宾离任绍兴知府，盛时选继任。在张元汴推荐下，徐渭帮盛时选写了一篇序文，这篇文章令新知府赞赏不已，由此徐渭与新任知府接上了头，这个契机既改变了他的处境，也为牢狱生涯的结束获取了更多有利条件。穷途末路中，笔和文字成了某种路径，这种路径之所以存在，得益于徐渭活在一个官员崇尚文化的年代，那些官员自己的身体里也有着文人的志趣和基因。

尽管囚犯身份仍在，狱中的待遇已判若天地，颈上枷锁卸下，手铐与脚镣也已去掉，这座绍兴的监狱里破天荒地出现一位"囚犯先生"。他时不时能吃到肉，时不时能喝上酒。到了秋天，他还时不时走出监狱去，往返于囚室与张天复家，替张天复画人物花卉册页。后来，张天复六十大寿时，徐渭写下一篇深情款款的《寿学使张公六十生朝序》。

这中间，除了张大复与其子张元忭的营救，在北京，吏部右侍郎诸大绶也向徐渭伸出了援手。诸大绶为徐渭同学，曾是嘉靖三十五年（1556）状元。他通过密信向浙江地方官打了招呼，使得徐渭由死刑转向监禁。而徐渭少年时代好友朱公节之子、翰林院编修朱赓，隆庆五年与张元忭一道考取进士的商为正（其时任刑部主事），他们也都出面为徐渭的事尽了心力。

隆庆六年（1572）岁末，徐渭出狱。

吴景长携众弟子将徐渭接至自己家中，一道欢送旧年，迎接新春。这是新生的时刻，满头白发的徐渭终究告别了跨越七个年头的牢狱生涯，重新拥抱生命的自由，登楼一望，院中寒梅已绽开红艳的花朵。重获自由的人儿百感交集。他们在烟花和爆竹声里，欢饮达旦。徐渭一次次流下泪来，也一次次想到，春天即将到来。

落榜者

徐渭一生引以为耻的是参加了八次乡试，无一不名落孙山。

起先科举考试这盘棋看起来可没这么糟糕。在绍兴，徐渭一度以神童闻名遐迩。四岁，长兄徐淮之妻去世，早慧的徐渭已能独自迎送前来吊唁的亲戚朋友；六岁，入读家塾，跟随启蒙老师管士颜学四书五经，一天诵读千余言；八岁，拜陆如冈为师，习八股文，不出一年，已能写出工稳的八股文章，以至于陆师叹为天人，称赞这八岁的孩童是"先人之庆""徐门之光"；十岁，仲兄徐潞带着徐渭到衙门告状，知县刘昺见这孩子伶俐，亲自出题，让其做一篇八股文，徐渭一气呵成，刘知县甚欢喜，断言日后徐渭中举易如反掌。

现实的残酷却早早显露出来，事实表明，徐渭不是一个在考场上吃得开的人。

嘉靖十六年（1537），十七岁的童生徐渭参加人生中第一场童子试，本以为胜出这个级别的考试当如囊中取物，根本不在话下，但尴尬了，踌躇满志的徐渭竟然名落孙山。

二十岁，徐渭再次应考，仍然无缘上榜，这场考试于徐渭侮辱性极强。那时，嫡母苗夫人已去世，百日丧父的徐渭跟随同父异母的长兄徐淮生活。徐淮长年客游在外，或炼丹修仙，或结交三教九流，家中父亲留下的一大笔积蓄，逐渐被浪荡一空。童子试的失败，让徐渭陷入沮丧。他并不怀疑自己的能力，而是想到规则的不公，也就是说他的落榜并非因为实力不如人，而是应试上的"不合规寸"，他觉得这样的应试不能考察自己的真才实学。

岁试放榜数日后，于心不甘的徐渭写下一封情真意切的《上提学副使张公书》，随信附上平时文章若干，向浙江提学副使张岳求助。信中，徐渭坦陈身世、命运，以及正在遭受的困境，也坦陈由于学业受挫，与长兄间已无法相容于同一个屋檐。当下的他，若不回家，只能到四壁萧然的馆舍暂避，那里除了几十卷古书什么都没有。他也想像二哥一样去贵州应考，却凑不足盘缠。由此，恳请张公同情自己的处境，准许复试一次。

没想到这封信竟起了作用，张岳决定让他单独考一次。那年，山阴县由此多出一名迟到的秀才，而徐渭则向科考的路上迈进了一步，毕竟按照明朝科举制度，他具备了参加乡试的资格。

当年秋天，恰好逢着三年一次的秋闱，新晋秀才徐渭一鼓作气赴杭州乡试，当然，没有考中。就在同一年，二兄徐潞在遥远的贵州等待又一场乡试，不过造化弄人，他得了痢疾，死于突发的肠道传染病，英年早逝，永远与理想失之交臂了。

嘉靖二十二年（1543），徐渭从广东出发，行程一千多公里赶回家乡绍兴，暂时寄居于长兄徐淮家，为的是到杭州参加第二次乡试。此次赶考，与好友张天复同行。张天复中举人，四年后又高中进士，徐渭则名落孙山。第二次考试失败，回到绍兴的徐渭心绪沮丧，而兄嫂则更不待见他，由此引发了剧烈争吵，徐渭搬离了长兄家，住到了岳父的老屋里。这场考试的失败像一只毒蝎噬咬着徐渭的心，他多想为自己争口气啊，可世事偏不遂人愿。

嘉靖二十五年（1546），徐渭再赴杭州秋闱，这一年，妻子潘似的肺痨已到了相当严重的地步，消瘦、胸闷、咯血……幼子徐枚在襁褓中嗷嗷待哺，而夏天的时候，长兄徐淮则因过量食用自行炼制的丹药中毒身亡。徐渭想中举的心思更迫切了。可考试与意愿的迫不迫切真扯不上干系，它只是一个既定的冷酷的程序，除了有些人可以用非常规手段更改结果，一般人只能接受命运裁定。

当一无所获的徐渭拖着疲惫的步履，在渐凉的秋风里返回绍兴，深爱的妻子已进入生命中最后一个月的时光。那年十月初八，潘似殁于家中。而冬天临近时，由于长兄徐淮先前留下的恶果，徐淮人一死，徐家房产即被人强占。徐渭联手岳父，到处找人，到处告官求助，仍然打输了官司。乡试的挫败感夹杂着这些惨淡的人生境况，似乎像一把快刀，要彻彻底底斩断徐渭的人生期盼了。

料理完妻子的丧事，徐渭开始谋划起个人和孩子的生计来。经朋友介绍，他决定去往苏州，大概也是想到了吴中一带的前辈画家们，想到唐寅、文徵明、祝枝山……想到沈周、徐祯卿、周臣……他是仰慕他们的，也爱慕吴中文化，幻想着能融入这个文化圈去。不过，作为初来乍到的异乡人，要进入另外的文化圈层，要被接纳，谈何容易呢。这好比要让南方的桃树扎根到北方的山野里。数月后，徐渭怏怏而归。

回程途中，他又一次坚定了继续将科举考试进行到底的决心。

嘉靖三十一年，徐渭又一次走进考场，又一次败北。此时，他已三十二岁，到了人生的而立之年，可哪儿来的"立"？他连基本生计都未曾解决呀。从杭州回到绍兴一枝堂，徐渭拜倒在母亲脚下。他沉默着，走到禅堂去，迅速合上木门，颓然坍塌在蒲团上，早已忘了自己多久没进食了。晚些时候，同族堂兄弟过来探望，留意到徐渭两鬓斑白，禁不住问："你几岁了，怎生出这许多白头发来?"

这是第五次乡试失败。

可考试的心思，像信念一样根植于胸中了。生命不息，考试不止，更重要的是，生活没有改观之前，如果就去掉这样一个念想，等于永远地将自己的理想判了死刑。他还得挣扎下去。

于是徐渭考了第六次，考了第七次。

等到赴第八次乡试，徐渭已在浙直总督胡宗宪处担任幕僚。胡大人对徐渭器重有加，时常过问他举业的事。那年，凡有可能担任乡试的考官到胡府拜谒，胡宗宪都不忘向其叮嘱，说徐渭是当今异才，若得以高中举人，自己必将重重回报。而百密一疏，据说总督大人关照了多人，却偏偏轻慢了一名县令，轻视他是因为该县令贡士出身，此人却恰恰担任了那年的同考官，徐渭的考卷偏又落到他手里。这个"据说"自然有悖常识，到了明代，科举制度已经极其完善，乡试卷子都是封订阅卷，考官如何得知考生名字呢？考官若对胡大人的怠慢有意见，又如何怪罪于徐渭呢？这似乎缺乏了逻辑关联。但有一点是肯定的，事情的结局表明即便权倾东南的胡大人，最终也没能助徐渭挤过这座独木桥。

徐渭当然还想考第九次，而等到第九次乡试，又有了一个意外。其时，他刚结束北京李府的幕客生活，仓促地回到了绍兴。他得罪了东家李春芳，李尚书致信徐渭，措辞激烈，让他必须即刻赴京，否则有性命之忧。徐渭甚惊恐，只能赶去京城，即将到来的第九次乡试就被耽搁了。

那年徐渭四十四岁，已尝尽了人世艰辛。他须发皆白，彻底死了科举入仕的心。

幕　客

中国古代的学子，若没有特别优渥的家境，人生大致只有科举一条路，若走不通这条路，一个小小穷秀才，大概只能开个学馆，办个私塾，带几个弟子以谋求一点束脩，聊以对付生存的难题。

为解决生计，徐渭着实想了许多办法，尝试过各种行当。他想到城上去放羊，他开过学馆，做过私塾教师，他卖过宝刀，也卖过字画……这些林林总总的事，都只是短暂缓解了生计之虞。徐渭一生从事过的最体面工作是幕僚，讲得通俗一点，也可以称为门客，放到现代语境里讲则可以称为官员的编外书记官，也就是秘书。

他当的是文字秘书，一份卖文谋生的行当。

即便在徐渭整个人生里，追随浙直总督胡宗宪的那段幕府岁月也不可忽视。

嘉靖三十六年（1557）正月，胡宗宪的总督府恰好驻扎在绍兴。胡宗宪身兼数职，又担当着帝国的抗倭重任，与中央及各地官员文书往来相当频繁，亟须文章高手帮忙处理案头工作。

升任浙直总督，当务之急就是向皇帝致谢，胡宗宪请徐渭起草《代胡总督谢新命督抚表》。这并非徐渭幕府生涯的开端，起先他是犹疑的，代写这份表算是给总督帮帮忙，但代人写公文，不是徐渭内心里想做的事。

写完那篇文章后，徐渭在山阴知县李用荧的推荐下，去往平湖设馆收徒。那时，徐渭一家生活拮据，他在文章中描述，一家人居住于目莲巷的房子，每当下雨时，得翻出一堆盆盆罐罐置于屋内各处接屋顶的漏水。

那年十一月，胡宗宪诱擒了横行东南沿海的大海寇汪直，受到世宗皇帝嘉奖。按照官场惯例，受嘉奖的大臣，要上表感谢圣上隆恩，胡宗宪再次邀请徐渭出山，徐渭写下《代擒汪直等降敕奖励谢表》，总督相当满意。

尽管开馆收徒一事不顺意，并未招到多少弟子，但徐渭依然不打算就此卖文为生。他在回忆录里写道，在总督府，一旦代胡公写完文章，即将笔一掷，告辞回家，数赴数辞。后来，总督令人携信函来邀请他入幕，他躺在床上，也不起身去收信。

面对徐渭的犹疑与傲慢，胡宗宪表现出相当的大度，几乎是礼贤下士了。他答应徐渭，做幕客，将待之上宾之礼，而徐渭可不拘礼节。胡宗宪最初这样承诺，之后，也确实做到了不拘小节。徐渭自视清高，性情张扬，即便当幕客，也是在总督府自来自去，如入无人之境。有一回，他正在酒楼与朋友饮酒，总督有要事派人急招，徐渭不紧不慢，兀自将酒喝完了才回去。这件事，胡宗宪非但没有生气，反而与其他属下说，这是名士风范，无伤大雅的。

当然，这些或许还不是促使徐渭入幕的本质原因，更要紧的是胡宗宪出手阔绰，慷慨豪爽。大概这也是胡大人幕府中名流云集的原因，他能笼络到茅坤、王寅、沈明臣、田汝成等多位文坛上的知名人物，和平日里对幕客的尊重和礼遇是分不开的。

从嘉靖三十七年正月正式入幕，到嘉靖四十一年（1562）胡宗宪入狱，总督府解散，徐渭在胡宗宪的府上待了五个年头。

这可真是一段"卖文"为生的岁月啊。

嘉靖三十七年四月，胡宗宪在舟山岛上捕获一头白色雌鹿，即刻想到进献给迷恋道教的世宗皇帝。如此重要的礼物，当然要郑重其事，夹带一封献表。胡宗宪先命人写了一道表文，写完后，拿给徐渭提看法。徐渭对着那篇文章不言语，胡宗宪遂令徐渭写一篇。

徐渭写就《代初进白牝鹿表》，总督大人分不出前后两篇表孰高孰低，就让属下将两篇文章并白鹿一道带往京城，请京城的几位大学士定夺，学士们一比对，一致挑选徐渭的表文。表文呈给了圣上，龙颜大悦，总督欢喜。

皇上一高兴，就赏赐金币嘉奖胡大人，徐渭再写《代初进白鹿赐宝钞彩缎谢表》。

这几乎是工作的日常，《代江北事平赐金币谢表》《代贺李阁老生日启》《代督府祭赵尚书文》《代奉景王启》《代进白龟灵芝表》……五年间，徐渭写下大量应景之作，洋洋洒洒，不计其数，尽管才华帮助他将这类交际文章写得风生水起，但不管怎样，终究挣脱不了拍马屁文字的底色。写作这些文字，他偶尔有小得意，但大多数时候有违本心，不得不说是为了五斗米折腰。

嘉靖三十八年，严嵩八十大寿，胡总督为仕途上的"京贵人"备下大礼，这份大礼需要匹配一篇"华章"。这样的事，自然非徐渭莫属，徐渭文采斐然，字里行间用尽了浮华的大词，对权倾朝野的首辅大人极尽吹捧。而就在六年前，兵部员外郎杨继盛上疏弹劾严嵩，被诬下狱、斩首时，徐渭曾写下悲愤的诗句哀悼杨继盛。他当然痛恨这个自己未曾谋面、对胡宗宪却格外重要的人物，当然知道他的罪行罄竹难书，可这一切和他写下的赞美词是要撇清关系的。这些违心的文字和言不由衷的抒情，只是解决生计的一项技能。人总有那么多不尽如心意的事要面对，桀骜不驯的徐渭也不能例外。

嘉靖三十九年（1560），胡宗宪重修杭州镇海楼，这一年恰好又值抗倭大捷。人逢喜事精神爽，总督大人命徐渭写一篇《镇海楼记》，勒石刻于楼前，以记下这些年抗倭的闪亮功绩。徐渭一挥而就，总督大人反复赏读，大喜。于是，大手一挥，送出二百二十两赏银，让徐渭用以改善居住条件。徐渭以总督大人的这笔赏银打底，在绍兴城南置下一片宅院：

> 有屋二十有二间，小池二，以鱼以荷。木之类，果木材三种，凡数十株。长篱亘亩，护以枸杞，外有竹数十个，笋迸云。客至，网鱼烧笋，佐以落果，醉而咏歌。

徐渭将这片院子命名为"酬字堂"。"酬字"，一个意味深长的名字，既为感激总督顾念，又道出了房舍的来源，它可真是总督大人为这一枚一枚汉字买的单哪。

由此想来，倒也公平公正，卖字的人和做小生意的人有区别吗？卖字就显得格外高尚吗？似乎也没有，都是为了这点可怜的生计。一个院子，可能值十篇谢表；一棵芭蕉树，可能抵一首小诗；几块太湖石，可能值一段小序……笔底明珠无处卖？好在南征北战的总督大人怀抱着几许风雅，他是照价买了的。

酬字堂的营建足足花去数年时间，那大概是徐渭一生中最适意最富足的一段时光，他也是在那段时间娶了杭州的张氏为妻。在胡宗宪的过问之下，他有了一个挺大的家，也有了暂时完整的家庭生活。

可惜好花不常开，徐渭入幕的第五年，胡宗宪被迫卷入一场残酷的政治斗争，最后于狱中自杀。徐渭在惊恐和沉痛中离开总督府，回到绍兴。随着幕客生涯结束，加之徐渭不善经营家业，生活急速地走上了下坡路。有一个小细节，在胡宗宪幕府中，徐渭曾得到过一件大礼——十几匹贵重的绒布，按照常态，慢慢用，是可以用几年的，但徐渭很"慷慨"，命人请来裁缝，替全家乃至仆人，人人裁剪一身衣服，剩下的做成被面，用完这批布，只花了一天时间。可以想见，在胡宗宪幕府中的那点积蓄并未能支撑多久。

嘉靖四十二年（1563）的冬天，徐渭接到李春芳的邀请函，请他入幕，随函而来的还有六十两银的聘礼。徐渭一改当初面对胡宗宪邀请时的姿态，一口答应进京。一路迎着寒流北上，这严冬的行程，一程冷过一程，他突然觉得身体里积攒了这么些年的暖意，一夜间耗尽了。

李春芳是嘉靖二十六年状元，也是当朝尚书。其时，世宗皇帝迷恋道教，也迷恋一切与道教有关的东西，比如青词。青词原本是道士上奏天庭或献给神明的奏章祝文，以朱笔写于青藤纸上，故以得名。皇帝痴迷青词，甚至根据撰写青词水平的优劣，决定当朝大学士的任用。这样一来，皇帝身边几位重臣皆精研青词创作，如李春芳、严讷、郭朴等甚至赢得了"青词宰相"的名号。

进京后，徐渭心理落差巨大，他发觉自己只是众门客里的一个，并未得到该有的尊重，也未以才学赢得李尚书的关注，李尚书推崇备至的青词，也不是他愿意写的。更糟糕的是，李尚书门规森严，要求幕客按时上班，谨言慎行，这于徐渭也着实是一桩困难事。力的作用是相互的，厌恶的作用也是相互的，李春芳心里对徐渭也很有了些看法，他不是要笼络什么人才，他要的是漂亮的青词，是皇帝的欢心！

徐渭一直在边缘游离，挨到第二年早春，他写了一封长信——《奉尚书李公书》给李尚书，信里，他推心置腹，措辞小心，讲述了入京后种种不适，期望尚书应允自己辞职。

这封辞职信并没有得到回复，李尚书以沉默拒绝了徐渭的请求。

徐渭于无奈中做出抉择，自行离开了京城。

但这件事并未就此完结，到了那年秋天，李春芳让人带来消息，警告徐渭必须即刻回到他门下。在惊恐中，徐渭带着六十两聘银再次进京面见李尚书，想就此了结这事。他没有想到这趟京城之行将骑虎难下，在强大的权力面前，书生的一次任性是要付出足够代价的。他将六十两银子交还给当初来邀请他的李府门人查氏，查氏拒收。无奈中，他只好转而将聘银交给李春芳，当然他并不能轻易见到李大人，一番辗转后，人见到了，但李春芳拒收。

在巨大的恐惧与压力之下，徐渭惶惶不可终日，显然这已经不是他个人能力可以解决的事了。慌乱之下，求生的欲望令他想起了昔日好友、京官诸大绶。其时，诸大人因骑马摔伤，在府上养病，徐渭在他的病榻前讲述了自己的困境。

诸大授也是当朝状元出身，李尚书不可能不给他这点面子。最后，在这位翰林院修撰的调停下，李尚书同意解除聘约，徐渭重新回到常态的生活里。

从胡宗宪到李春芳，幕客徐渭的境遇真是有天地之别。

有什么办法呢？文字的买卖，有如其他所有商品的买卖，本身是要讲求一点运气的。

鸟　人

徐渭爱青藤，爱野葡萄，爱芭蕉树，爱飞鸟。在所有鸟中，他最钟情白鹇。

这是中国南方一带的人们并不陌生的鸟类，我们来看看书上的描绘：

> 白鹇，属大型鸡类。雄鸟全长 100 厘米～119 厘米，雌鸟全长 58 厘米～67 厘米。头顶具冠。嘴粗短强壮，上嘴先端微向下曲，不具钩。鼻孔不为羽毛掩盖。翅稍短圆，尾长。跗跖裸出，雄性具距，但有时雌雄均有；趾完全裸出，后趾位置较高于他趾。雌雄异色，雄鸟脸裸露，呈赤红，长而厚密、状如发丝的蓝黑色羽冠披于头后；上体白色密布以黑纹，两翅亦为白色；下体蓝黑色，尾长、白色；脚红色。雌鸟通体橄榄褐色，羽冠近黑色，脚红色。

徐渭于少年时读到李白的诗句："请以双白璧，买君双白鹇。白鹇白如锦，白雪耻容颜。"就打心里爱上了这种鸟。

二十岁出头那会儿，徐渭随潘克敬去广东定居，无意间得到一只雄白鹇，欢喜得不得了，以至于从广东回绍兴赶考，也不远千里拎着鸟笼，带着心爱的白鹇同行。途经开平县，渡蚬江时，由于一路颠簸，导致鸟笼扣子松动，白鹇振翅飞走。他站在苍茫的渡口，伤心落泪。几年后，他写下了一首诗表达心里的遗憾。

之后，跟随总督胡宗宪到福建，当地官员送来一只白鹇，想让总督大人宰杀了开开荤。胡宗宪知道徐渭好白鹇，便将要成为"盘中餐"的鸟置于红色笼中，当成一份礼物送给徐渭。徐渭心下大喜，写下一首五言律诗《白鹇》："片雪簇寒衣，玄丝绣一围。都缘惜文采，长得侍光辉。提赐朱笼窄，羁栖碧汉违。短檐侧目处，天际看鸿飞。"

当然，一切景语皆情语，徐渭借白鹇道出了自我的心境：这白鹇本该翱翔天际，只因毛羽华美而被圈养于狭窄的笼中，它身居低矮屋檐之下，该多羡慕天际高飞的鸿雁？

第三回，钱某为感谢徐渭诗作，赠送白鹇一只。

第四回，万历七年（1579），徐渭久病初愈后，望着家中空空的鸟笼，时常感觉到某种失落。身在福建的李子遂来信问询近况，徐渭拜托老友从福建帮他买一只白鹇来，李子遂照办了。后来，徐渭北上京城谋生后，养在绍兴家中的白鹇死于野狸之口。接到家信后，徐渭痛心落泪，一连为白鹇写下三首哀悼的诗。

徐渭之钟情白鹇，大概是从这种自古被人观赏的鸟身上见到了自身的命运情状：既想一飞冲天，又为了一口食物而时常地困守于笼子，这不就是他那磕磕绊绊又从不屈服的灵魂的写照吗？

绍兴老城内，青藤书屋处变不惊，坐落于一片民宅中。转过圆洞门，映入眼帘的就是一棵莽莽苍苍的绿藤。尽管它是后来从深山中寻得的，但恍惚间已很难分清这是否就是当年徐渭十岁时手植的青藤。一棵青藤死去，另一棵青藤重新在此地疯长，一个徐渭死去，另外的徐渭，会以各样的方式活过来。

纸这般脆弱。它畏火。怕水。甚至经不住轻轻一撕。想

纸又如此坚韧。也张岱预料。纸上的文字。帮助他存

放了一个完整的大明。

节录自寂寞的烟火 静斋周琦

寂灭的烟火

张岱

八月十六日晚，一轮硕大的月亮泊在中天。船行至金山寺外，长江畔有风来，江涛起伏，月光有如倾泻而出的流水洒向江面，江天浑然一色，似进入了一个明晃晃的白银世界。这是一趟省亲之旅，崇祯二年（1629）仲秋，张岱带着自家戏班子，坐上船，去往山东兖州，其时张岱父亲张耀芳在兖州任鲁王右长史。为庆贺酷爱看戏的老人家五十大寿，张岱带着家班排演了《韩蕲王人战金山》《冰山记》诸剧，以飨远离家乡的父亲。

置身夜行船上的张岱，心弦突然被漫天月光拨动。他令随行仆人们停船上岸，在寂静中穿过树林，跨上石阶，绕过回环的连廊，径直进入金山寺大殿。点亮四盏大灯笼，摆开舞台道具，随即，锣鼓喧阗。张岱就在这千年古刹中，和着锣鼓声，挥舞着长袖，唱起了一出大戏。此处正是南宋名将韩世忠力抗金人南侵，鏖战八天七夜，最终将金人击退回长江北岸的地方。恍然间，张岱仿佛回到了五百年前，戏里与戏外，历史与现实，就在这溶溶的月光下交汇了。

一众寺僧被这突如其来的锣鼓声惊起，纷纷披衣至大殿。老僧用手背揉着惺忪的睡眼，以为进入了幻境，小沙弥们则雀跃地扎进了这热闹。鼓点从密集又至稀疏，笙箫和胡琴声响彻在大殿回廊间。衣袂翻动，声音在廊柱和佛像间流转。这座古寺，一直沐浴在晨钟暮鼓与苍老法度中，几乎从未有过这样绚烂而梦幻的时刻。

戏一场接一场地唱，直唱至天光渐明，霞光初现。张岱命人收拾一应道具，登舟离岸。一众的僧人，立于江边，目送船离开。

癖　好

当时，别说绍兴一城，就是放至全国，也很难找出更多像张家这样有故事的名门望族。单论权势、地位，比肩这个家族的人家或许不少，但若要论家族的书卷气与风雅，论人性的丰富与复杂，论人的意趣和风度，张岱家族或许是绝无仅有的。

让我们站在张岱的时代向来处追溯：

高祖父，张天复，嘉靖二十六年（1547）进士，亦是明代大才子徐渭的儿时好友。

曾祖父，张元忭，隆庆五年（1571）状元，曾任翰林院侍读。

外曾祖父，朱赓，隆庆二年（1568）进士，官至礼部尚书。

祖父，张汝霖，万历二十三年（1595）进士，刻苦于学问。

外祖父，陶允嘉，官至福建盐运司同知。经史子集、天文地理、释典道藏、星相医卜、奇门六壬，无不究解。

父亲，张耀芳，年轻时一心读书，不事生产。屡试不第，终于在五十三岁那年中举人。

叔叔、舅舅辈中，进士、举人更是层出不穷。

这里做简单罗列，仅想让读者见识一下这个家族的文脉。在古代中国，由科举考试构建起来的"脉络"，几乎是家族地位的标识。

张岱家族奇人辈出，江南五大收藏家，他们家就占了两位。一位是张岱的舅祖朱石门，另一位是他的二叔张联芳。尤其张联芳，搜罗青铜器、玉器、瓷器、字画……造游船"书画舫"，世间好物，尽入他手。

至于品茶、赏戏、筑园、写字、绘画这类风雅的"行当"，张家人随便玩玩就能玩到别人家房顶上去。

张岱自孩提时代起浸淫在这般氛围里，穿梭于一众丰盈又奇绝的灵魂间，渐渐就成了一个"痴人"。年少时，他就已对万事万物充满了探究的好奇，他的家族有足够的财力和空间，供他去尽兴尝试自己的喜好。

这个纨绔子弟，自诩："极爱繁华，好精舍，好美婢，好娈童，好鲜衣，好美食，好骏马，好华灯，好烟火，好梨园，好鼓吹，好古董，好花鸟，兼以茶淫橘虐，书蠹诗魔。"

一段概括的话，在纸上写下来只需两分钟，可每一项癖好，若往深处玩，耗费的精力和时日是令人咋舌的。

张岱是一个十足的灯痴，他自谓"好华灯，好烟火"，真是一点不假。张岱生活的山阴，即今天的绍兴城，历来为富贵繁华地，诗书礼仪乡，早有逢年过节家家户户品赏灯笼的习俗，当地能工巧匠也热衷于制灯。三岁时，张岱就曾骑在老仆肩上，到绍兴城著名的鉴赏家和古玩家王新建宅院中赏灯。每逢佳节，王家院内院外就会张灯结彩。小小的张岱注视着晶莹的灯盏，彩花珠灯华美亮丽，即便普通的羊角灯也描金细画，罩了璎珞。这些悬挂的灯盏多姿夺日，令张岱留恋和神往。长大后，张岱开始到各地造访灯匠，收藏各样奇灯。有一位福建的雕佛师傅，巡抚大人曾出高价请这位师傅造灯十架，可灯还未完工，巡抚大人突然辞世，这批灯被绍兴一个李姓官员购入，从福建带回绍兴。李某得知张岱酷爱好灯，便把灯送给张岱，张岱以五十两白银酬谢。

绍兴匠人夏耳金擅长剪彩为花，"罩以冰纱，有烟笼芍药之致。更用粗铁线界画规矩，匠意出样，剔纱为蜀锦，墁其界地，鲜艳出人。"每年为了祭神，夏耳金都会用心造一盏华灯，之后，张岱就以高价购入收藏。他又在南京得到赵士元制作的夹纱屏和几副灯带，可谓巧夺天工，张岱赏玩多日，爱不释手。

每年元宵佳节，入夜前，张岱必令家中仆人将收藏的华灯悉数张挂于房檐、梁柱、走廊间，引来观者无数。

到张家看灯，渐渐成为当时绍兴一地方圆几十里的盛事。

他爱灯火的璀璨，也爱烟花的烂漫。张家有一个擅长制作烟花的老仆人，夏日时，老仆人用羊毛烧制出二尺高的泥墩，筑成一款名为"地涌金莲"的烟花，点燃后，声如雷鸣，绽放开足足有一亩多大。对放烟花这件事，张岱有自己的审美要求，他认为缤纷的色彩一定要配以风格相近的声音，模样盛大的烟花，不一定需要锣鼓的节拍来配合，轻吹唢呐应和会显得更加相得益彰，根据烟花迸放的缓急高下，佐以或激越或低沉的唢呐声，这种情状是绝佳的享受。

按张岱历来的喜好，若张灯结彩却不演戏，就仿佛锦衣夜行，看灯的心绪也会黯淡起来。

烟花绽放的时刻，张家的戏班子也有了用武之地。张岱让他们上演元剧，往往演四五十本，每演四出，中间穿插三场表演：一场群舞，一场鼓吹，一场弦乐演奏。整个演出中情绪的浓淡、形式的繁简、剧情的松实，全然掌握在张岱手中。他不禁为此感到得意："如此繁盛的场面，若换个地方，换个人，是断然营造不出的。"

其实，张家人在万历二十九年（1601），即张岱四岁那年创造过一个更大的场面。他的父亲与几位叔叔突发奇想，决定实施一项前无古人的计划——点亮龙山。他们倾家族之力，刳木为架，涂上丹漆，支起数百座灯架，每一架饰以文锦，张灯三盏。满山的大树上，也都悬挂起灯来。灯一直从城隍庙门延至蓬莱冈，远望去，有如星河倒悬。这一工程引发了无数人围观，以至于城隍庙不得不挂上禁条，禁车马入内，百姓到城隍庙门口，只得步行；禁烟火喧哗；禁城内豪室按惯常那样派遣家奴驱赶行人清道。

点灯工程持续四晚。龙山，这座绍兴城外的小山，张家人筑园于其间、游玩于其间的小山，入夜后第一次被璀璨的灯火照亮。这件事发生在电气时代以前的手工业时代，不得不说是张岱家族里的人们凭借着一腔浪漫主义创造了一个光明璀璨的梦境。

赏灯的，卖酒的，卖零食水果的，手拎吃食的，肩上背管弦器乐的……男女老少纷至沓来，缘山而行，席地而坐。每日赏灯结束后，仆人入山清扫，果壳蔗渣鱼骨堆积如山。

张岱是十足的"戏精"，他爱戏子的窈窕，爱舞台深处如昙花盛开复又凋零的即生即灭。你方唱罢我登场，戏剧是人生的复刻，既演绎生命的欢悦，又留存人间的遗憾。爱恨情仇，才子佳人，戏剧是给人生补缺的。张岱的祖父张汝霖罢官还乡后，一度意气消沉，为排遣失意和不快，他效法老友范长白、包涵所移情戏曲，采买优童，创办了自己的戏班子"可餐班"。这个戏班子可不是草台班子，而是正儿八经的专业戏班，名角张彩、王可餐、何闰、张福寿都汇聚于此。后来，张岱父亲张耀芳久困科场，在持久的沉郁里转向玩乐，斥巨资造楼船，教习小傒，鼓吹剧戏，创办了"梯仙班"。高眉生、李芥生、马蓝生等都是这个戏班里的名角。楼船落成的日子，张耀芳的戏班搭台唱戏，绍兴城内城外戏迷闻风而来，他们或坐大船或摇着乌篷船，千余条船排列在纵横交错的河港上，蔚为壮观。

张岱自己也创建了一个戏班，叫"苏小小班"。

张岱不仅写戏、排戏，兴致上来了，索性自己上去演一把。张家戏班演出的质量之高，别说在绍兴一地，就是放在整个江南也是屈指可数的。

张岱以魏忠贤一生起落为题材，写成一部大戏《冰山》，魏忠贤垮台一年后，《冰山》在绍兴公演，围观人群一直从戏台前延伸至门外广场。观众们被剧情带动，情绪像潮水一般涨落着，他们为正义呼喊，当御史"杨涟"上台，亮开嗓门唱出"某杨涟"时，场下观众高呼"杨涟！杨涟！"山呼海啸般的声响传到数里外，仿佛能掀翻屋顶，崩断椽柱。此种情状，我们于现代大剧院里是根本不可能见着的。

张岱好饮茶，已到痴迷境地。这大概也是张家惯例，张家人在这些事上的铺排和讲究确乎超出常人想象。就光说泡茶用的水，他们都是要不厌其烦去寻来的。祖父张汝霖有茶癖，对茶的品类、冲泡手法都有很高的要求。他看不上近处的水，即便颇有名气的会稽山的陶溪水、杭州虎跑的水，也是看不上的。每每煮好茶时，水必要运自无锡的惠山泉，无锡距离绍兴两百多公里，这项取水工程可谓繁复。一回，绍兴当地乡绅来访，张汝霖以惠山泉待之，这位乡绅将"惠泉"听成"卫前"，于是叮嘱随行仆人："记住了，我们就住卫前附近，下回要去取水来泡茶了。"此事令张汝霖嗤之以鼻。到张岱成年后，张家已无精力至无锡取惠山泉了，张岱就在绍兴城内遍寻好的泉水。万历四十二年（1614），他于长庆寺中发现了褉泉，啜之入嘴，口舌间能尝到水的锋芒，走近去观水色，如秋月霜空，又如轻岚出岫，缭松迷石，淡淡欲散。

张岱在此取水泡茶的事很快传开去，一时间引发众人效仿，各种闲杂人等纷至沓来，搅扰了寺院的清净，长庆寺方面苦不堪言，决定将旁边一条水沟掘开，让沟内脏水流入褉泉，好端端的泉水便被污染了。张岱只好率仆人堵住沟渠，并疏浚褉泉，但修一回，僧人坏一回，最后只好作罢。崇祯五年（1632），张岱又在岜山祖垄发现一处小泉，水质甘美清冽，他将其取名为"阳和泉"，有了上次的教训，此次就不那么对外声张了。

张岱与三叔张炳芳四处寻访，百般调配，以各地名泉煮各地好茶。他们曾发掘出一款绝佳好茶。绍兴的越王铸剑地产有一款叫日铸雪芽的茶，那些年，时人推崇的是安徽松萝，日铸雪芽由于焙制方式落后，已渐渐显出没落趋势。张岱与张炳芳反复研究，改进了日铸雪芽的烘焙方式，采用松萝的拗法、掐法、挪法、撒法、扇法、炒法、焙法、藏法，令日铸雪芽获得了全新的特质。

张岱又摸索出泡茶的最佳方案。

他发觉用褉泉水最能带出上等茶叶的香气。煮沸的泉水，不能以小罐冲泡茶叶，会导致香气太浓郁。须用敞口瓷瓯，放入日铸雪芽，再杂以数朵茉莉，将煮沸的泉水冲入茶中，这样茶水色泽如剥去外壳的新竹，绿粉初匀，又似山窗初曙时分从纸间透入的晨光。由于这样动人的色泽与意态，张岱将这款茶命名为"兰雪"。

在张岱与张炳芳的推动下，不到五年，兰雪名动一时，身价大涨，绍兴市面上，人们不再追捧松萝，只喝兰雪。而安徽的松萝，为了能继续在市场上生存下去，索性也改名为"兰雪"了。

老友周又新曾跟张岱盛赞闵汶水的茶，崇祯十一年（1638）九月，张岱刚至南京，便即刻动身前往闵汶水处。到时已傍晚，闵汶水外出了，张岱就坐着等，等了好久，闵汶水归来，张岱忙起身寒暄。但没聊几句，老头忽然想起手杖落在了某处，急急跑去寻手杖了。回来时已夜色深沉，闵汶水没想到，张岱仍端坐于暗处。闵汶水心下纳闷，不禁问，想必你有十分紧要的事吧？当张岱说只是慕名来喝一杯好茶时，闵汶水又惊又喜。即刻烧水泡茶，研习茶道多年的闵汶水很是惊诧，这位远道而来的客人，不但能随意尝出茶的品类，还能辨别出茶叶采摘自哪个季节，品出泡茶的山泉取自何处。

张岱亦是一个十足的老饕。从他的祖父到父亲到叔叔伯伯，即便日常饮食也早就在追求"食不厌精，脍不厌细"的境界了。他的父亲张耀芳对厨子的要求很高，总是期望他们以常见食材，做出新的味道，以至于张家厨子们大多觉得这份差使不好干。张岱几乎吃遍了大江南北的美食，并在吃法上极尽想象和创造，他总在探寻各样食物最佳的吃法：食鸡，能吃出山味最佳的鸡是那种养在半露天的鸡舍里的；吃肉，能尝出肉里带着的柴火味来自老旧的木头。他知道，烤肉，以芝麻花为末，置肉上，肉上的油就不会流失了；煮老母鸡，放入山楂，才能将肉煮烂，或用白梅，口感也会很妙；食橘，最好是"青不撷，酸不撷，不树上红不撷，不霜不撷，不连蒂剪不撷。故其所撷，橘皮宽而绽，色黄而深，瓤坚而脆，筋解而脱，味甜而鲜"，买来的橘子，张岱将其置于黄砂缸中，并在缸内放入干燥的稻草或松针，十天后，稻草有了湿气，再更换，这样储存的橘子不但味道鲜甜，而且可以保存很久；食方柿，"必树头红而坚脆如藕者"，还要"以桑叶煎汤，候冷，加盐少许，入瓮内，浸柿没其颈，隔二宿取食，鲜磊异常"。

张岱养过一头奶牛，并研究出了做奶酪的方法。而腌制食物，他更是拿手，什么糟蟹，糟姜，糟茄，腌鱼……皆找到了奇妙的办法。

他曾考订祖父的著作《饕史》，写成一部美食集《老饕集》。

他组建丝社、斗鸡社、噱社、蟹会、诗社……仿佛每一项爱好，都能够玩出繁多的花样来。他盘桓于南京、扬州、镇江、苏州、杭州等繁华都市，他既爱山水的宏阔与秀美，又迷恋街头巷尾的风俗与人情。他信奉"人无癖不可与交"，以至于结交了许多三教九流的朋友，他们无一不是性情与爱好独特之人，无论官吏、文士、工匠、伶人，无论和尚、道士、妓女、贩夫走卒，张岱都有可能和他们混迹一处，在他们身上觅得人性另外的光芒。

他好酒，好美丽女子，他迷恋深冬的大雪。天启六年（1626）十二月，大雪纷扬，覆盖了整个绍兴城，深近三尺。张岱从自家戏班中找了五个伶人，一道上城隍庙山门看雪。雪霁，明月跃出山顶，千山载雪，轻薄的月光落在雪上。仆人送来烫热的酒食，酒气冉冉。随即，戏班里随行的马小卿唱曲，李岕生吹洞箫应和。三鼓后，归寝，马小卿、潘小妃拥抱着从百步街的雪坡上滚下去，张岱则坐着一辆小羊头车，沿着结满冰凌的路归去。

六年之后，也是腊月，又逢一场大雪，纷纷扬扬下了三日。这回，张岱住在自家杭州西湖畔的别墅中。待到天黑后，张岱着毛皮大衣，拥着炉火，登上一只小舟，去往西湖中央的湖心亭看雪。

他爱流动的河，爱那河上自在徜徉的船。少年张岱在绍兴城内庞公池附近读书，就在池中留一条小船，他可随时跳上船，顺着河流抵达绍兴城的街头巷弄。他曾设凉簟卧舟中看月，小童在船头唱曲，而他则在半醒半醉之间，悄然睡去。待船夫回船到岸，他已一枕黑甜。

要多少痴情，才会有这样的生活。要多少热爱，才会有这样的痴情。

功 名

别以为张岱生活里只有那些"不务正业"的内容。生在一个读书世家，张岱几乎从孩提就开始念书识字、习诗作对了。三四岁起，父亲张耀芳就教张岱作诗了。而在他周围，满目皆是读书人，张岱十二岁时，不但父亲仍然在参加科举考试，就是他的外祖父也仍然和大舅、二舅、三舅一起参加乡试。

这般浓郁的书香浸染，令张岱表现出一种早慧，自叔伯辈眼睛里看去，这就是一个天才儿童。从万历三十四年（1606）到万历四十二年（1614）的近十年时间，祖父张汝霖对少年张岱的成长倾注了诸多心血。祖父不但教张岱如何读书，而且将张家三代积存的三万余卷藏书悉数向爱孙开放。万历三十九年（1611），张岱祖母去世，祖父尽遣姬侍，独自一人前往天镜园读书，那是张家几代人营建的一处大园林，藏在碧水深处，远山入座，奇石当门。张岱获得了额外的宠爱，时常与祖父读书其中，他在《陶庵梦忆·天镜园》中写道："天镜园浴凫堂，高槐深竹，樾暗千层，坐对兰荡，一泓漾水，水木明瑟，鱼鸟藻荇，类若乘空。余读书其中，扑面临头，受用一绿，幽窗开卷，字俱碧鲜。"张汝霖受其父张元忭影响，自有一套读书方法。他教育张岱，读经书不要看注解，容易被固定观念带偏，他要求张岱一定按自己的方式理解书中奥义，有些不懂的文句可先记下来，经过一段时间的深思，或通过其他书籍的阅读，或通过外出的游览，就能触类旁通，达到豁然开朗的境地。

张岱读书相当驳杂又十分精细，经史子集，诗词歌赋，全有广泛涉猎。他在读《左传》《国语》《史记》《汉书》《后汉书》等书时，将遇到的难字、奇字都写在卡片上，再一一向人请教。

祖父还不时带张岱拜会朋友里的学问大家，让他自小拜好友黄汝亨为师，学习八股文写作，而后又带他到陆景邺先生处，得到了先生的精心指点。祖父曾动念让张岱拜杭州的黄贞父为师，为此，还特意带着爱孙去面见这位大学者。

祖父、外祖父、父亲及众多叔伯的影响，丰厚的家学，自身的造化，让张岱自少年时代起就汲取了大量古代经典的养分，为他日后的历史写作打下了厚实的基础。

最初，读书的第一要务是科举考试，张岱很快成为一位工于科举文章的少年。十六岁，张岱第一次参加县试，即考中了秀才。这样一来，少年的心里埋下了一个宏大的愿望，他到会稽山上的南镇庙祈愿神灵在科举路上助自己一臂之力。在少年张岱看来，科举并不是什么难事。毕竟在张家，进士和举人抬头就能见到，即便中个状元大概也算不得什么稀奇事。他的季叔张烨芳细细翻看过亲戚们为科举考试读的书，对此事不屑一顾，而他的十叔张煜芳更是满口狂言，九叔张九山进士及第后，有旌旗匾额送至张宅，结果被张煜芳一把火当柴烧了。当然，张煜芳大概也是出于嫉妒而发了一通坏脾气，毕竟后来，他还是满怀热忱地参加了特科考试。

通过县试后，张岱随即加入了乡试行列，乡试后，挫败感一下子袭击了他。他曾经这般自信，觉得自幼读书无数，又有名师提携，在这条路上怎么可能不先人一步呢？天启四年（1624），二十七岁的张岱为迎接又一场乡试，与赵介臣、陈洪绶、颜叙伯、卓珂月等人在杭州岣嵝山房足不出户，闭门苦读七个月，不过这场苦读似乎未能奏效，他仍未如愿踏上科举更高一级的台阶。

天启七年（1627），张岱在会稽山天瓦庵埋头苦读，再次迎战乡试，结果又一次名落孙山。

崇祯八年（1635），三十八岁的张岱又一次参加乡试，考试结束后，张岱踌躇满志地离开考场，自我感觉相当好。从十六岁折腾到三十八岁，经历了这么漫长的折腾，这一回总该如愿了。

结局令人沮丧，还是落榜了。

等到查询试卷，才发觉落榜原因——不合试牍。用现在的话说就是"答题格式不对"。这件事引发了张岱内心的极大震动，他深深感觉到了无望，也感到一种不可名状的愤怒。他将抄录后带出来的试卷刊刻出来，印了一大沓，一份一份分发给朋友们，让大家看看，这样的文章，竟然会因不合规格名落孙山。他写信给好友祁彪佳，痛陈了内心痛苦。祁彪佳为此致书浙江学政李清，诉说张岱遭遇的冤屈，但这既定的失败岂是学政能挽回的？

经过一次次惨败和漫长的折磨，张岱深切意识到科举的弊病——考中了并不代表有真才实学，考不中有时恰恰是因为过人的才华与独立的思想。他彻悟了，这个浩大的"人才工程"，历经漫长的朽败，到了他的时代，已经和朝廷选拔贤能的初衷相去甚远了，很多时候，它只是用来"镂刻学究之肝肠，亦用以消磨豪杰之志气"罢了，就算是大学者，"满腹才华，满腹学问，满腹书史，皆无所用"。他不无讽刺地谈及读书人浸染八股后的情状："心不得不细，气不得不卑，眼界不得不小，意味不得不酸，形状不得不寒，肚肠不得不腐。"

尽管如此，张岱还是未能彻底摆脱对科举的"向往"，他进而将这份期盼留给儿孙们了，在《课儿读说》中，张岱热情鼓励后辈，面对科举，定要有咬定青山不放松的精神，要有一战再战的勇气。

要说张岱真正断绝功名之念，还得等到改朝换代入清之后。清顺治十一年（1654），张岱写诗奉劝赴杭州赶考的儿子们放弃科举功名，赶紧回家同老父亲聚首。

世　乱

崇祯十七年（1644）春天，李自成起义军攻占北京。三月十八日晚，崇祯皇帝朱由检在蓝色皇袍上写下绝笔书："朕凉德藐躬，上干天咎，然皆诸臣误朕。朕死无面目见祖宗，自去冠冕，以发覆面。任贼分裂，无伤百姓一人。"随后，在夜色中与贴身太监王承恩登上万岁山，自缢于一棵歪脖子槐树下。

自此，历时二百七十七年的大明帝国宣告灭亡。

清军大举入关，占领北京后，迅速挥师南下。福王朱由崧在南京建立的小朝廷不堪一击，一年即瓦解覆灭。江南士人们纷纷投入反清复明的抗争中，拥戴明朝宗室朱以海，以鲁王监国名义扯起了一面抗清大旗。

这当然是无谓的抵抗，青山遮不住，毕竟东流去。没有人能力挽狂澜，在巨大的毁灭性的颓势面前，旧时代的抵抗注定徒劳。不过起先，人们总不那么容易死心，总是怀着一丁点希望做最后的抗争。张岱一家迎接鲁王到绍兴，捐钱助饷，倾尽全力追随鲁王抗清。但他们没有料到，这个南明小朝廷无能又腐败，那些以各样名义站到台前的人图的只是权力和声色，根本不可能重振大明基业。

清军汹涌而来，像轰轰烈烈的大潮，很快席卷至钱塘江。南明隆武二年（1646），绍兴沦陷。清军攻入绍兴城后，四处追捕拥护鲁王的人，张岱一族自然也在追捕名单之列。

一场生命的大劫难不期而至，张岱度过了一段恍惚的心碎的岁月。在国家的崩溃面前，他原本安稳富庶的家庭分崩离析，个人的命运犹如虫蚁，多年的积蓄，一夜归零。巨大的灾难激发了无声的抗争，许多孤高的灵魂以决绝的死亡来殉葬这熄灭的时代。

弘光元年（1645）五月，清兵攻破南京，弘光帝被俘。六月十三日，杭州失守，潞王降清。十五日午间，刘宗周听到这一消息时正在用膳，他推案恸哭，说，我到了顺应天命而死的时刻了！于是决定效法伯夷、叔齐，开始绝食。其间，清贝勒博洛以礼来聘，刘宗周书不启封，绝食二十三天，以身殉国。

山阴大学问家、张岱父亲张耀芳的好友王思任在清军破绍兴城后，绝食而死。

张岱好友陈函辉返台州，哭入云峰山中，赋绝命词十首，自缢而死。

张岱好友余煌独自出东郭门，到渡东桥边投河，殉国而亡。

他们张家，也多是铮铮的铁骨。张岱堂伯张焜芳领兵与清军交战，被俘房后誓不投降，壮烈捐躯。堂弟张萼初率兵抗清，兵败后从容就义。

最触动张岱的，或许是挚友祁彪佳的死。

祁彪佳，是明代著名的文学家和戏曲家，天启二年（1622）进士。

弘光元年六月，清军礼聘祁彪佳，聘书到达时，祁家人惊恐又为难。祁彪佳向妻子托付了一应家事，将家中大片田产捐给邻近佛寺，在日记中留下遗书。并写下三封告别信，一封给叔父祁承勋，一封给三哥祁骏佳，一封给妻子商景兰。七月二十五日，祁彪佳于家中置下酒菜，邀请诸好友到府上小聚，张岱就在席间。祁彪佳一次次让儿子将大家面前的酒杯斟满，尽管国已破灭，末日的哀伤留在每个人的眉间，但这场夏日最后的晚餐，起初却是温情的，朋友们谈笑风生，说着轻松的话题。

酒过三巡，主人送客，朋友一一告辞。祁彪佳唯独留下老友祝山人，请他移步内室深谈。他让山人焚香煮茗，两人纵谈古今忠烈。推开木窗，眺望南面的远山，祁彪佳笑着说："山川人物，皆属幻影。山川无改，而人生倏忽一世矣。"随后，祁彪佳催促祝山人就寝，自己则离开家。他来到寓园，登上八求楼，那是他以毕生热望营建的园林和藏书楼，那里有三万五千一百卷书籍在等候他，每一卷书，都是祁彪佳自各地搜罗来的，都倾注着他的心血与喜悦。

从书楼上下来后，祁彪佳在寓园里踱了一圈，这是一个连接着他生命的园子，他曾在这里赏月、饮宴、看戏、燃灯，他曾在这里品尝甜蜜的爱情和亲情。

最后，祁彪佳走向了寓园内一处池塘，投水自尽。

这么多轰轰烈烈的死亡，不断冲击着张岱。作为亡国的遗民，作为立志不改侍新朝的坚定反抗者，在所有希望幻灭后，张岱确实想过死亡。可同时，他又不止一次想到，为了气节，选择以死殉国，确实是可贵的，但在屈辱中活下来，将未竟的事业做完，是不是更可贵？确实，张岱有一项重要的未竟事业——修明史。这部鸿篇巨制是张岱一生最想完成的作品。

张岱终于想明白了死亡这件事——我张岱并非不能死，但仅凭一腔热血的"无益之死"是不值当的。张岱决定活下来，像太史公一样在屈辱中活下来，他也有一部自己的《史记》需要完成。

既然选择活下去，就只能逃离现有的生活。南明隆武二年六月，张岱携一子一奴一箩筐书籍，逃往绍兴城五十里外的越王峥。在遥远的古代，越王勾践曾栖兵于此，此地有走马冈、洗马池、伏兵路等故址。最初，张岱藏身于此地一座古寺中，寺中方丈是他的至交。他深居简出，白天躲在僧舍里编撰《石匮书》，晚上则悄悄走进方丈室，和方丈聊聊时事聊聊过往。

但在越王峥的时日并不久长，有一回张岱外出时被人识破，自此到寺院里拜会他的客人络绎不绝。为了避免泄露行踪，张岱决定离开越王峥的古寺，迁往嵊县的西白山中。在西白山，张岱遇到了族人，族人帮他将绍兴城内的家小全部转移过来。动荡的逃难生活逼迫着张岱变卖了家中剩余的全部田产，身边仅剩的几个奴仆也都各自逃命去了，西白山中的时光无比艰辛。兵荒马乱的逃难路上，张岱与家人根本无力带走更多东西，各项家当及三万余卷藏书尽数留在绍兴家中，留下的藏书，落入入侵官兵之手，要么被他们撕了生火，要么垫在铠甲中用以挡箭镞……四十余年苦心孤诣的积淀，几乎一日间就被荡尽了。

往后，张岱在文章中提及那段逃难岁月时不无唏嘘，说随身的全部家当仅存"破床碎几，折鼎病琴，与残书数帙，缺砚一方而已"。

在西白山中待了近一年，到顺治四年（1647）夏天，由于物品的匮乏和生存的艰难，张岱本想迁回绍兴城内，但亲戚朋友们见了他们一家，如见了毒蛇猛兽，无人敢接应。张岱一家只好避居于绍兴城二十里外的项里，此地传说为西楚霸王项羽逃难藏身之地。时间和命运运行的轨迹如此奇妙，在项里的避难时光中，张岱时不时会想起那位落败的英雄来，他甚至已在项里鸡头山上看好了自己的墓地。"郊外有一小山，石骨棱砺，上多筼筜，偃伏园内……缘山以北，精舍小房，绌屈蜿蜒，有古木，有层崖，有小涧，有幽篁，节节有致。"这是张岱对自己死后情状的想象，历经如此离乱，目睹诸多亲朋旧友的永诀。在张岱看来，到了那天，到了可以死的时日，死无非也就是一场远游了。

避难三年，陋室不能避风，食物不能果腹，天地寂然，友朋如大海上的孤舟一般难觅踪迹，可某种信念仍然活着，像残存的烛火，在大风之后固执地挺立着。张岱白天学着耕作，夜晚埋首史书进行整理与书写，就这样，在信念的照耀下，离乱的生活才泛起一点生机。

受　活

顺治六年（1649）九月，张岱一家迁回绍兴城内。张家故居早已易主，房屋被不相干的人家分占，亭台倾颓，花木枯败。张家往昔何其辉煌，不说其他地方，就是绍兴一地，名园别业亦遍布各处。张天复的镜波馆，张元忭的不二斋，张汝霖的矶园、表胜庵、天瓦山房，张懋之的筠芝亭，张耀芳的苍霞谷，张联芳的万玉山房，张五泄的天镜园，张岱的梅花书屋……光听名字，我们就能想见一派繁华和绚烂。钟鸣鼎食的岁月在一夜间沉落，这个越中望族，数代人苦心孤诣的经营，一夜间被时代的巨手荡平。

回到绍兴，家产尽没，屋舍尽去，张岱一家人几近无家可归了。

落到这般地步，宏观上来说，自然是朝代覆灭带来的震荡，但从细部上审视，或许是因为南明小朝廷方国安部下的劫掠，或许是因为清朝官员要张家为支持鲁王抗清付出代价，也可能是因为在乱世里遭到了地方恶霸的算计。

繁华已尽，烟花寂灭，前半生的优渥此时烟消云散了。

最后，张岱于辗转中租下绍兴龙山后麓一处残破的园子——快园，那是他年少时在祖父张汝霖的带领下时常游玩的地方，也是他儿时读书、赏灯、看雪的地方。

快园曾经也是一座名园，本是绍兴御史大夫韩五云的别业。乱世里，主人去世后子孙四散，园林荒芜。张岱租借该园子后，做了一番简单修整，一家人便搬了进去。他在园中给自己留了一间简陋的书房，起名"渴旦庐"，渴旦为鸟名，又叫"鹖旦"，民间还称为寒号鸟，这种鸟总在寒夜鸣叫，呼唤黎明到来。张岱以此取名，个中深意不言而喻。

活下去，胜于一切。

一大家子要生存，这是一个大难题。尽管大家族已分崩离析，但张岱自己一家人口也依然不少。六个儿子，十个女儿（除去出嫁的，还剩七个），两个儿媳妇，四个孙子，一个孙女，再加两个妾，林林总总二十三人。顺治十一年，清政府清查户籍，由于没有田产，张岱一家人都成了黑户。

这样大的一家子，只靠张岱一人去获取生活来源，显然是不现实的。为了让人人都发挥作用，张岱劝告儿子们各自分家，这样才能激发每个人的求生欲望，以渡过难关。当然这个想法并不能即刻付诸现实，毕竟孩子们习惯了在老一辈的庇佑下生活。张岱曾在一首诗中遥想古代一位叫梁鸿的诗人，那是个与陶渊明同时期的人。因家庭贫困，梁鸿被迫舂米维生，梁鸿的妻子虽出身富贵之家，却能在清贫年月里和梁鸿守望相助，依然让生活保有朴素的优雅。张岱环顾自己的两个侍妾，在饥寒交迫与艰难世事面前，她们不复任何从容："二妾老如猿，仅可操井臼。呼米又呼柴，日作狮子吼。日出不得哺，未明先起走。如是十一年，言之只自丑。"诗句中，我们见到了面对穷困生活时，张岱心里某种无处诉说的凄凉和无助。

　　张岱只好拿出年轻时痴迷雅玩的劲头，将它转变为强烈的求生欲，以应对生活。为了织布穿衣，他学习养蚕，可随即新问题来了，快园中八九棵桑树，无不枝叶稀疏，蚕的食物很快就断供了。他又试着养鱼，买了千尾鲤鱼苗放进水塘，可塘中蓄水养鱼不到十日，就听说鱼塘水面需要铺一层草，于是他典当了衣服，买回一条小船来，并且请了一个老头儿来打草，这个老头儿驼背又秃头，每天只知道吃饭喝酒，干起活来懒散拖沓得很。养鱼，不但未赚到分文，还赔了许多钱进去。

　　年轻时的张岱恐怕永远不会想到，老来他的生活会彻底翻个儿，完全变成另一副模样。锦衣玉食的富家子弟，现在却要学习插秧、浇园、舂米、担粪。他根本不知道农作物的脾性，不知道农事的门道。他曾经在半夜挑粪灌溉，曾一棵一棵拯救被烈日晒到枯萎的茄子苗和南瓜苗，曾妒忌邻居家桑树枝繁叶茂，足够蚕儿吃到结茧。面对一片稀疏的田地，张岱不得不发出一声长叹："学问与经济，到此何所施！"确实，纵有满腹诗书，纵有用不尽的文韬武略，面对这一片沉默的皇天后土，你能使出什么计谋呢？

　　他固然明白这是时代的变故落在自己身上的伤痕，但也不得不时常自嘲，认为这也是命运之神在讨还公道，年轻时享受了那么多生活的恩赐，挥霍了那么多的财富，现在到了要以苦难来向生活偿还的地步了。用我们现在的话讲——出来混，迟早都是要还的。

　　一个人能在富贵温柔乡不沉湎而努力触及灵魂的风致，自然令人钦佩。而一个曾沉浸于富庶生活的人，能够坦然面对时代的崩溃，面对生命沉入绝对的贫穷与枯寂，能想方设法重建自己和家人的生活，这不是一般人能做到的。张岱之所以有能力应对生活如此这般的"断裂"，无非因为一个词——贵族精神。不沉陷于富贵，不困顿于贫穷，这大概就是他的家族给他的底气。

纸的记忆

明亡之前，这部书写明史的大作已经结构了大体框架，张岱特意以《石匮书》命名它。石匮，石制的柜子，是古代帝王祭祀用的石匣，也是司马迁保全史料之处。以之命名一部历史书籍，是为了记录一个时代，也是为了向司马迁和他的《史记》致敬。张岱让这样一部泱泱巨著按照《史记》的范例，编排出本纪、志、世家、列传等。

《石匮书》的撰写始于明崇祯元年（1628），原本或许只是张岱写作生涯里一部体量较大的书，在经历了明帝国灭亡的切肤之痛后，张岱将这部书的书写看作自己——一个遗臣的生命延续下去的理由。作为一个有着浓厚历史情结的学者，张岱坚信家国有记忆，一个国家政权可以覆灭，只要文化的记忆还留存着，这个国家就不会真正灭亡。

在帝国崩坏的绝望和幻灭中，在师长和友人们纷纷以死殉国的悲壮感召下，张岱最终抵挡住了自绝的念头。一部未完的《石匮书》，昭示着生命的重量，他终究将以一支笔，以不灭的汉字，为业已死去的故国招魂。

明亡之后，初生的朝廷急于显示皇权的威严，以雷霆之势清扫着残余的抗清势力，以丝毫不带一点人性的严酷手段震慑着那些至死不渝的"守旧派"。这样的时期，修撰明史当然"违法"，且是一桩重罪，随时可能招来杀身之祸。张岱在数次逃难中，金银财产遗失殆尽，唯有《石匮书》书稿总贴身带着，以性命护着。

那些逃难的岁月，"布衣蔬食，常至断炊"，为了活下去，张岱经历了艰苦的劳作，但这一切都未能消磨他的理想，体力劳动后的时间，张岱将全部精力倾注到撰写这部大书中去。

从崇祯元年到康熙三年（1664）左右，张岱终于完成了这部鸿篇巨制。《石匮书》前编二百二十卷，二百五十万字，上起洪武肇基，下至天启崩殂。之后，他又完成了五十万字的《石匮书后集》，全书共三百万字。

张岱以史家笔法，在纸上安放了这历时二百七十七年的大明王朝，安放她的天文、地理、律法、礼乐，安放她的帝王、公卿，安放烈士和忠臣，也安放奸佞与小人。那些公义良知，那些帝国的文化与民俗，都在这部大书中存留下来。

这是一阕献给逝去王朝的绵长挽歌。

如果说张岱在《石匮书》中以学者的史笔封存了一个朝代，那么他在《陶庵梦忆》《西湖梦寻》中则以精练的文字呈现了一个时代的风致。若从物质层面看，他的前半生过得何其靡丽奢华，余生又何其拮据和落魄。张岱深知繁华是过眼云烟，时间若白驹过隙，一切皆不可追，但在晚年枯寂的光阴里，他还是忍不住一遍一遍做起从前的梦来。他将这些短暂的记忆碎片一一留在纸上，以至于三百多年后，我们得以在张岱的小品文中，嗅到他昔日生活的华美气息。

纸这般脆弱，它畏火，怕水，甚至经不住轻轻撕扯；纸又如此坚韧，如张岱预料，纸上的文字，帮助他存放了一个完整的大明。

后来，张岱带着两个小儿子和老伴搬离了县城，重新回到避难过的项里村，他预感到，那个幽静的山村才是他人生的最后归宿。

大明帝国灭亡后，张岱很少走到热闹中去，尽管他是那样喜欢热闹的人。他在沉寂里活了许久许久，有人说他死于八十四岁，有人说是八十八岁，也有更多史料表明，他死于九十三岁。不过这一切都不是很重要，张岱在六十八岁那年就已经将自己的墓志铭写好了，六十八岁往后的每一天，他认为自己都是赚来的。关于死这件事，他应该早就想明白了。

有时大碗喝酒。大块的肉。而后开堂讲佛经。有

时。在读论那样素净的佛法时。先生禁不住折

出于全掌的饱嗝。这多少够接了水浒传中鲁

智深自五台山寺下来。在小酒馆中放肆的风范。

吾录自长风不羁 静斋周与

长风不羁

金圣叹

天才的忧郁

七岁那年，金圣叹就体会到了人生无常。

一个傍晚，七岁的金圣叹立于庭院古井边，两眼凝视着井水，井水深静，小不劲声色凝视他。这是一个清瘦的男孩，月光明亮，眼中藏着些许别于同龄人的忧郁。他手中捏着一片碎瓦，想将其掷入井中，这是男孩们惯常玩的游戏，随着井水"扑通"一声响，孩子们往往发出响亮的欢呼。

那个傍晚，手捏碎瓦的男孩迟疑了，他突然意识到一个感伤的事实——若将这碎瓦投入井中，它便永远沉没于井底，再无法回到自由明亮的世界了。这个念头令他心生迟疑，停止了手中动作。男孩将瓦片放在手心里反复摩挲着，心慢慢变得软弱，一种不可名状的怜惜自身体里生发出来，渗透到指尖。但很快，他又不禁觉得好笑，仅仅是一片碎瓦呀，何至于如此挂心？他将手一扬，瓦片嗖的一声落进井中。男孩的心随之震动了一下，一种虚空感袭来，他茫然若失，哇的一声，他大哭着跑回屋去。

世间的天才常伴随着早慧，但早慧者恰恰容易心生悲观，毕竟他们总先于普通人看到满月易亏、琼筵易散。

由于自小体弱，父母并未在学业上给金圣叹过大压力，他在一个富足的家庭中度过了自在的童年，和双胞胎弟弟一道拈书弄笔、寻虫扑蝶，以一种野生的姿态轰轰烈烈生长起来。

但生命那般无常，这种童年时代的平和很快被突发的风暴打破了。种种字里行间的迹象都表明，金圣叹八岁那年，他的家庭遭遇了一场强盗的洗劫，那场劫难，导致他父母双亡，兄弟离散。金圣叹在老仆人的护送下避难苏州吴县亲戚家，逃难路上遇大水，祖母被水冲走。

是不是这样的命运遭际改变了少年的内心，加重了他的忧思与悲伤？

八岁时，金圣叹读到杜甫《送远》中的诗句："亲朋尽一哭，鞍马去孤城。"他反观自身遭际，为此胸闷了整整十日。

十岁后，金圣叹始入私塾。乡间私塾筑室山水间，草木葳蕤，一派清气。金圣叹坐在临窗位置，每当傍晚，日头渐渐落向远山，四野里暮色浮动，给大地笼上一层苍茫，坐在窗边诵读古书的男孩，会蓦然放下手中的书，将头转向木格窗外，目光追逐着余晖，眼睛里已有了水雾，这是散落在十岁黄昏里的忧愁。小小的男孩一次又一次深陷于落日亘古的苍茫中，十岁黄昏开启的愁绪，浸透到金圣叹一生的血液里，成为命运未曾明说的注解。

年少的金圣叹有一天读《西厢记》，读到了第一本第三折中张生的一句叹词："今夜凄凉有四星，他不瞅人待怎生！"书中张生因为崔莺莺没理会自己，寝食难安，度日如年。故事里的人苦于爱之不得，伤心不已，没有想到在书外，一个小小孩童却因为张生这句感叹，心碎欲绝起来。过分的感伤让他不得不合上了书。接下来几天，男孩失魂落魄，茶饭不思，足足在床上躺了三四日才缓过神来。

金圣叹的老师徐叔良听闻后，不但没有指责少年读"无用"的杂书，反而大为震惊，赞叹其为"世间读书种子"。

十二岁，他读到《水浒传》第四十九回孙新向兄长孙立求助一节：

　　当吃了半夜酒。歇到天明，留下两个好汉在家里，却使一个火家，带领了一两个人，推一辆车子："快走城中营里请我哥哥孙提辖并嫂嫂乐大娘子，说道：'家中大嫂害病沉重，便烦来家看觑。'"顾大嫂又分付火家道："只说我病重临危，有几句紧要的话，须是便来，只有一番相见嘱付。"火家推车儿去了。孙新专在门前伺候，等接哥哥。

因为顾大嫂这句嘱咐伙计的话，少年金圣叹再次念及家中亲人的离散，禁不住落下泪来。

小小年纪，他已有了陈子昂当年登幽州台时那份旷古的寂寞。他总觉得放眼看去皆是凡俗之人，天下唯独自己怀抱大才，也唯独自己沉郁委屈着。少年一次次在心里勾画着人生蓝图，他期待一飞冲天、立登要路的那一刻。

不过世人多矛盾，敏感早慧的少年自视极高，志向远大，读书却相当"偏科"，对那些能助其通往功名之路的书籍，对《大学》《中庸》《论语》《孟子》，少年金圣叹坦言令他成天头昏脑胀，实在难以忍受。看到这些板着面孔的书被大人们彻夜吟诵，一副享受的样子，他十分不解，他们的乐此不疲是发自内心的吗，还是装装样子而已？

金圣叹自小体弱，十一岁那年小病不断，家人向私塾告了假，让他回家静养一段时日。就在那段长长的假期里，少年得到了一摞书，先是一本《妙法莲华经》，随后又读到屈原的《离骚》，再是《史记》，这些书的出现，给少年的心田注入了甘霖，仿佛戈壁滩上行进的人遇到一泓清泉。他第一次领会到，世间书籍并非千篇一律的味同嚼蜡，先前他只是囿于小小的天井里罢了。

随后，《水浒传》也来到了少年的案头，少年完全被这部书迷住了，没日没夜地捧着，恨不得将每个字嚼烂了吃进肚里去。

许多读书人不屑一顾的"闲书"，却在这个早慧的灵魂里埋下了一颗种子。往后岁月，即便时代朽坏，价值崩塌，这颗种子都未曾坏死，它以一股强大的力量在金圣叹心里生长着，并嵌入了他一生的事业与追求中。

荒唐的举业

尽管对面孔古板的四书五经十分厌倦，尽管对又臭又长的八股文章十分嫌恶，金圣叹还是一头扎了进去。到了明代，科举这件事注定是每个读书人的宿命，谁都逃不开去。

比之其他那些要在科举路上摸爬滚打多年，要被反复"虐待"后才领悟到科举之痛的人，金圣叹在双足未踏入这扇门时，就"看透"了科举。他自然明白科举是自己一生的必经之路，却又禁不住嘲笑这僵化的考试制度。他一次一次置身其中，又一次一次想抽身而去。

与许多天才少年境遇相似，金圣叹的举业开篇是华丽的，十五岁便过了县试，这是获得乡试的第一张通行证。按照明朝科举考试的惯例，再通过府试和院试，就能赢得乡试资格。

金圣叹陷入了怪圈，他在这一层级的考试上回环往复，像一片旋涡里打转的落叶，无法前进一步。有人说，他其实并不想考中，他只向往自由。这种说法经不起推敲，他若真向往自由，何必在遭遇数次黜革后，还要再次应试？但他若一心向往功名，又何必一次一次在考场上闹出这许多"幺蛾子"？我们甚至怀疑，游戏考场的举动是金圣叹在借此表达某种"不与禄蠹同流"的态度。

有一回府试，金圣叹与一群同考的举子遭遇了一场平白无故的不公，考生们发觉考题出了错，考卷上"霈"字错成了"沛"字，两个字意思相去甚远，有考生当场质疑试卷错误，固执的监考官敷衍了事："有'雨'也是'霈'，无'雨'也是'沛'，自行斟酌即可。"

考试结束，考生答卷上"霈"与"沛"相互错落着，阅卷者却严格遵循"标准答案"，判定"霈"字正确，写"沛"的卷子皆失了分。这件事引发了考生集体抗议，也成为金圣叹心里的一个疙瘩。一次一次应试中，他见识了各样荒诞，从而敏锐地意识到"科举"是一个伪命题，于是便决意以更荒诞的方式对付它。

自隋朝大业元年（605）初创到明朝的金圣叹时代，科举行进了一千余年。一千余年中，它有过变革，有过更新，但"取士"的本意从未变过。这漫长进程里，不是没人在考场上生过事，作奸犯科，敷衍游戏的行为也都发生过。不过，金圣叹这般以儿戏的方式对待"神圣不可冒犯"的科举考试，确乎前无古人后无来者。

那是一场岁试。考策论时，试题为"如此则动心否乎"，并在篇末给了一段引导性文字："空山穷谷之中，黄金万两；露白葭苍而外，有美一人。试问夫子动心否乎？"

金圣叹展卷凝神片刻，随即提起笔来，在答卷纸上写下一串

"动动动动……"共三十九个"动"字，像现在的一年级小学生抄写生字一般齐齐整整地排列着。据说阅卷官对此十分不解，待到金圣叹自己做出解释，才恍然明白这"恶作剧"的缘由。金圣叹提到一个典故，孟子曰："我四十不动心。"三十九个"动"字是为了说明夫子未到不惑之年是"极动心"的。

次年，再应岁试，考经义，试题为"孟子将朝王"，浏览试题后，金圣叹在考卷四角各写下一个大大的"吁"字，随后，等离场时间一到，便起身交卷。阅卷官自然又被这样的答卷蒙了一头雾水。于此，金圣叹大为得意，并给阅卷官"上了一课"——《孟子》一书中，"孟子"出现的频率太高了，因此"孟子"不必写了，而"朝王"，则见齐宣王、梁惠王、梁襄王之类都相差无几，窃以为也没有写的必要，这道题就剩下一个"将"字似乎可以做点文章，各位设想一下，王将视朝，必然会有四个内侍先上场，口中高呼着"吁"声，为王之出场造势，突出"将"之威武。

如此一来，金圣叹被列入了科举"黑名单"。到后来，他不得不改个名字，改成"金人瑞"去赴岁试。这也印证了人生的矛盾，科举既令人厌恶，又让人欲罢不能；既令人想嘲笑和唾弃，又令人忍不住一次一次推倒重来。一边嘲笑科举的金圣叹，一边着手编写一本八股文精选集，为可能到来的乡试做着准备，尽管最终，他并未参加过任何一场更高级别的考试。

按常理，"己所不欲，勿施于人"，青年时代在科场上各种叛逆的金圣叹，为人父后，对科举的态度却来了个一百八十度大反转，他几乎要将自己当年的不良行迹全部列出来给子侄们做反面教材了，他不但编撰八股文教材，还写下了一些类似《诫子书》的文字劝告子侄要埋头经书，攻克举业。

功名心不死

金圣叹深谙佛学，崇尚道教，骨子里却是一个地道的儒家弟子。他渴望生命的自在与舒放，又祈盼身居庙堂，名动天下；他蔑视科举，又从未停止过幻想通过破格入仕的途径，进入帝国高层。

他就是一个矛盾体。

他确乎是一个向往灵魂不羁的自由主义者，这一点从取字"圣叹"便可见出。"圣叹"字面意思是"圣人喟叹"，金圣叹自己则有更详细的解释："《论语》有两'喟然叹曰'，在颜渊为叹圣，在与点则为圣叹。予其为点之流亚欤！"孔子门下七十二贤人，金圣叹偏偏挑选了一个对政治不感兴趣，追寻无拘无束生命境界的曾点来自比。这番话自然是金圣叹自负的表现，也恰恰表露了他的一种率真的性情。

经过科举考试的反复挫折之后，金圣叹确乎想过要在苏州的小城吴县度过不羁的余生。他那么想，也那么做了。他几乎很少出这个县城，除了去苏州，似乎没到过更远的地方了。但这并不表明他的人生就是狭隘的，他在南方的小县城里找到了自洽的活法。有一天，金圣叹与好友王斫山滞留于旅舍，听着夜雨，金圣叹在纸上罗列了人生三十三件快事——

春夜与诸豪士快饮至半醉，住本难住，进则难进，旁一解意童子，忽送火纸炮可十余枚，便自起身出席，取火放之。硫磺之香，自鼻入脑，通身怡然，不亦快哉！

夏日于朱红盘中，自拔快刀切绿沉西瓜，不亦快哉！

冬夜饮酒，转复寒甚，推窗试看，雪大如手，已积三四寸矣，不亦快哉！

寒士来借银，谓不可启齿，于是唯唯，亦说他事。我窥见其苦意，拉向无人处，问所需多少，急趋入内，如数给与。然后问其必当速归料理是事耶？为尚得少留共饮酒耶？不亦快哉！

朝眠初觉，似闻家人叹息之声，言某人夜来已死。急呼而讯之，正是一城中第一绝有心计人，不亦快哉！

看人作擘窠大书，不亦快哉！

推纸窗，放蜂出去，不亦快哉！

作县官，每日打鼓退堂时，不亦快哉！

看人风筝断，不亦快哉！

看野烧，不亦快哉！

还债毕，不亦快哉！

读《虬髯客传》，不亦快哉！

…………

三十三个"不亦快哉"的感叹，让我们见到一个生机勃发的金圣叹。鲜活的人性，总会令人会心一笑。

在好友徐增眼中，金圣叹是个有趣的人，他嬉笑怒骂，豪迈不羁，和谁都能打成一片。徐增说："盖圣叹无我，与人相对，则辄如其人。如遇酒人，则曼卿轰饮；遇诗人，则摩诘沉吟；遇剑客，则猿公舞跃；遇棋师，则鸠摩布算；遇道士，则鹤气横天；遇释子，则莲花迎座；遇辩士，则珠玉随风；遇静者，则木讷终日；遇老人，则为之婆娑；遇孩赤，则啼笑宛然也。"

听闻某某先生讲学，金圣叹心下不屑，索性在朋友韩住的书斋贯华堂内自开讲堂授课，他自编讲稿，名为"圣自觉三昧"，且秘不示人。课堂上，经史子集，佛道儒学，稗官野史，天文地理他无不信手拈来。金先生声震瓦屋，顾盼自雄，思接千载，神游八荒，座下听众无不为之倾倒。

有时大碗喝酒，大啖狗肉，而后开堂讲佛经；有时，在谈论那样素净的佛法时，先生禁不住打出一个全荤的饱嗝。这多少续接了《水浒传》中鲁智深自五台山杀下来，在小酒馆中放肆的风范。

想必真正的佛是愿意原谅这种不敬的，毕竟真正深得佛法的人并不那么计较外在形式。

愁闷来了，又如何排遣呢？金圣叹曾坦言："惟有放言自负，白眼看人，庶可聊慰。"设坛讲经，大概也是金圣叹于平淡人生中觅得的一番自我消遣的途径吧。

王朝的溃败就像山洪引发的塌方，泥沙俱下，任何一种自洽的心境都会受到剧烈震荡。大明帝国灭亡，撞击着晚明一代知识分子的心。明亡初期，三十七岁的金圣叹"绝意仕进"，似乎真正了断了入仕为官的梦。入清后，他躲进自家屋檐下，埋首于"文学批评"事业。在致好友王学伊的信中，他也表达了这一阶段的人生志向——假如上天愿意赐给我二十年，让我无病无痛，愉快地进一日三餐，再将面前数十本残书——批注明白，就是大幸运了。

这一时期，金圣叹也将更多心思倾注到佛学中，他前往寺院与和尚论禅，躲进庭院侍弄芭蕉、修剪果树，或跑到郊外山岗上，醉心一场落日，在谛视"一鸟、一鱼、一花、一草，乃至鸟之一毛、鱼之一鳞、花之一瓣、草之一叶"时觉到生之乐趣。

或沉湎于易经与占卜，或到茶馆饮茶、逗鸟，或与地方秀才抬杠，他将自己隐藏起来了。无尽乱世里，藏身一个小县城，收起锋芒与抱负，有种大隐隐于市的意味。

不过，生活方式有时是表象的，本质的渴念并不能轻易更改。度过最初一段改朝易代的"低潮期"后，建功立业的梦想如经春的野草般在金圣叹心里复活了。他再一次期盼在新朝有所建树，总为自己这般高才屈居于一个小县城深感不平。金圣叹追慕的古人里，他最羡慕诸葛亮与司马相如的晋升方式，这两个人都因奇才被破格重用，由此也成了金圣叹心中〝人生裂变〞的典范。

顺治十七年（1660）正月，族兄金昌向金圣叹转告了一个振奋人心的消息。其时，金圣叹正经历着一段贫病交加的岁月，赋税沉重，生活拮据，他深陷在"笔底明珠无处卖"的沮丧里。

金昌的消息，仿佛寒夜里的火光。

金昌告诉金圣叹，邵兰雪在京城时，听说顺治皇帝亲口赞叹金圣叹的文采，皇帝说："此是古文高手，莫以时文眼看他。"

听到这个消息，金圣叹久久说不出话。随后，金昌听到扑通一声，金圣叹已跪在地上，朝着北方皇帝所在的方向叩首。金昌连忙去扶他起来，发现金圣叹已泪流满面了。

皇帝的这句赞语，令金圣叹精神振奋了很长一段时间。他像一条卧龙，于这苏州小县城蛰伏了数十年。那年早春，金圣叹内心始终无法平静，激动中提笔写下《春感八首》，字里行间无不透露出扬眉吐气的快意。他禁不住想，自己总算"名达圣人"了，翻身的日子还会远吗？

不过，奇迹最终没有发生。五十三岁的金圣叹几乎每日都在翘首企盼，听到巷子里马蹄声，他都怀疑是朝廷来人。可日子一天天过去，始终没有帝都的消息，更别说什么皇帝圣谕了。一晃又一年，金圣叹五十四岁那年正月，顺治皇帝猝然去世。

至此，金圣叹痛失了人生里最有望更改自己命运的一位"知音"，他禁不住黯然神伤。

哭　庙

本以为藏身小县城，关起身体里狂野的豹子，收敛不合时宜的锋芒，就足以在平淡里过完余生。一生热衷《周易》，时常与人算卦的金圣叹，并没有算中自己的命运。

所谓伏线千里，风暴的第一个旋涡或许早就生成了。

顺治十六年（1659），以强硬著称的朱国治出任江宁巡抚。其时，江苏的苏州、松江、常州、镇江等多地遭遇罕见旱灾，庄稼歉收，饿殍遍野。"苏湖熟，天下足"，这些地方可是中央的粮仓。江南地区赋税占天下之半，苏、松、常、镇四府又占江南赋税的一半，可谓重中之重。

朱国治上任后，无所不用其极，催逼钱粮，鱼肉百姓。他又极度贪财，每到一处往往刮地三尺，人送外号"朱白地"。

大清政权入关，对江南一地镇压尤为残酷，所过处杀人屠城，苏州、扬州、江阴、昆山都遭遇过屠城惨剧。城已攻克，人心却未必归降。清初期，苏州一带的地主士绅对朝廷采取了非冲突不合作态度，他们不敢明里造反，却在暗里"积极"拖欠税收、钱粮。这种方式或许可以应对一般土生土长的地方官员，毕竟官员和乡绅间有着千丝万缕的关系。但到朱国治这里行不通了，朱国治是一般地方官吗？显然不是，他是狠毒的、刁钻的、强势的老狐狸。朱国治心如铁，腕如钢，对大清王朝忠心耿耿，对治下百姓从不手软。

朱国治强化了"催缴钱粮"的任务，将拖欠未缴者统一登记造册，并上奏朝廷，建议将苏州、松江、常州、镇江四府未完成钱粮缴纳的文武士绅共一万三千五百一十七人按律议处。朝廷批复朱国治的奏折："绅衿抗粮殊为可恶，该部照例严加议处。"不论背景大小、欠缴数额多少，对于奏疏中提及的地方官绅一律从严处置，获得功名的秀才、举人、进士一律革去功名，现任官员降两级调用。其间，顺治十六年新晋探花、昆山人叶方蔼，家中所欠赋税折合成银两仅一厘，也同样面临处分。叶方蔼深感冤枉，他上书朝廷说，一厘之银，只不过现在制钱一文，怎么会有四十余两之银系已完纳，独欠一厘，还要受到降职处分，请求细加查核。但事情正处于白热化状态，朝廷不容分说驳回了叶探花的奏疏，将他降职为上林苑蕃育署丞，这是一个管理饲养禽畜事务的小官。

此为震动全国的江南奏销案。

这一案件，是江南旧地主士绅与大清帝国的一场博弈。清政府刚刚以征服者的姿态进入山海关，跨过黄河长江，还没有真正担当起统治者的角色。真正的统治者是要考量民心归顺的，也是要考虑统治和剥削的合理性的。其时，清政府还是惯于以刀枪火炮制服异己者。

如果说奏销案是对江南的地主和乡绅阶级动了刀，几乎同时发生的另一桩大悲剧，却将矛头直接指向了江南读书人，而令天下书生人人自危。

顺治十七年，朱国治的下属，苏州吴县知县任维初走马上任，这名下属很好地继承了巡抚大人的严酷作风，新官上任三把火，任知县上任俩月，就已令民众瑟瑟发抖。任维初丝毫不关心民瘼与实事，他横征暴敛，全部"政绩"都系于催缴钱粮。《哭庙纪略》里有关于任知县"执政"的记录，"至署升堂，开大竹片数十，浸以溺，示曰：功令森严，钱粮最急，考成殿最，皆系于此"，"国课不完者，日日候比"。

任知县的"国课"就是钱粮，"比"指刑讯，审案用刑叫"比"。至于打人的竹板，"浸以溺"是什么意思？大概是浸了尿液或其他什么吧。任知县在催缴钱粮上想象力丰富，手段极具震慑力。任知县如此严酷歹毒，打死若干平头百姓，自己却从常平仓中盗卖粮食三千余石，并强令全县民众填补空缺。

此类行径引发了民怨，用当时吴县人的话讲："三尺童子皆怀不平。"

苏州城内一批秀才心下积了怨恨，一直伺机向上传递民意，并试图罢免知县，缓解民生的艰难。

机会终于来了。那年正月，顺治皇帝驾崩，哀诏到达各地。苏州府设灵堂，秀才们早早得知江苏官员将前往哭灵三日。闻讯后，秀才们想到这是一个好时机，便谋划往文庙"抗粮哭庙"，以引起朝廷高官重视。秀才倪用宾、薛尔张等召集一百多名同学到文庙孔子牌位前痛哭，并鸣钟击鼓。哭庙后，秀才们离开文庙，向苏州府衙进发，他们写下揭帖，将揭帖送往官员聚集的苏州府临时灵堂。

揭帖的矛头直指吴县知县任维初："顺治十八年二月初四，江南生员为吴充任维初，胆人包天，欺世灭祖，公然破千百年来之规矩，置圣朝仁政于不顾，潜赴常平乏，伙同部曹吴之行，鼠窝狗盗，偷卖公粮。罪行发指，民情沸腾。读书之人，食国家之廪气，当以四维八德为仪范。不料竟出衣冠禽兽，如任维初之辈，生员愧色，宗师无光，遂往文庙以哭之……"

队伍离开文庙，一路向前，沿途大量群众加入了进来，有近千人。

秀才们当然过于书生意气，他们不了解官场运行逻辑，更是高估了官员的人性，他们不了解新的统治秩序下，每一个官员身上嗜血的本性都被激发出来了。

正在祭奠顺治皇帝的官员们受到了惊扰，朱国治震怒，不仅因为苏州士子们胆大妄为，挑衅了他的绝对权力，还因为任维初是自己人，那几年任维初的升迁与政绩，哪一桩离得了他朱大人呢？再说了，任维初的逼粮要钱，盗卖公粮也脱不开他的干系。

巡抚大人说一不二，即刻动用铁腕手段，下令官兵镇压。场面失控，请愿的秀才、随行的民众像决堤的洪水四散开去。官兵当场逮捕了带队的倪用宾、沈玥、顾伟业、张韩、来献琪、丁观生、朱时若、朱章培、周江、徐玠、叶琪等十一名秀才。

当天的混乱中，金圣叹随着人流脱了身。不过这是一个注定难以逃脱的劫难，在对被捕的秀才们的严刑逼供中，朱国治很快得知是金圣叹起草了《哭庙文》。

四月二十六日，金圣叹、丁子伟等被捕，起解江宁刑讯。

其间，朱国治上疏皇帝，痛陈事态的严峻性。巡抚大人的奏章描绘了他眼中所见心中所想的"事实"，也可以看作是一种"定论"。奏章措辞严厉，全然避开当地士子发动哭庙的真实原因，将这场原本抱有改善地方政治生态的善意请愿描述为恶意的反叛和动乱。

奏章中，巡抚大人主要传达了以下几个意思：

一、"看得兵饷之难完，皆由苏属之抗纳。"

二、秀才"厕身学宫，行同败类。当哀诏初临之日，正臣子哀痛几绝之时，乃千百成群，肆行无忌，震惊先帝之灵，罪大恶极"。

三、"县令虽微，乃系命官，敢于声言扛打，目中尚知有朝廷乎？"

四、"串凶党数千人，群集府学，鸣钟击鼓，其意欲何为哉？"

光"震惊先帝之灵"一条就足以治大罪了，巡抚大人的奏章直接将十八名抓获的秀才送上了绝路。

谁也没有想到这件事会演变出如此严重的恶果。哭庙一事，是苏州一带的传统习俗。到了明代，苏州经济发达，风气开放。读书人热心国家事务，遇到地方政府和官员行了不法不义的事，当地士子们就集合在文庙，用一篇"卷堂文"来向儒生的祖师爷孔子哭诉，号召更多的民众向上级官府申告，彰显正义，打击不法。

因为长久以来的传统，秀才们丝毫没有意识到这是一场屠杀的开启，也丝毫没有意识到这件事的凶险。他们忘记了，这片土地已改朝换代。

此刻，嗜血的统治者要再一次杀鸡儆猴了。

奉密旨，十八名秀才被判处死刑。作为《哭庙文》的起草者，金圣叹被列为首犯，冠以"摇动人心倡乱，殊于国法"之罪。杀头自然难免，同时罚没全部家产，家属发配宁古塔。

杀身之祸

一生都在为人占卜的金圣叹丝毫未曾预见，自己的生命将在五十四岁戛然而止。

被捕后，公堂上刑，金圣叹高呼"先帝"，潜意识里应该是希求刑讯官看在先帝分上网开一面。不料，刑讯官大声斥责："当今皇上刚刚登基，你口口声声呼喊先帝，是要诅咒皇上吗？"

于是加责，掌嘴二十。

此时，这一请愿事件已被定性为伺机反清，已没有人敢出面斡旋，先帝"威名"，也不会有丝毫作用了。

金圣叹在狱中写了一封家书给妻子："杀头，至痛也；籍没，至惨也。而圣叹以无意得之，不亦异乎？若朝廷有赦令，或可相见；不然，死矣。"

寥寥数语里，我们读到了一个不羁的人面对死亡的惊恐，也读到了他生命里"白日依山尽"的大悲凉。

其间，儿子金雍去狱中探望父亲，带去初夏新产的莲子和梨。金圣叹备觉心酸无法下咽，口占一副对联："莲子心中苦，梨儿腹内酸。""莲子""梨儿"即为"怜子""离儿"，生离死别的痛，随处可拾，即便顺手带来的食物也牵动着他的心。

其间，在绝望的牢狱中，金圣叹又想起一副残对。那是数年前，他到金山寺，下榻禅院客房，当晚，他拜访长老寺宇和尚，聊至深夜。临走，老禅师留下一联"半夜三更半"，让大才子对下联。那晚，一向以捷才自负的金圣叹绞尽脑汁还是未能对出。一副下联困扰金圣叹几年，直到临近刑期，距离团聚的中秋佳节不远了，他突然想起老和尚出的上联，并对出了下联："中秋八月中。"他向狱卒要了一支笔，把整副对联写在墙上。由半夜到中秋，由生而死，此间大有不可言喻的意味。

金圣叹的死，坊间各有传闻。传说里，他的临死不惧，被描绘成了形同儿戏的洒脱。

先说临刑前几日，金圣叹自狱中寄出绝笔书，上面只写着两句话："字付大儿看，腌菜与黄豆同吃，大有胡桃滋味。此法一传，我无遗憾矣。"由于死囚的信件要经过严格审核才能寄发，狱卒阅后不知金圣叹到底何意，只好送呈长官，长官果然见多识广，笑着说："金圣叹死到临头还要侮辱人。他知道信件必被拆看，以此称看信者为儿子也。"至于绝笔信中传授的腌菜与黄豆同吃到底何种滋味，还得各人自行体会。

又说临刑那日，金圣叹深知砍头"至痛"，可如果目睹前面一排排人脑袋被砍下，再轮到自己，此种滋味就不光是痛了，那是寒心彻骨的恐怖。遂悄悄告诉刀斧手，若先砍去自己脑袋，自己手心里的一张银票就归他。刀斧手照做了，但等掰开死囚金圣叹的五指，却发觉空空如也。而滚到刀斧手脚边的脑袋，双耳中各掉出一个纸团，上书"好""痛"两字。

世人更愿意相信，即便死亡也吓不住风流倜傥的金圣叹。

在真实的历史中，那一场死刑比我们能够想象到的残酷十倍。

大清顺治十八年（1661）七月十三日早晨，江宁三山街，如血的朝阳已喷薄而出，又是一个酷热的日子。

中央政府秘示：秋后用刑。巡抚朱国治心急火燎，掐指算着日子。七月十三日，适逢立秋，为顺治十八年秋季第一天。显然朱大人已顾不得这么多了。天光一亮，便有狱卒送来断头饭，一般的断头饭确实都在上午，但清晨吃断头饭可能还是少见的。随后提人，犯人们被反绑双手，背插亡命牌，口塞栗木。辰时（早晨七点到九点），犯人已悉数送至法场。巳时（上午九点到十一点），行刑。

史书记载，当天共十个案子一百二十一人获刑。凌迟二十八人，斩首八十九人，绞刑四人。分五处执行，"哭庙案"和"无为教案"刑场设于江宁三山街。

轰隆一声炮响，一百二十一人瞬间毙命。

严格地说，人头落地，鲜血飞溅的时刻，距离那年立秋到来还有几个小时，按照我们古老的历法演算，那年立秋在末时，要到下午一点之后了。而按照老祖宗的习俗，秋天未到是切不可开杀戒的。

七月十三日，立秋之夜。金圣叹的挚友周令树于噩梦中醒来，见一人"披发跣足，耸身案上，蒙面而泣曰：'我圣叹也！'"随后即刻命人去苏州探问，才证实这一噩耗。

第二天，还有更惨痛的事接踵而至。巡抚大人命令当地官府起解流放八名秀才的家属，除了襁褓中的婴儿，其他子女一个都未放过。

宁古塔位于现今黑龙江一带，距离江宁数千公里。《研堂见闻杂记》中记载："宁古塔在辽东极北，去京师七八千里，其地重冰积雪，非复世界，中国人亦无至其地者。"顺治十四年（1657）卷入丁酉江南科场案的吴兆骞被流放宁古塔，他在给母亲的信中写道："宁古寒苦天下所无，自春初到四月中旬，大风如雷鸣电激，咫尺皆迷，五月至七月阴雨接连，八月中旬即下大雪，九月初河水尽冻。雪才到地即成坚冰，一望千里皆茫茫白雪。"

在清代，这是一趟死亡之旅。金圣叹将自己送上了断头台，而他的家人则悉数被流放到了遥远的边塞。好在他的家人在边境承受着严寒与荒凉，顽强地活了下来。

他相信学问的到来。一大半基于对世界的深入勘探。学问既长在故纸堆里。更长在辽阔大地上去完成佐古治国的著作。这是历尽颠沛与劫夭后。顾炎武心中启留的最坚实的信念。

节录自颠沛的良心周以

颠沛的良心

顾炎武

头发问题

现代人绝不能想象头发问题会演变为这么大的问题。大到关乎脖子上的脑袋，大到需要在"留头"与"留发"间做出生死抉择。

明亡后，大清刚统治中国那会儿，"留发，还是留头？"绝不是一句耸人听闻的话，那是事关身家性命的事。刚入关那会儿，满人的军队还算纪律严明，与百姓无犯，攻城略地也还顺利，铁骑过处鲜有猛烈反抗。剃发令一颁布，拼死的抵抗一夜间多了起来。光江阴一地，听闻剃发令后，百姓大恸，全城男女老幼都加入了抗清守城的队伍，清军遭遇了进入江南后最严酷的抵抗，折损三名王爷、十八员大将，战死七万五千余士兵。八十一天后，失陷的江阴城遭到残酷屠戮，十七万人死于非命，仅五十三人躲在寺观塔上保全性命。剃发令带来的伤害远远不止死十七万人，在全国范围，少说也有百万人因为头发的事丧命。

即便遭遇如此剧烈的抵抗，帝国中央依然丝毫没有废止这个律令的打算。统治者们太了解这件事了，真正的征服绝不是将旗帜耀武扬威地插到城墙上这般简单，而是要让占领区的百姓从内心里升起臣服。可惜人心不可见，那么至少得给我在姿态上表现出臣服来。剃发及易服，就是统治者期望见到的汉族子民归顺的姿态，这是一场大型的服从测试。

如果我们回看大清国早期史料，史官们在记录胜利消息时，除了写下攻克的城市，俘虏的将领，缴获的器械，一定会顺带记下一个新战果——"剃发"。

天命六年（1621），后金攻下辽阳，"生擒御史张铨，其余官民皆剃发降"。

不久，辽东各地悉数沦陷，"官民皆剃发降"。

天聪三年（1629），后金攻至汉儿庄城外，汉儿庄城中副将李丰率民众"剃发出降"。

天聪三年，副将臧调元被擒，剃发降清。

天聪四年（1630），沙河驿被清军攻占，城中人皆被下令剃发。

…………

如此看来，大清帝国的统治者对"剃发"是秉着一股"执念"的，这是一场精神的侵略，是对文化与习俗的阉割，处于绝对主导地位的入侵者不会轻易放弃。

清朝文献中，归降被称为"剃发归降"，投降的百姓被称为"剃发降我之民"。若攻下城池而官民未剃发，就不算真降服。

即便像顾炎武这般学富五车、开明通达的人，"要不要剃发"这件事还是困扰了他五年时间。清顺治二年（1645），八岁的爱新觉罗·福临登基的第三个年头，六月十五日，幕后主政的睿亲王多尔衮再次颁布剃发令，规定全国官民，京城内外限十日，直隶及各省地方以布文到日亦限十日，全部剃发。

剃发令到达江南，无数男子陷入了无法自拔的困境里。知识分子们尤其惶惶不可终日，这意味着一种名节的失守，意味着对身体和精神尊严的双重剥夺。

起先，顾炎武内心经历了一场地震。清廷要求所有汉人剃成满人的"金钱鼠尾"发式——脑袋周围头发悉数剃光，只留下头顶中心一撮，这一撮头发只能铜钱大小，并结辫下垂，到末端也就酷似老鼠尾巴了。

留头抑或留发，怎么是一种选择呢？一个人被剃去头发，遭遇这般奇耻大辱，与其留下脑袋苟活，不如一死了之。这是许多江南士子的想法。顾炎武太明白头发的意义了，不说"身体发肤受之父母"之类的话，他读过那样多的书，自古以来，头发都神圣不可冒犯。秦汉时代有一种严酷的刑罚叫髡刑，说严酷，其实就是剃光罪犯的头发，这种刑罚伤害性不大，侮辱性极强。而史书上记载的酷刑"刺刖髡劓"，和剃发列在一起的其他几种是什么呢？"刖"是剁脚，"劓"是割鼻子，"刺"，是不是刺字？总之，光字面看着就疼。

到了顺治七年（1650），三十八岁的顾炎武终于想明白头发问题了，他找到了剃头匠，要求将自己的发型剃成满人男子的模样。

顾炎武无法躲到深山里做一个隐士，这不是他的生存态度。他是一个实践者，是身体力行的学问家，要在广阔天地间行走的。顾炎武也从未想过要以"头发问题"殉国，他的身体里流淌着抗争的血液，即使不能恢复旧日山河，他也不甘心就这样自绝人世，在死亡里沉陷到底，这样无谓的牺牲有价值吗？他绝不放弃改变这个世界的信念。

既然不能避开这个世界，束起的长头发就带来了巨大的隐患与风险。由于它的一目了然，每一次行进到城市里，都令人惴惴不安，未剃发的男人们总感觉到被盯梢的恐惧。设若，哪一天经过一个清兵把守的城门，见到男人脑袋上一头茂盛长发，是有可能瞬息招来杀身之祸的。历史的边角里有更骇人的记载，称当时由清兵充当的剃发匠背着担子在街头巡视，见到蓄汉族发髻的人就上去抓住强行剃发，稍有抵抗，斩立决，随后将脑袋悬挂于竿上示众，以至于后来理发匠的剃发挑子后面都竖着一根竿子。

头发已成为一种阻碍，甚至危及日常生活。顾炎武做出了选择，他知道越是至暗时刻，越要支撑下去。在无谓的牺牲与不屈的抗争之间，他选择后者，他不是浪漫的诗人，他是一个入世的学者。

伴随了自己三十多年的头发一束束落到地上，顾炎武还是觉到了某种深切的疼痛，一种时代的车轮向前开动时，碾轧在身上的疼痛。他知道某种东西永远结束了，那些数百上千年不变的事物都在瓦解，在消亡。

不过剃去头发后，顾炎武反倒觉得脑袋变得轻了，它似乎没有先前那样沉重了。他感到了某种释然，似乎突然想明白了："剃发，甚至砍头，不都是一种外在形式吗？有时候它们都不重要。"

这下他可以做一个名正言顺的商人了，脱下读书人的衣冠，改了名字，他现在叫蒋山佣。当然，并没有太多人知道这个奇奇怪怪的名字背后的深意，蒋山，实为江宁的神烈山——明太祖陵寝所在地，剃发之后的那段时间，他频繁去往江宁，就住在神烈山脚下。他自诩为蒋山之用人，名字里蕴含的志向就可见一斑了。

国破与家难

顾炎武的人生于二十九岁那年发生了重大转折，自那时起，之前的平静有如儿时的镜子被摔破，再也照不出生活的宁和了。

他没有料到灾难会来得如此突然。崇祯十四年（1641）的春节在兵荒马乱中来临了，这一年注定是大明历史上内忧外患的一年。顾炎武的心紧紧揪着，这个历经了二百七十余年的帝国正像西山的落日摇摇欲坠，不可挽回地滑向黄昏的地平线。可是，在帝国大厦将倾欲倾之际，顾氏家族里却发生了一连串人祸。

那年二月，长江南岸的大地还未泛起春的涟漪，顾炎武的嗣祖绍芾先生病故了。嗣祖格外疼爱顾炎武，自小就是他学问上的启蒙者和引路人。嗣祖去世令顾炎武伤心不已。他还未及从悲痛中分出心来，家中就发生了一系列变故。设灵祭奠时，家人们在祠堂祭拜，顾炎武一家和嗣母住的房子突然起火，大火从灶屋燃起，向着周边屋舍蔓延。尽管发现及时，火被扑灭，但顾炎武很快明白，这绝不是一次意外事件，而是一场早有蓄谋的迫害。祸害的源头还是因为财产，嗣祖去世后，顾炎武作为绍芾这一支唯一的嗣孙，将继承嗣祖大部分遗产。这件事说来话长，顾炎武的亲祖父是顾绍芾的兄长，叫顾绍芳。绍芳育有两子，同德和同应。顾同应生炎武，为家中第五个孩子。顾绍芾育有一子，叫顾同吉，但同吉不幸于成婚前几个月病故，未婚妻王氏家中已做好了嫁衣，置办了嫁妆。听闻同吉病亡，王氏伤痛不已，数日未进粒米，父母苦劝皆无效。有一天，她穿上素衣，告诉父母："女儿将以妻子的名义祭奠同吉，回来后就进食。"王氏前往顾家祭拜完同吉灵柩后，却执意留了下来，要"嫁"作顾家媳妇。她说"守信"是最大的妇德，自己永远是顾家人了。顾绍芾和妻子还有王家的父母都很震惊，他们无法接受一个鲜活的少女步入这场不存在的婚姻，不过长辈与家人都拗不过她，事情就成了后来的样子。

绍芾无后，未亡人王氏无子，想着孩子到了绍芾家能有机会获得更好的发展，出生后不久，顾炎武就被父母过继给了王氏，由嗣祖绍芾和嗣母王氏抚养长大。

绍芾家业昌隆，他一过世，指定嗣孙顾炎武继承的遗产就遭到了同族人的觊觎。尤其从叔顾叶墅和从兄顾维更是气势汹汹，企图巧取豪夺。纵火事件后，明的刁难和暗的伤害接踵而至，尽管家族里有声望的叔父兰服为此事进行了多次调解，道理和亲情在钱财面前有如鸡蛋碰石头，不堪一击。为避免嗣母和家人受到更大伤害，顾炎武决定搬家，由昆山千墩古镇迁居常熟语濂泾，可随即语濂泾家中遭到抢劫，一应财物、金银细软被洗劫一空，只好重新搬回千墩。崇祯十七年（1644）春天，顾炎武再次举家搬迁，移往常熟。同年十月，关于遗产分配和归属的官司已经打到第四个年头，家族纠纷也早已悉数放到了台面上，顾炎武以为事情该过去了，于是全家重回千墩。不料族人的恶意并未终止，回来后不久，炎武一家又遭到抢劫，他们于那年十二月重新远离家山，前往语濂泾居住。

从崇祯十四年到崇祯十七年，顾炎武深陷于家产纠纷。纵火，抢劫，倾覆行船……本是同宗同族的人们，已发挥了全部恶意，他们多希望置顾炎武于死地。

崇祯十五年（1642），顾炎武胞兄顾缃去世，顾缃是当地一位颇有名望的举人。他的去世让争夺财产的族人气焰更为嚣张。在种种逼迫下，顾炎武做出了变卖田产的决定，将八百亩田抵押给了当地豪绅叶方恒。叶方恒觉得有机可乘，提出了几乎是市场价一半的折价。急于出手，又找不到下家，顾炎武一一同意了叶方恒典押田产的方案。但没想到这个仓促中的决定，埋下了另一桩恶果。叶方恒实在没有交易的诚意，只想侵吞顾家田产，却不想为此买单。崇祯十五年到崇祯十七年，顾炎武无数次至叶家讨要典押田产的银两，皆无果。

随后，大明国变，在巨大的乱象面前，叶方恒更铁了心要将事情做绝，他甚至一直伺机抓住顾炎武把柄，"只有置他于死地，才能让一切落袋为安"，这是叶方恒心里的算盘。叶方恒很快找到了机会，开始拉拢顾家的老仆人陆恩，并贿以重金。

与族人的矛盾还未平息，顾炎武身旁又多了一个可怕的炸弹。陆恩知道得太多了，这么多年，他深入到顾家生活的内部，了解这一家人的全部秘密。事情一直拖到顺治十二年（1655），表面的平静再也维持不住了。五月的某个夜晚，陆恩出现在顾炎武书房，这个老仆一改平常声气："《金刚经》背面是何物呢?"这句话，就像一柄暗夜里闪着寒光的匕首，令顾炎武不寒而栗。他的思绪急速地闪回，脑海里即刻想到了那本《金刚经》，惊出了一身冷汗。原来，《金刚经》背面贴着一封写给郑成功的信，信里提到了合力抗清的事。这封密信，是让一个游方僧人捎带到海上去的，为安全起见，顾炎武将它粘贴到一本《金刚经》的封底。这一切未能逃脱陆恩的眼睛。那晚，陆恩走后，顾炎武盯着摇曳的烛火，盯着自己被烛火放大后投射于墙上的影子，略略沉思了一会儿，汗，早已湿了手心，此刻正一颗一颗地爬满了额头。一种更强烈的恐惧扼住了他，"通海罪"可是最严重的罪行，一旦坐实，不光他一人掉脑袋，很有可能换来满门抄斩。这是一刻不能拖延的事，顾炎武当机立断，即刻找来几名身强力壮的家丁，冲进陆恩家，将他绑了，拖将出来，并搜查了家中什物，总算将《金刚经》夺了回来。到了这样的时刻，陆恩再不能留活口了，顾炎武与家丁们将其拖到城西一处僻静的河塘，沉了水。

如此这般，顾炎武犯下了杀人罪。陆恩女婿伙同叶方恒，上告至地方衙门，并多方活动，必欲以杀人罪治顾炎武。

随即这位后来的大学者锒铛入狱，罪名为杀无罪奴。更令人感到蹊跷的是，刚入狱时，顾炎武被关押在豪绅叶方恒的私牢中。从这样的处置看，叶方恒在这个案件中倾注的心思可见一斑。"杀无罪奴"，这个罪名也是足以将顾炎武送上断头台的，这是叶方恒早就打好的算盘，所谓殊途同归，手段不同，结果遂愿就好。

一场营救也如火如荼地展开。昆山及苏州的许多文人，都向顾炎武伸出了援手。尤其是炎武的好友，著名画家、文学家归庄更是四处奔走，为此还不惜找到了大学者钱谦益，尽管归庄知道顾炎武是看不上这个大学者的，毕竟关于这个大学者的名节问题是有争议的。顺治二年五月，清兵进逼南京。兵临城下，钱谦益小妾、名妓柳如是提议与钱谦益一道投水，以身殉国。这位前朝的礼部尚书心卜自然跟着鼓荡起一股冲动，表示愿意按照柳如是的提议从容赴死。不过，很快"殉国事件"成为历史的笑柄。两人结伴至河边，柳如是欲奋身跃入，被钱老先生拉住，他一脸凛然，表示自己作为男人该先下水。不过这位自诩很有骨气的"文坛领袖"在水中走了两步，就迅速翻身上了岸，口中大声抱怨道："水太冷，不能下。"

是年五月十五日，大雨如注。钱谦益率诸大臣打开城门，迎接清军统帅豫王多铎。清军进驻南京后，钱大学者又创造了一则令人不齿的笑话。史惇《恸余杂记》记载，豫王下江南，下令剃头，民众对此议论纷纷。一日，钱谦益说"头皮痒得厉害"，忽然出门而去，家人以为他去用篦子篦发了。可不一会儿，钱大人剪了头发，留着清朝式样的小辫儿进来了。

当归庄找到钱谦益，这位大学者内心里本就十分赏识顾炎武，表示救人没有问题，不过，他提出一个小小的并不算过分的条件：顾炎武必须写一个拜师的帖子来，表示愿意成为钱谦益的门生。这样他出面救人就成了一件名正言顺的事，"如今不比旧时代，大家行事都有顾忌，尤其这种牵涉牢狱的事，最好有个正当的理由"，钱谦益的说辞也确实可以理解。

归庄太了解顾炎武了，他知道找到狱中，让顾炎武自己写这个拜师帖是断不可能的。情急之下，他想到了一个办法，自己模仿顾炎武的笔迹，将帖子写了，呈到钱谦益手中，表示顾炎武愿意拜到钱大人门下。

这件事很快传到顾炎武耳朵里，他将归庄很是责备了一番，还派人去钱谦益处将门生帖子要回来，并扬言，如果对方不给，自己就写一大篇申明，印一堆贴到大街上，告诉大家他顾炎武从未要拜入钱谦益师门，这都是钱谦益乘虚而入一厢情愿的意思。钱谦益得知顾炎武的态度后，哭笑不得，说："顾炎武何至于这么急呢。"当然，钱谦益毕竟有大人物风范，没和顾炎武"一般见识"，还是出手相救了。

归庄也在不断寻找另外的救援方式。他甚至不止一次致信叶方恒，既义正词严地指出对方的不义，又循循善诱，晓之以理。他说杀仆人一事，顾炎武确实有错，但叶家若不再诉讼，却是展示出一种君子的雅量。又说，如果真的杀死顾炎武，或许顾家无后，也没有人会替他复仇，但以他的文名与声望，恐怕叶方恒也很忌讳坊间清议吧？谁愿意自己在历史上背这样一个长久的骂名呢？

顾炎武很快从叶方恒的私牢中被带了出来，押解到苏州监狱，而后又押解到松江监狱，案情正一步一步走向对他有利的局面。

那年九月，松江府准许顾炎武出狱，他总算结束了四个月的牢狱生活。

结束这场诉讼后，顾炎武前往江宁一带游历，一边以商人身份做一些小生意，一边继续暗地里联结各种抗清力量。

还有一场灾难等着他。

深秋的一天，顾炎武骑着毛驴途经江宁城，行至太平门外僻静处，忽然从路旁冲出五六个壮汉，个个手执棍棒，上来就打。纷乱中，顾炎武头上挨了一记闷棍，摔下了驴背，昏死过去。或许怕闹出人命，歹徒们随即散去了。路人伸出了援手将顾炎武救回家中。之后，他回顾那天遇袭，想起歹徒中有两个操着昆山口音。很明显，这件事又是叶方恒指使人干的。巧取豪夺而不得，终归令叶氏不能释怀。

家难始起，大明消亡。内忧和外患接踵而至，是极容易将人击垮的。如果一个人没有坚定的信念，早就被时代泥沙俱下的洪流裹挟走了。分外艰难的时期，顾炎武以经商为掩护，离开家乡，于长江中下游一带游历，从昆山到苏州到吴县、京口、金坛，又到江宁、扬州，再到淮安、芜湖等地，他以这样的方式暂时避开了来自族人的恶意，又借此探求自己的治学与救国之道。

少年心事

顾炎武出生在一个书香世家，昆山顾氏为大家族。高祖顾济，明正德十二年（1517）进士，曾任刑科给事中；曾祖顾章志，明嘉靖三十二年（1553）进士，曾任南京兵部右侍郎；祖父顾绍芳，万历五年（1577）进士，曾任左春坊左赞善兼翰林院编修。顾炎武的父亲顾同应，为闻名乡里的诸生，七次乡试均未中，而两中副榜。顾同应工于诗文又古道热肠，以助人为己任。史书上说，他去世时，亲友与邻里夹道相送，已到罢市的程度。

顾同应二十九岁那年生下排行老五的顾炎武，出生后，顾同应给他取名顾绛。炎武之名是在大明国变后，顾绛自行改的名，他十分敬仰南宋遗民王炎午，故更名炎武，字宁人。

出生后不久，顾绛被过继给儿子早夭的顾绍芾家。顾绍芾藏书五六千卷，并致力于经世致用的实学研究，他认为："士当求实学，凡天文、地理、兵农、水土，及一代典章之故不可不熟究。"尽管这嗣孙其貌不扬，目生双瞳，且他的右眼因为三岁时染上一场天花，导致了严重斜视，但嗣祖知道这孩子有着不凡的敏慧。小顾绛到来后，绍芾在他身上倾注了大量心血。

六岁，顾绛始读《大学》，由嗣母王氏教授。

七岁，入私塾。

十岁，读孙子、吴子诸书及《左传》《国语》《战国策》《史记》。

十一岁，嗣祖为顾绛讲授司马光的《资治通鉴》。

十二岁，开始学习科举文字。

十三岁，嗣祖为小顾绛纳谷寄学，这是晚明科举制度中的一项政策，允许童生捐纳谷物而直接参加提学所主持的岁试，以便早日获得乡试资格。

十四岁，顾绛第一次应童子试，位列第二十二名，考入昆山县学。苏州知府寇慎见到少年顾绛，大为夸奖。

嗣祖绍芾为了少年顾绛的学问精进，创造了令许多读书人羡慕的条件。每年春夏之际，他都会为小顾绛"温经"。嗣祖邀请四位当地颇有学问的先生，分别坐于左右，令顾绛坐中间，四位先生面朝顾绛，并置注疏本于面前。随后，由其中一位先生朗读经史著作，小顾绛侧耳聆听并记诵，遇到字句不同或遗忘的句子，先生便停下来，随时接受询问，进行探讨。"凡读二十纸，再易一人。四人周而复始，计一日温书二百纸。"

十五岁，绍芾老先生开始让顾绛和自己一道阅读邸报。邸报为明代官方的公报，起先各级官府依靠专人抄写流传，到崇祯年间，活字印刷进一步发展，让它有了印刷版。绍芾先生一直保持着阅读邸报的习惯，读到他认为重要的条目，就用小楷一字一句抄录下来，并编辑成册，以供日后查考。

邸报好比当下的新闻资料，一下子为少年打开了眼界，让他看到帝国经济社会、政治思想等各领域正在发生的事件。也让少年顾绛的心里早早地埋下了天下情怀。

如果说嗣祖的用心为小顾绛的治学打下了根基，嗣母王氏则为小顾绛的精神打下了根基。王氏深明大义，是一位大写的女人。她嫁入顾家时，丈夫同吉早已亡故，但她却尽了许多儿媳无法尽到的责任。

史书上记载，有一回婆婆生了场怪病，久治不愈，王氏天天守在病床前，并派人到处求医问药，终于找了一位专治疑难杂症的医生，开了一张古怪方子。医嘱说，要治好这个病，必须加入人身上的肉作为药引子。为了婆婆康复，这位儿媳忍着剧痛悄悄切下了一截手指。不知道是不是这"可怕"的孝心做的药引起了作用，总之婆婆的病很快就好了。崇祯七年（1634），苏松巡按御史祁彪佳亲自上门拜会王氏，表彰她的孝行，王氏成为苏州昆山一地孝女的楷模。崇祯九年（1636），朝廷颁发圣旨，旌表王氏"未嫁守节，断指疗姑"，并在昆山千墩建造贞孝牌坊一座。

王氏特别热爱学习，白天纺纱劳作，晚上于油灯下读书，几乎每晚都手不释卷。她最爱给小顾绛讲古书里忠烈义士的传说和故事。

嗣母的为人和故事，给了少年顾绛一份耿介正直的信念，这信念像天上的星辰永不落幕。

崇祯三年顾绛应科试，考得一等第二十名。科试是各省学政巡视所属府州举行的考试，也是一项获得乡试资格的选拔考。那年，十八岁的顾绛顺利获取乡试资格，他梦想着在接下来的秋闱中一鸣惊人，大丈夫当以雄才大略兼济天下嘛。

不过事与愿违，第一场乡试以落第告终。

他隐约意识到，科举考试这件事与人自身的知识和才华并不完全相关。不过十八岁的年轻人，大抵并不会太在意这样一次落第，稍稍失落了一些时日，这事便过去了。

顾绛第二次参加乡试在九年后，崇祯十二年（1639）秋天，他再次走入秋闱的考场。没想到，这一回他再次失败了。这场乡试带给顾绛很深的震动，他开始反思考试本意，很快就得出结论，士子们读的净是无用之书，运用的净是腐朽的应试方法，而有大识见的人，恐怕根本玩不转这样的游戏。他在《日知录》中写道："使枚乘、相如而习今日之经义，则必不能发其文章；使管仲、孙武而读今日之科条，则必不能运其权略。"

既然如此，就到此为止好了。

顾绛决定放弃继续在科举路上无谓挣扎，自有更伟大的事业等着他。就在那一年，这个二十七岁的年轻人，决定开始书写两部巨著《肇域志》和《天下郡国利病书》。按照构想，《肇域志》将是一部全国的地理总志，《天下郡国利病书》则是旨在记录整个明代的社会、经济、政治、历史、地理等状况的大书。

他开始潜心研究，遍览天下府州县志和奏疏文集，达一万两千卷之多。当然，在他内心深处也隐隐埋下一个愿望，期待有一日能遍历中国，既向当世大贤求证学问，又以切实行动印证纸上的理论。

血与火的洗礼

清军拿下南京后，大舒一口气。朝廷总结战事时说："黄河以南望风响应，两淮官民诚心归顺，惟扬州逆命未服，旋被攻克，江东将士鸟惊鱼溃，投降者二十三万，余皆奔窜。"

不过事实并非如此，江南一带，抗争此起彼伏。城池易攻，人心难服，这是急功近利的侵略者想象不到的。吴侬软语的江南，却有无数宁折不屈的傲骨，许多人在这场变故中抛洒热血。所谓的悲壮，是明明知道大势已去，仍然选择逆流而上，直至在力挽狂澜时被大浪卷走。尽管大江必然东去，但愿意以性命为赌注在这汹涌激流中做最后一击的人并不少。

清朝的统治者，并不了解江南的内在风骨，更不知道这片温婉的土地上有无数读书的种子，正是书给南方士子的骨头里加入了钙质。

崇祯十七年四月，顾炎武正与嗣母等家人避难常熟唐市，惊闻甲申国变和皇帝自尽的噩耗，顾炎武于悲痛中写下《大行哀诗》。随后清兵入关，明朝宗室及文武大臣闻风逃向南方，此时淮河以南名义上仍属明朝。五月，福王朱由崧在一批遗臣的拥戴下，建立南明政权，监国南京，并称帝，改元弘光。在昆山知县杨永言的举荐下，弘光朝廷聘请顾炎武担任兵部司务。南明弘光元年（1645）春，顾炎武于第一时间埋头撰写"乙酉四论"。他终究是一个书生，明亡初期，他将光复明室的全部希望寄托在了弘光朝廷上。他认定，南明朝廷想要有所作为，必须彻底清除晚明政权种种积习，第一要务是从国策上全面变革，由此他想以自己这些年来的博学与实证为弘光朝廷提供理论支持。"乙酉四论"就是被这个单纯宏大的理想推动着催生出来的作品。"乙酉四论"包括《军制论》《形势论》《田功论》和《钱法论》。顾炎武从弘光政权立国南京的实际出发，针对明末在农田、钱法和军制诸方面的积弊，提出一系列解救危难的应急措施。在《军制论》中，他提出了"寓兵于农"之法，强调不能尽驱民为兵，否则民怨沸腾，国事将不忍言矣。在《形势论》中，他主张北守徐泗，南控荆襄，西通巴蜀，进而联天下为一，国势可振。在《田功论》中，他指出当前之急务是召民垦田，发展农业生产，以保证军饷。在《钱法论》中，他指出钱要自上而下、自下而上，流而不穷。

这是书生的理想主义，他是那样一厢情愿地相信学问可以指导现实、革除时弊。

顾炎武固然开出了治国良方，但弘光朝廷内部奸臣当道，文官傲慢愚蠢，武将拥兵自重，他一番拳拳之心注定只能成为一纸废话。

果不其然，这个畸形的小朝廷仅仅存在了一年，第二年五月就夭亡了。

此后，顾炎武回到苏州，与当地有识之士一道展开地方保卫战。顺治二年闰六月，顾炎武与归庄、吴其沆加入明郧阳巡抚王永祚的反清义军。正在常熟郊外的语濂泾避难的嗣母已年逾六十，她嘱托炎武："我虽是个妇人，却受着国家恩惠，若真有大敌当前，我将义无反顾选择赴死。"

王永祚的义军原先谋划着分为几路，夺回江苏的几个城。但战事持续了没几个回合，兵败如山倒，吴其沆战死，顾炎武与归庄得以逃脱。

几乎同一时间，原昆山知县杨永言组织义兵，顾炎武偕同地方乡绅，囤积粮草，起草文告，号召乡民奋起守护昆山，做好长久斗争的准备。剃发令一下，昆山当地民众反应尤其剧烈，他们冲进县署，杀死清军委任的知县阎茂才，焚烧县衙，捣毁官舍。杨永言、王佐才、朱集璜等将领趁机布防，其他乡绅也各自聚兵，屯于要道，誓与昆山城共存亡。

由于双方力量悬殊，有如天地之别，昆山城在七月六日失守。随即，清兵主帅李延龄下令屠城，屠杀进行了整整两日，血流成河，万户萧疏，昆山几为空城。《鹿樵纪闻》中写到，民众死状惨不忍睹，有倚门、卧床、投阁、反缚、攒捆、压木柱、斩首、矿颈、裂肩、断腰、剜肠、陷胸、寸磔种种之状；至于悬梁挂树者，比比皆是；井坎池潭，所在皆满。

七月八日傍晚，电闪雷鸣，风雨大作，仿佛连上天都在控诉这惨绝人寰的暴行。雨水倾泻而下，击打着道旁堆积如山的尸体，冲刷着院落里凝固的血迹，也令屠杀者瑟瑟发抖。

顾炎武当时已逃离昆山城，但还有家人在城中，胞弟顾缵和顾绳都于屠城时遇难。

接着，常熟于七月十四日沦陷。

听闻噩耗，顾炎武嗣母王夫人做出了一项惊人的决定——绝食殉国。不论家人如何劝解，下定决心后，她粒米不进。用了十五天，饥饿才将一个原本健康的身体慢慢掏空，将她慢慢杀死。这漫长的自尽过程，仿佛一堂人生最后的课，王夫人似乎要以一己的死亡，向所有后辈昭示如何做一个秉持信义的人。尽管我们深信生命高于一切，尽管我们或许不同意这样的选择，但谁也无法否认舍生取义的悲壮，这大概是人类最高贵的举动之一了。

最后时刻，嗣母握着爱子的手，向顾炎武叮嘱后事："我虽妇人，身受国恩，与国俱亡，义也。汝无为异国臣子，无负世世国恩，无忘先祖遗训，则吾可以瞑目于地下。"

这是怎样的一个时期呀，抗争此起彼伏，鲜血和眼泪汹涌澎湃。那么多熟悉的人死去，那么多原有的秩序被砸烂。选择一死，似乎是最容易的，选择活下来，选择重新活出生命的尊严与价值，这条路才是最难的。

顾炎武告诫自己，必须活下去，必须令生命迸发出新的意义。

北　游

四十五岁，顾炎武决意北游。

许多年后，有一位外国作家说生活在别处，顾炎武这位长年生活在江南的学者，似乎也深谙这个道理。他固然在纸上写下自己的一切所得，但绝不是热爱纸上谈兵的人，他相信学问的到来，一大半基于对世界的深入勘探，学问既长在故纸堆里，更长在辽阔大地上。去完成经世治国的著作，这是历尽颠沛与幻灭后，顾炎武心中存留的最坚实的信念，这个信念于四十五岁那年，清晰地屹立在他心中。

到了那一年，顾炎武深知生命已走完大半程。他刚刚结束一场牢狱的纷争，刚刚避开一场危及性命的追杀，他深知自己并不足以游刃有余地在仇恨里与人长久相持下去，他需要一处清静地，天高地阔，远离小人的算计。

到了那一年，他的牵挂已越来越少，甚至连子嗣都未曾有一个（炎武夫人王氏未生养；三十七岁时，炎武曾纳妾，并生下一子，孩子四岁早夭；四十二岁左右，又纳妾，仍未生养）。山河破碎，功业未尽，尽管巨著《天下郡国利病书》已初成，但他仍有太多疑问需要解开。

这一切都促使顾炎武下定了北上的决心。

顺治十四年（1657）秋天，朋友们为顾炎武壮行，老友归庄在席间朗诵了刚写完的《送顾宁人北游序》：

余与宁人之交，二十五年矣。其他同学相与，或二十年，或十余年，盖未尝有经岁之别也。今于宁人之北游也，而不能无感慨焉……宁人之学有本，而树立有素，使穷年读书山中，天下谁复知宁人者？今且登涉名山大川，历传列国，以广其志而大其声施。焉知今日困厄，非宁人行道于天下之发轫乎？若曰怨仇是寻，非贤人之志；别离是念，非良友之情……

知炎武者，非归庄莫属。借这些深情款款的文字，老朋友道出了面对经年之别的不舍，也送上了一份高远的期盼，他相信顾炎武今日之远行，必将成为未来"行道于天下"的发轫，设若炎武躲进深山做一个闲适的隐士，他的思想又怎能为天下人所知？尽管在情感上，他多么希望老朋友留在身旁。在苏州昆山，归庄和顾炎武的名字紧密相连，仿佛现代人口中的"组合"一样，被称为"归奇顾怪"。但他还是向老朋友送上了远行的祝福，他知道顾炎武的功绩是要写在历史的大书上的，他该遍历山河，而后成就"救世之学"。

那就出发吧，像每一次归来那般义无反顾。

顾炎武胸前还揣着一封朋友们一道写就的重要信件——《为顾宁人征天下书籍启》，书启中写到，昔司马子长遍游四方，乃成《史记》；范文正自秀才时，以天下为己任；若宁人者，其殆兼之。今且北学于中国，而同方之士知宁人者，敬为先之以言。冀当世大人先生，观宁人之文以察其志，而助之闻见以成其书。匪直一家之言，异日天下生民之福，其必由之矣。

信末，万寿祺、归庄、吴任臣、杨彝、潘柽章等二十一位大学者和文化名人郑重地签上了自己的名字。

这大概是中国文化史上最特别的一封信了，说是信，其实更像一纸通行证，它试图在乱世里蹚开一条文明的路径。这是一把开启北中国大地上诸多文人与学者家中书房的钥匙，也是一种惺惺相惜的默契。顾炎武揣着它上路，陪伴同行的，还有一位知根知底的仆人，以及两大箱书稿。

起先的行程，走的是水路。沿大运河北上，过常州、镇江、扬州，过淮安、徐州，进入山东，第一站莱州掖县。到这里去，他除了学术上的探求，还有寻访抗清志士的意图。在掖县，顾炎武拜会了当地复社领袖赵士完和任唐臣，并于任唐臣书房读到绝版的宋朝吴械所著的《韵补》一书，这真是惊喜的遇见，他正携带着《音学五书》的书稿，有一些困惑需要解答，而《韵补》可谓古音学开山之作。在任宅小住期间，顾炎武每日挑灯夜读，修正《音学五书》。清代初年，诸多学者将精力投注到经史研究中，而音韵学则被认为是通往诸子百家的路径。《音学五书》是顾炎武对古音研究的总结，书中变更《唐韵》次序，把古音分为十部，用表的形式将它们列出。该著作从理论和实践上彻底否定了叶韵说，奠定了古音学基础，开拓了音韵学研究的新领域。

随后，顾炎武的行程稍稍偏南，去往即墨，拜会黄坦与黄培兄弟。黄家是当地的名门望族，也是潜藏于民间的坚定的反清志士。顾炎武在黄家住下，即墨一地许多文人得到消息都来拜访，大家交换对世事与学问的看法。几天后，黄家兄弟和一群读书人陪顾炎武登崂山。回来后，顾炎武写下了一篇极有价值的文章——《劳山考》，并应黄坦之邀，为其先父的遗著《劳山图志》撰写了序言。

离开即墨，顾炎武的足迹遍布了山东各地，如潍县、青州、长山、济阳、邹平、长清、德州、泰安、曲阜、兖州，而泰山、孔府、灵岩寺这些名胜古迹，他更是一一造访。

随后，顾炎武向着更北的地方进发，于顺治十六年（1659）春天到达北京，他自永平出山海关，又折回昌平，拜谒十三陵。而就在那一年，郑成功、张煌言举师北伐，往后我们都知道，这大概是最后一场轰轰烈烈的抗清斗争了。听闻消息，顾炎武心下大喜，匆匆改变行程，离京向南，到达扬州。这趟行程是秘密的，顾炎武应该是为了郑成功、张煌言的起事南下的。

不过时局瞬息万变，到扬州后，郑成功发动的长江之役在获得几场胜利后随即以惨败告终，顾炎武折回山东。此时，他心里真正了断了"复明"的念头，尽管这件事持续了那么多年，要真正接纳它，却像生生地在身体中抽离一根肋骨那样疼痛，它连着肉，带着筋。此后，他的心里只剩著书立说、以待后王这一件大事了。

顾炎武再次北上，于顺治十七年（1660）二月抵达北京，又一次去了十三陵，这大概是第二次去吧。而孝陵，到那年为止他清晰记得自己已拜谒了六次。他不知道为什么会有这样的执念，或许哪怕只是到这故国的皇陵去走一走，也能嗅到一些过去的味道吧。

六月，顾炎武重回山东。

那年秋天，他决定南归，一晃已快四年了，上一年的南行又如此仓促，几乎没有机会面见那些在遥远的南方想念他的朋友们。顺治十八年（1661）春节，顾炎武在苏州迎来新年，早春时，他继续南下，往杭州，在西湖畔与文学家施闰章相遇，又去孤山拜会正在杭州远游的诗人徐夜，后又拜访音韵学名士柴绍炳和毛先舒。到了越地，顾炎武心里迫切想见的还有一个人——黄宗羲。对这位生于浙东的大儒，顾炎武早就期盼会面了。但其时黄宗羲处境极其艰难，反复考量后顾炎武打消了拜会的念头，两位清初历史上开天辟地的大思想家终究擦肩而过。他渡过钱塘江，去到绍兴，拜谒了大禹陵，凭吊了宋六陵，并应绍兴府吕章成之托，为《吕氏千字文》作序。

就在顾炎武游历浙江时，江南的形势急转直下。奏销案、哭庙案几乎接踵而至，以金圣叹为首的十八名秀才被斩首于江宁三山街。这是多么耸人听闻的事件！顾炎武再也不能平静地在江南久留了，他只能匆匆离去。由杭州取道苏州，随后重新北上回到山东。

如此不厌其烦地列出其行程，是想让所有人直观地见到一个在路上的学者，他用身体开拓出来的生命疆域，同样是思想进发的路径。

随后数年，顾炎武依然没有停下游历的脚步，从山东到北京，到山西，再到陕西，览恒山，访晋祠，登华山，出潼关……足迹由栖霞山到西子湖，由渤海之滨到西北腹地，每一处他都做了地理与人文上的详细考察，随着脚步深入，更多高贵的灵魂也迎面走来。在漫长的游历中，顾炎武每到一处，定要拜会当地学者、名士，请教学问，交换看法，这是最身体力行的功课。王锡阐、傅山、李因笃、孙奇逢、张尔岐、李颙、路泽浓、杨瑀……这些喝着不同的水，读着不同的书，在不同天空下成长起来的伟岸生命，以不同的性情和特质，以各自的光亮，关照这个自江南出发的学者。当然，他还有另外一些知交，经商的生意人、边塞的老兵、田地里劳作的农民、船夫、铁匠、捕快……这些偶遇的人，都成为顾炎武的"老师"。

再度入狱

康熙四年（1665），顾炎武到达济南章丘。一踏入这里，他就被深深吸引了，山川俊逸，河流清澈，土地平旷。而范仲淹读书堂、郑玄注经处、黉山书院、雪山寺等古迹更为此地增加了故事和气韵。走入章丘，顾炎武心里飘过一个想在此地定居的念头。但他没有想到，这个微小的念头，竟然因为一场阴差阳错的官司而促成了。

顾炎武到山东游历时，带着一千两盘缠出行，这笔钱是离开故乡时变卖田产的所得。携带一千两银子辗转于各地是一件极其不便的事。此时，顾炎武于章丘结识了商人谢长吉，谢长吉表示这一千两银子可以借贷给他做生意。随后，他一次次找到顾炎武游说。

经过一番考量，顾炎武同意了谢长吉的提议，他要解决银子的携带问题，但更要紧的是他需要固定收入以维持路上惊人的开销。不过事与愿违，顾炎武很快发现谢长吉的生意做亏了，他不但没有拿到约定的利息，就连本金，对方也只字不提了。顾炎武多次找到谢长吉交涉，正告他还钱，谢长吉不是推托就是躲避。

于是，只得诉诸官府。基于顾炎武的外甥徐元文是当朝状元，章丘知县自然秉公执法，顾炎武胜诉了。谢长吉欠债却还不出钱，于是想到一个变通的办法，将祖上千亩田产做了抵押，算偿还顾炎武的债务。

阴差阳错地，顾炎武得到了一份资产。那片属于他的田地位于章丘旧城不远处，出城后，沿古驿道西行四五里就能到达。他萌生了在此地置业安家的打算，这些田地，用来种植果树和庄稼、养殖家禽，营建一个农庄确实是好的。往后二十年，章丘成为顾炎武的第二故乡，成为他在北地的生命和精神的落脚点。不过，顾炎武依然没有停下脚步，还在为了那未竟的事业和未完成的著述东奔西走。

在顾炎武期望为接下来的生活谋得一份安定时，一场新的风暴正在到来。

康熙七年（1668），黄培诗案案发。事情起因源于黄培的家奴姜元衡与主人一家的过节。姜元衡又叫黄元衡，他家三代为黄家奴，连姓都随了主子。当初，姜元衡的祖父姜宽年少时流落到即墨，被黄培的祖父、兵部尚书黄嘉善收留，从而在即墨扎根，并做了黄家长工。起先，这也是一桩美事，但世事变迁，到了姜元衡这里，他发奋图强，经过艰苦卓绝的读书，考中进士做了官。高中进士后，姜元衡做的第一件事就是"改姓"，恢复原先的姜姓。此时黄家却走向了衰落。姜元衡心中的仇恨在反复酝酿和发酵，经过漫长的蛰伏，他总算到了有能力反击的时刻。有段时间，姜元衡手里时不时捧着一本黄培的《含章馆诗集》，可不是在里面读什么有共鸣的诗句，他反复掂量这些诗，是为了做一篇"大文章"。他太了解黄培了，明朝灭亡后，这位亡国的遗民沉郁悲伤，借酒消愁，也借诗句抒发胸中块垒。姜元衡从《含章馆诗集》中选取了那些"敏感"的诗句，并纠集了一批与黄家有过节的人，捏造出黄培"通海反清"十宗罪。

姜元衡先于康熙五年（1666）六月二十日向山东督抚衙门呈上诉状，继而又告到北京都察院。官司很快引起康熙皇帝本人注意，皇帝批示，令山东督抚严审此案。"黄培诗案"就像一个雪球，越滚越大，牵扯进来的人也越来越多，达到二百一十七个，连刊刻书版、运送书籍的人都包括在内。

随着案情不断发酵，大概为了坐实黄培的罪名，姜元衡又加了一个筹码上去，他指控黄培刊印逆诗，并声称顾炎武于数年前由江南赶到即墨黄培家，收集、编印《天启崇祯两朝遗诗》，黄培全力相助。这个信息应该是谢长吉提供给姜元衡的，丁谢长吉这也是个绝好机会，毕竟那片良田太令他心中不甘了，一旦顾炎武被卷进这个诗案的深渊里，这片田地就又能回到他手里。

康熙七年二月，顾炎武正寓居于北京慈云寺。听闻这个骇人的消息，他感到深深的恐惧，这件事可不比当初"杀无罪奴"，一旦卷入，必然是万劫不复的死路。

冷静下来后，顾炎武做出了一个大胆的决定——主动投案。他想，自己既是无罪的人，就不该被动等待朝廷缉捕，而应当积极地去解决。

于是即刻动身前往山东。顾炎武进入齐鲁境内，来到德州时，有人告诉他朝廷已派人去江南缉拿他了。为防万一，顾炎武销毁了相关信件，同时给好友李因笃发了一封求救信。李因笃是大学问家，也是顾炎武心里认定了可以交付性命的人。

顾炎武一出现在济南府，就被投入了大牢。尽管事情远比第一次入狱棘手，但这一次，他似乎没有更多慌乱，一切都在预料中。水来土掩，兵来将挡，他相信任何绝境中都能蹚出一条生路来。

在公堂上，顾炎武驳回了印刻《天启崇祯两朝遗诗》的事实，并向济南府呈送了自己的辩解书。关于《天启崇祯两朝遗诗》还有另一桩案子，之前的那桩案子几乎在这次审判中帮了顾炎武大忙。原来陈济生印刻《天启崇祯两朝遗诗》时，还请归庄、吴鹿友、姜如农等六位文人作了序。康熙六年（1667）二月，沈天甫等人发觉这本书存在强烈的遗民哀思，文字多有犯禁处。要知道，大兴文字狱几乎已成为当时的风气，就连坊间小文人都学会了这一招。这些人找到了文字里的把柄，同时也觉得为自己找到了一个生财之道。沈天甫等人拿着诗集，向吴鹿友敲诈两千两银子。吴鹿友并未就范，沈天甫等人向朝廷告发了这本书，一时间人心惶惶，五十多位诗人卷入此案。这件事一直闹到康熙皇帝那儿，却发生了惊天逆转。皇帝觉得如果深究下去，更多人会被卷进来，这件事将引发一轮新的民族矛盾，大清的统治，需要争取汉族读书人的心，大开杀戒显然并非良策。于是，判定沈天甫等人诬告，斩首，《天启崇祯两朝遗诗》牵涉的人一律无罪。

姜元衡重新翻出这本书，其实犯了一个大忌，相当于企图翻当今皇上的案。姜元衡当然不敢这么想，就是山东巡抚刘芳躅大人也不敢这么认定。

与此同时，更多力量加入了营救顾炎武的行动中，包括好友朱彝尊，他是刘巡抚的幕僚，从中斡旋，起了很大作用。还有在京城任职的外甥徐元文，也在不断寻找有利因素。

从三月到九月，顾炎武在牢房中待了整整七个月。诗案中，黄培被处斩，但也由于他坚持声称并未在即墨见过顾炎武，才让这位大学问家得以脱离第二场牢狱之灾。

此后，顾炎武做了一个智慧的决定，他将位于章丘的那一大片土地农庄的产权转到了外甥徐元文名下，这下好了，这个当朝状元，皇帝身边的红人，显然有着谢长吉等人不可撼动的力量。

雁门垦荒

五十四岁那年，顾炎武做出了一个惊人的决定：出雁门关垦荒。

于章丘置田产后，他依然没有停止行走，脚步多往秦晋之间，他遍游了古老的名胜，也结识了诸多大学问家，例如大思想家傅山、大学者李因笃。顾炎武身陷牢狱时，李因笃就曾鼎力相救。

萌生塞外垦荒的念头，其中一个原因与康熙皇帝推行的"轻徭薄赋"政策有关，为了重振经济，赢得民心，这位大清帝国最具雄才大略的皇帝推出了一系列激励政策，包括废止"圈田令"，延长垦荒免税期限。清初规定垦荒三年免税，随后改为六年，到康熙十二年（1673），该项政策再次加大利好，实行十年免税，甚至规定若有人能招募一百个农民赴边地开荒，可授予知县或武备的官职。

顾炎武做出这一抉择，自然不为当个清朝的官，"不侍新朝"是他的人生底线，他应该是看到了某种利好的"机会"，他敏锐地觉察到垦荒是能赚到一笔大钱的。当然，垦荒之地也足以成为这位靠双脚丈量大地的学者的实验场，他那些关于经济民生的研究正好可以借此做一个尝试。

顾炎武与好友李因笃深入考察了这一地带，并筹集了一大笔资金，随后带领一个二十多人的垦荒队伍进驻苦寒的边地。这位南方的书生，在漫长的游历中，渐渐熟悉了北方的风沙，二十多年的游走让他可以适应这里贫瘠的水土和粗糙的食物了。不过，垦荒初始，困难多得就像严冬的风雪。

顾炎武下了一盘"大棋"。为了改善土质，首先要有良好的水利保障系统，他不远千里，亲自回到家乡，高薪聘请了一大批能工巧匠到雁门关。这些制造水车、水碾，打井，开渠的师傅到来后，解决了第一个垦荒的大难题——灌溉问题，有了水，大地就能孕育生命，荒地就能捧出新鲜的绿意。

他也在游走中发现，西北一带的农民到了严冬，总是缺乏御寒的衣服，他们甚至习惯缩在炕头，整个冬天都不出去，或者夫妻共用一件大棉袄一条大棉裤，一个出去，另一个就躲在炕上。由于此地农民不事纺织，御寒的衣被都依赖内地供给，从江南到边地路途遥远，而那个时代的"物流"又很原始，保暖的物资一到西北内陆，成本就翻了数倍，平民百姓自然是买不起的。

顾炎武就想到了一个切实的解决方案，并将其写入了自己的著作《日知录》中。他发觉这个地方的土壤并非不适宜种植棉花之类的作物，而是当地人不知道如何利用这些作物，若由地方州县政府出面，到南方购进一批纺织工具作为样板，令有司派工匠依样打造一批散给里下，再聘请一批懂得织布的匠人入户传授纺织技术，不出两年，百姓的冬衣问题就能得到妥善解决。

顾炎武常常亲力亲为，建筑房舍、砍伐荆棘、管理人员，他一样没缺席。有朋友送了他两匹马、两匹骡子，于是马和骡子驮着它们的主人，驮着书籍和文稿，穿梭在茫茫的边塞。

经过不懈努力，一垄一垄新地向远处的地平线延伸开来。待到早春，种子播下去，土地沽了起来，禾苗生发，万象更新。顾炎武看着这一切，禁不住热泪盈眶，无论时代如何更替，帝王事业如何斗转星移，这人间总有一些事物是不死的，春天总在如期到来，新的生长总在不断替代旧的死亡。

雁门垦荒无疑是成功的，有记载说顾炎武赚了一大笔，"累致千金"。这件事甚至让他萌生了边关兴业的计划，他敏锐地发现边地表面看似贫瘠，土地下却蕴藏着丰富的矿产。他主张开发草泽，主张大兴西北部畜牧业，不仅要推广纺织品生产，还大胆设想将政府垄断的盐茶买卖改为自由买卖。他认为百姓财路广了，口袋里有钱了，政府税收自然就水涨船高了。他甚至写信给爱徒潘耒，邀请他一道来参与这个狂野又宏大的计划。

你不能想象这是一个年近花甲的老人，他身体里闪耀着这样活跃的思想，他永远有不向现实低头的倔强。无论怎样的劳作和艰辛，都不能阻止他在每一个夜晚点亮灯盏，在微弱的光线里，在边塞的寒夜里继续创作他的著作。他花了二十多年时间，完成巨著《天下郡国利病书》和《肇域志》，《日知录》已经写了数十年了，但他依然在不断地修正，逐条逐条，逐字逐句……在著述这件事上，他从不草率，永怀着敬畏神明一般的虔诚。他知道，生命易逝，写在纸上的学问却是要长久地留在这人间的。

那段时期，除了雁门垦荒，顾炎武依然在陕西和山西一带做他的田野调查，并且将自己的研究成果慢慢运用到实践中去。《清稗类钞》记载，说山西票号就是由顾炎武和傅山一道创办的，他俩还完善了运营票号的整套规程，为了避免祸端，这套规章制度不诉诸文字，严格地以口授的方式流传，却成为有清一代全国大部分票号的通行制度。

关于傅山还有一个故事。有一回顾炎武去拜会傅山，傅山不仅学富五车，还精通医学，他替顾炎武搭脉，郑重其事地说："亭林兄心脉强劲，有壮年气象，还可生个大胖儿子！"为此，顾炎武特地纳了一个妾，他大概真的盼子心切，尤其长年的颠沛与漂泊总会令他对宁静的时光生出遐想。夜深人静时分，他常常幻想起儿女绕膝的温情来，可伸出手去，只有一个孤寂的背影投在泥墙上。

不过，人生总有缺憾，顾炎武后来才知道，傅山算是幽了他一默，他哪能再生出儿子呢，不但生不出儿子，身体倒折腾出了各样的毛病。他真是被傅山气坏了，为此，当友人王弘撰准备纳妾时，他特意写了篇文章，叫《规友人纳妾书》，规劝王弘撰要理性，不可轻举妄动，文中说到，曾经我与张尔岐说过傅青主（青主，傅山字）的为人，真是大雅君子。但张尔岐反问我，哪儿见过劝六十老汉纳妾的君子？

随后，为了不耽误这位女子，顾炎武决定为她另寻一个好人，给她置办了妆奁，将她再嫁了。

不变的抉择

明亡三十四年后，康熙已执政十七年，其时康熙正值青年，埋想远大，意气风发。末世的创伤正在治愈，三藩之乱将平，内忧外患正在廓清。康熙十七年（1678）正月，中央政府颁发皇帝诏书，举行博学鸿词科考试，皇帝还承诺将亲自担任主试。博学鸿词科考试是科举制式的一种，是传统科举考试以外的特选考试，也是政府笼络知识分子的一种手段。

消息很快传到大江南北，引发了各地读书人的巨大震动，很多科举屡试屡败的人，很多明末的文人都意识到，漫长的困顿之后，机会终于来到自己面前。

那年顾炎武六十六岁，在常人看来，这是他入朝为官的最后机会，应该一举抓住。顾炎武却全然不是这样想的。博学鸿词科考试的诏书颁发后，即刻有两位大学者举荐顾炎武。一位是掌院学士叶方蔼，他也是此次博学鸿词科考试的阅卷官，另一位是翰林院侍讲韩菼。叶方蔼的名字是不是有些似曾相识？对，就是昆山千墩那个原先想侵占顾炎武田产的豪绅叶方恒的兄弟。他可真不是一般人物，叶方蔼与顾炎武外甥徐元文是顺治十六年同科进士，徐元文高中状元，叶方蔼高中探花。根据事物不断变化的规律，人也在不断变化，人与人之间的关系也在不断变化。三十多年后，叶方蔼与顾炎武早已一笑泯恩仇了。对于这个同乡，此时叶方蔼心里只剩下崇敬和钦佩，同为做学问的人，叶学士不可能不了解顾炎武的学问之精深和人格之博大。

顾炎武当然也非常愿意尊敬这位曾经的"仇敌"的家人。这些年，他们之间也有过很好的交往，他寓居北京外甥家里时，叶学士曾亲自登门造访，请教学问，种种迹象都表明他们两家已重修旧好了。但这一次，顾炎武倔强的老毛病又犯了，他严词拒绝了这份邀请，甚至发誓此后再不去北京了。第二年，叶方蔼担任明史馆总裁，再次向顾炎武发出邀请，请他入京修史，顾炎武回了一封信，信中说，即使人人都可以出来当官，但我顾炎武必不可出。母亲当年的遗训不敢或忘，我岂能违背？他甚至在某个场合还说过一句决绝的话，大意是若清廷逼迫我入仕为官，"七十老翁何所求，正欠一死"。

这是被信仰驱动的抉择，并非表明顾炎武就是一个顽固不化的腐儒，相反，到了这个年纪，他早已与清廷和解了，他有很多身居高位的官员朋友，他的三个外甥，徐元文是当朝状元，徐乾学和徐秉义则都是当朝探花，他们都在大清帝国的中央政府里担任要职。而就在博学鸿词科招考的那一年，他的爱徒潘耒也跃跃欲试想要进京赶考。起先，顾炎武内心里是很不能接受的，他与潘耒谈及其兄长潘柽章的遭遇，让他不要忘记当年的仇恨，但潘耒主意已定，还是决定赴京，在这场招考中，他名列二等第二名。面对爱徒的远去，顾炎武心里五味杂陈，但他还是说服了自己，甚至不无自我安慰地说："潘耒也是出生在本朝的人，做当朝的官并无大碍吧。"随后，他写信给与潘耒同时入朝为官的挚友李因笃，让他多多照应这位后辈。

他就是如此固执又如此开明的倔老头，这般态度也体现在他与三个外甥之间的关系上。舅舅的学问与人格，对三个外甥的影响无疑是巨大的。但舅舅似乎又总与外甥保持着刻意的界线，就像他和这个帝国的关系。他奉劝担任朝廷高官的外甥们，一定要守住做人的底线。他拒绝他们在京城或南方的家乡给自己置办房屋，到了晚年，仍然愿意住在陕西和山西一带过自给自足的生活。但他那些大书，那一套"以待后王"的经济治世的学问，却通过外甥们传到了皇帝耳朵里，并为改进一些国家政治策略提供了理论依据。

徐元文于康熙十三年（1674）五月升任内阁学士兼礼部侍郎，第二年四月，改任翰林院掌院学士兼礼部侍郎，充任日讲起居注官，每天在弘德殿进讲，很是受康熙皇帝赞许。徐乾学于康熙二十二年（1683）担任翰林院侍讲，后升为侍讲学士。两位外甥都有一颗为了天下苍生的"私心"，他们觉得为了国计民生，需要反复地向皇帝与同僚渗透顾炎武的经济思想。这并非玄学与空谈，而是医治政治弊病的药方。徐元文在与皇帝的对策中，将顾炎武的赋税思想，直接提供给了康熙。他在奏疏中论及科举，也是直接引用舅舅的《生员论》。徐乾学则用顾炎武经过无数田野调查写成的名文《钱粮论》做对策，推荐给朝廷的各位高官。

这大概是中国历史上学问落向实处的一条非常奇特的道路，没有人能够想到，一个布衣学者，他穷尽毕生的研究，最后会以这样的方式影响到帝国最高层。顾炎武原本以为，他的学问要等很久很久以后才能够被理解、被珍视，但没料到自己的理论与主张带来的回响会这么快。

他是三百多年前少有的具备公民意识的"现代人"，他坚持做一个耿介的学者。他认为国家独立的根基在于个人的人格健全与独立，一个社会肌体的清洁，风气的清朗，关乎每一个公民，天下兴亡，匹夫有责。他倡导实学，反对政治伦理凌驾于事物客观规律之上，也反对向内自求的修身养性的玄虚之学。他深切意识到，百姓不能安居乐业，天下就不能太平。他提倡保障私有财产，取消对民间工商业者横征暴敛的税收政策；他主张整顿市场秩序，主张行政权力退出市场竞争；他倡导无地域限制的自由贸易，希望朝廷开放海禁，允许民间商人出海开展对外贸易。

他是务实的行动派，是坚韧而富有远见的学者，也是自律的君子。他的一生走遍大半个中国，写下了三十多种、四百多卷著作，共一千多万字。

康熙二十年（1681）八月，顾炎武从华阴前往曲沃，知县熊僎得知消息，命人到县城三十里外的侯马驿迎接他。起先，顾炎武被安顿在元帝庙，大概考虑到那是一个宁静的处所，适合读书著说。随即他生了一场病，呕吐腹泻，请儒医郭自狭开了几帖药，病渐渐好了。毕竟上了年纪，身体大不如从前了。九月间，顾炎武搬到上坡韩境家，十月，又搬入下坡韩村的宜园。宜园的主人是清初进士韩宣，对于这位大学者的入住，主人非常欢迎。

那年春节，顾炎武就在韩宣的府上度过。本来好友李因笃也约好了一起在宜园过这个年的，却因大雪封路未成行，不过这位老朋友细心得很，托儿子带来了五首诗和一床新棉被。

旧年刚过，等到正月初八，雪已经停了，天渐渐放晴。那天一早顾炎武就起来了，招呼嗣子衍生准备上路，启程返回华阴。

马站在院子里，准备开启一段新的旅程。顾炎武走向那匹棕红色的马，雪光明亮刺眼，一根根马鬃似乎都透着光亮，马似乎成透明的了。恍惚中，他看到了马镫，一脚踩上去，马轻微地动了一下，顾炎武的身体就像一堵本就摇摇欲坠的墙倾倒下来。

　　七十岁的早春，他再也无法跨上一匹马。这次跌跤埋下了病根，一天后，顾炎武离开了人世。

他是聊斋先生。除了现世中的友朋。他还有一群神仙和精灵的伴侣。在那个以笔墨建构的世界里。他呼风唤雨。让恶人淹没于无尽的暗夜。让良善者终究被光明渡渡。他痛打恶吏。嘲笑腐儒。他赞项正直。歌唱爱情。

节录自通天道
静斋周琴

通天小道

蒲松龄

七十一岁那年，在科场上摸爬滚打五十余载的老秀才蒲松龄考取了一个岁贡，这是一件极尴尬的事。当亲朋好友向他道贺，蒲松龄写了一首诗，诗中说在妻儿面前都不好意思提这事，连做梦都感到羞愧。

岁贡是个什么东西？它并不像"举人""进士"之类代表真正的科举进阶，能授予官职。它只是基于"秀才"获得更高级别学习机会的一种选拔，说白了是对"秀才"的分类认证。到了明清时代，科举经过无数次演变，考试模式日益精细，催生出一个挑选府、州、县生员中成绩或资格优异者，升入京师国子监读书的制度，挑中者称为贡生，意为贡献给皇帝的生员。贡生即便到国子监读了书，也并非像现在大学毕业了就可以直接找工作的毕业生，而是仍然成为接下来的"乡试""会试"的储备生源。当然也有个别贡生可以等来小吏的职位，但一般需要漫长的等待，概率微乎其微。蒲松龄属于贡生里的岁贡，也叫挨贡，这个"挨"字意味深长，就是做廪生时间长了，排队挨号挨上了。像蒲松龄这类半个世纪前的山东头名秀才，加之又在社会上文名赫赫，考官都不好意思不赐给他个"岁贡"的名分。

七十一岁的蒲松龄，去国子监读书可能性自然不大，这样一来，"贡生"还有意义吗？它不就成了活脱脱的安慰奖？当然，它也有一点点世俗益处，至少两项清晰可见：第一，见县官不用跪拜，作揖即可；第二，有生活补助，每月有一点散碎银两。当然，还有一点小小的仪式感——可让大门比普通农家抬高三寸，可在家族祠堂上悬挂一块匾额。这就有光耀门楣的意思了。

不过事情不像预想的那样顺利。考上贡生后，老秀才蒲松龄苦苦等待，这块匾额就是迟迟不来。从七十一岁开始等，等到七十二岁，再等到七十三岁。中间蒲松龄向朝廷上书数次，提醒他们不要忘记这一"重要仪式"。一直到七十三岁那年腊月，新任淄川知县谭襄才莅临蒲家庄，为蒲松龄家挂上了贡生匾额。

一年八两碎银的岁贡补助，更是推诿拖延，蒲松龄又数度上表禀报县衙，反复催促，他们记起了发放一次，记不起也别无他法。

康熙五十二年（1713），人生行至晚年，蒲松龄的生活总算稍稍安定下来，大儿子蒲箬的新房磊轩落成。磊轩房顶设有一处平台，抬眼望去，满目青山。蒲松龄时常于傍晚在那儿小坐，怀抱一只猫，喝几盅小酒，看夕阳贴着山脊慢慢落下去。

大概有了一点闲暇之心，九月，小儿子蒲筠请了一位恰好远游到山东的江南画家朱湘麒为父亲画像。这该是这位大文豪留在人间的唯一肖像。

蒲松龄特意穿上贡生"公服"，坐上太师椅，头戴红帽，左手捻银须，一副正襟危坐模样。画像成后他写下一则题志，感叹自己年届古稀，满头银丝，却鲜有成就。不过有意思的是，题志后过了几日，他又添了几句，特别解释自己穿着这套"公服"画像，实非出于本心，恐怕百年之后要被后人耻笑。

明明知道这一丁点世俗的荣誉不值一提，偏偏它又撩动着这位经年老秀才的心。这不就是命运的悖论吗？历经半个世纪苦心孤诣，在世俗里能赢得的也就这一块匾额，一身"公服"吗？

一

当结局落定，人们会不会相信这就是"命运"？生命最后一刻，蒲松龄会不会认定穷秀才就是自己的宿命呢？

这件事或许在他降生前就注定了。

明崇祯十三年（1640）四月十六日深夜，山东淄川城东满井庄的商人蒲槃忙完一天活计后，躺倒在床上，随即进入了梦乡。梦里，一个身披破袈裟、病恹恹的穷和尚，踉踉跄跄来到蒲家北房，推开门，径直闯了进去，那是蒲槃嫡妻董氏的卧房。

和尚越走越近，蒲槃清晰地见到他衣不蔽体，瘦骨嶙峋的胸膛上贴着一块铜钱大小的膏药。见穷和尚强行直入，惊讶的蒲槃正想质问："一个出家人，怎可如此荒诞无礼，竟深更半夜擅闯民宅？"却自梦中惊醒过来。

几个时辰后，怀胎十月的董氏为蒲槃诞下第三个儿子。蒲槃抱起褓褓中的婴孩，瞥见其胸口一块铜钱大小的青痣，痣的位置，与梦中病和尚胸前贴膏药的位置如出一辙，蒲槃惊叹不已。

父亲这个离奇的梦境，往后许多年仍在蒲松龄脑海中挥之不去。在人生起落里，他时不时想起胸口这块胎记，总会想到自己恍若"面壁人"转世。如此想过，便也释然于青灯黄卷和颠沛流离了。

尽管生不逢时，战乱连年，尽管降生普通人家，尽管蒲松龄降生的时代有一百个不完美，一开始，蒲松龄手中还是握着一把好牌的。父亲蒲槃虽以经商为业，却是饱学之士。蒲松龄从小聪颖好学，最受父亲宠爱。老父亲在三儿子身上寄予厚望，期望这个儿子将来实现自己未竟的抱负。

十九岁那年，蒲松龄参加科举进门考——童试，以县试、府试、道试三试第一的成绩成为闻名乡里的秀才。都说良好的开端是成功的一半，偏偏蒲松龄这个华丽的开端短暂如昙花一现，他的科考入仕梦恍如惊鸿一瞥，此后所有努力和奋斗，都只是一场水中捞月的空耗。

当然，蒲松龄根本不可能想到，在他充满不确定的人生里，科举考试的失败却无比确定，像结着厚冰的水面泛不起一丝涟漪。

跨过顺治十五年（1658）那个高光时刻，秀才蒲松龄后来在举业上再未曾迈进一步。即便那次闪亮的启程，大概也是他一生里仅有的好运气帮了忙：遇见了对的人。就说那场院试，主考官是当时担任山东提学道的大诗人施闰章，这位诗人最懂得惜才，为人又不拘泥刻板，对蒲松龄早期文章中透出的灵气欣赏有加，蒲松龄考个院试第一，也就顺理成章了。

若将秀才蒲松龄人生中的赶考历程做一个大致罗列，应该是这样：

顺治十七年（1660），二十一岁，乡试，落榜。

康熙二年（1663），二十四岁，乡试，落榜。

康熙五年（1666），二十七岁，乡试，落榜。

康熙八年（1669），三十岁，乡试，落榜。

康熙十一年（1672），三十三岁，乡试，落榜。

康熙十七年（1678），三十九岁，乡试，落榜。

康熙二十三年（1684），四十五岁，乡试，落榜。

康熙二十六年（1687），四十八岁，乡试，落榜。

康熙二十九年（1690），五十一岁，乡试，落榜。

康熙三十五年（1696），五十七岁，乡试，落榜。

康熙三十八年（1699），六十岁，乡试，落榜。

康熙四十一年（1702），六十三岁，乡试，落榜。

除去中间为母亲丁忧，或者碰到一些大的生活意外无法赴济南贡院，漫长的四十四年中，按照三年一轮的乡试节奏，蒲松龄偏执地做着这件事。考考考，考过了青春年少；考考考，考过了中年困顿；考考考，考到了日薄西山。

像一个注定无望又注定一生无法摆脱的期许，像上天宏大而空虚的承诺，它就那么悬在那里，清晰地悬在你的梦里，让你欲罢不能，让你永远无法触及。

真的是一件太折磨人的事了。如他诗中慨叹的那样："三年复三年，所望尽虚悬。"

年轻时，蒲松龄甚至狂妄地想："进士嘛，本该唾手可得的，只不过隔着一场乡试罢了。"这真是天真的逻辑，仿佛说："我本有王佐之才，只是没有机会，到不了天子脚下罢了。"

乡试最难，一点也不假，有多少人的愿望就在这个乡试的鬼门关前折戟沉沙。进则前程远大，退则寂寂无闻。若将考进士的会试比作过独木桥，那么考举人的乡试则是走钢丝。

对于这万恶的乡试，蒲松龄的体会实在太过深刻了。他在《聊斋志异·王子安》中借异史氏的嘴道出了个中的尴尬和屈辱——

秀才进考场，有"七似"。

一似乞丐。入考场时，考生必须宽衣解带，脱去鞋袜，赤足提篮，排队而入。解衣脱鞋是为了防止夹带小抄。作弊手法五花八门，曾经有人将四书五经的释义写满夹袄的内层，也有人将小抄写在大腿和胳膊上。到了清代，随着科举制度全面完善，反作弊的方式也步步改善。至于手中拎一只类似乞丐常用的装备——竹条考篮，也是为透明起见，考篮内装笔墨、砚台、食具，可以让监管人员一目了然。

二似囚犯。点名进场，官员呵斥，小吏谩骂，像极了囚犯入狱。

三似秋末冷蜂。这又何解呢？贡院考试，一名考生一个号舍，大的贡院有成千上万间号舍，像一个巨大的蜂巢。进入号舍后，考生们"孔孔伸头，房房露脚，似秋末之冷蜂"。这个号舍到底多大呢？明清时期，每间号舍宽三尺，深四尺，后墙高八尺，前檐约高六尺。清代每尺相当于 31.1 厘米，有人做过一个折算，号舍建筑面积为 1.16 平方米。号舍陈设极其简单，后墙较高处有一个类似猫耳洞般方正的墙龛。号舍除了一面向外敞开，其他两面砖墙上离地 47 厘米和 78 厘米高的位置，分别留出一道砖托，用于搁置号板。号板由两块木板组成，若两块号板都置于 47 厘米高的砖托上，就变成了一张床，可供考生屈膝而卧。而一块置于 47 厘米高的砖托靠内，一块置于 78 厘米高的砖托推向外，就成了"一桌一椅"，可以用来伏案答题。1.16 平方米的空间，考生要在里面待许多天，吃喝拉撒全部在里面完成。明清乡试八月初九开考第一场，考生须在初八进场，初九凌晨开考，初十日交卷出场；第二场考试考生在十一日入场，十二日答卷，十三日交卷离场；第三场考试考生十四日入场，十五日答卷，十六日交卷。这样漫长的过程，也可认定是对一个人心智和耐力的考验。

四似病鸟。考生考完出场，只觉得天地变色，人人精神恍惚，好像刚出笼的病鸟。

五似猿猴。乡试结束，回家等揭榜。考生往往寝食难安，度日如年。稍有风吹草动，都以为报喜的人上门了。一会儿想到自己高登榜首，从此平步青云；一会儿又跌入沮丧的深渊，认定自己必然名落孙山。像极了一只拴在柱子上的猿猴，挣不脱绳索，又坐不稳屁股。

六似服毒之蝇。随着揭榜日来临，报喜的马蹄声由远而近，眼看即刻就要到自家门前了，可马上的人狠狠地给了马儿一鞭，那马扬长而去，显然喜报并非冲这一家送的。这下好了，候在大门侧的秀才大骇，像吃了毒药的苍蝇，任人摇晃摆弄，就是拿针刺他，估计也毫无知觉。

七似孵蛋的鸠鸟。待到落榜的打击过去，痛定思痛，又开始揣摩起八股文技法来，就像那跌了蛋的鸠鸟，重新衔枝筑巢，打算再一次抱窝孵蛋。

科举制造出的邈远的希望横亘了蒲松龄的一生，由此造成的伤害也持续了一生。

康熙二十六年，四十八岁的蒲松龄踌躇满志地走进济南贡院，参加人生中又一场乡试。这一回他势在必得。考卷下发后，他思如泉涌，奋笔疾书。可万万未料到，宿命的悲剧又一次找上了他——他越幅了！什么叫"越幅"？明清科举考试规矩极多，对卷面的要求尤其严格，考生所答试卷，上有红线画出的横直格，每页行数及每行字数均有规定，如超越行、格随意书写者即为越幅。凡越幅者，以违式论，试卷贴出，不予录取，旨在防止忏逆。由于下笔太快，书写时蒲松龄越幅了，事后他形容自己那一刻"千瓢冷汗沾衣，一缕魂飞出舍"。

还有一回，蒲松龄也是有备而来，奔赴考场路上，心头甚至涌起胜利在望的感觉了。但没想到，这一回身体出了状况，他在考场上拉肚子了。就在进考场前夜，几个要好的考生一起下了个馆子，毕竟大伙儿都知道进入号舍，得靠冷饭团打发日子，就想提前打个牙祭，先填一填肚子。可这聚餐，断送了第二天的考试，腹痛、腹泻……频频请求监考官，要求去茅房，这样的考生如何不令人感到晦气？自然，这场乡试又黄了。

直到很久以后，蒲松龄似乎才意识到，是不是一开始方向就错了？他认为的好文章，和考官们认可的好文章，是同一类文章吗？他在《聊斋志异·贾奉雉》中借郎生之口说出了真相：你之所以一次次落榜，不是文章写得不够好，恰恰是文章写得不够坏。你得学写速朽的文章，毕竟考官们都是以这样的水准晋身上位的，对你的文字真的欣赏不来。

这番话语，恐怕道出了某些真相。

二

纵观蒲松龄一生，科举贯穿了大半辈子岁月。

科举考试却不能当饭吃。尽管过了那条独木桥，能赢得一顶世俗的桂冠，捧住一只"金饭碗"，可没闯过独木桥的人是无法赖此维持生计的——蒲松龄有四儿一女要抚养，加之从父亲那里也没有分到多少财产，毕竟蒲槃有四个儿子呢。

蒲松龄二十五岁那年，蒲家兄嫂起矛盾，闹着析箸，便分家了。这是一场极不公平的分配，大概蒲松龄和妻子刘氏本分自守惯了，在泼辣的大嫂二嫂面前，很是落了下风。最终，大哥二哥分到宽敞的带院子的住房，家具、农具一应俱全。蒲松龄家则分到三间场屋，所谓场屋就是盖在晒谷场旁，堆放农具和草料的小屋。场屋年久失修，四周墙皮脱落，屋顶椽柱朽败，茅草稀疏。只好请人重新糊了泥墙。由于无院门遮挡，只得向堂兄借了一块旧门板安上。

还分得五斗荞麦、三斗粟米，大概可供半年食用。

还分得二十亩薄地，在连年灾荒里，有些地已长满荒草，粮食产量低得惊人。

蒲松龄当然不擅长农活，在这件事情上，甚至远不如妻子刘氏。只好将田租给别人种。他既不想像父亲一样靠做生意为生，又想不出更好的谋生行当，况且"科举大业"需要大把大把的时间精力保障。那怎么办呢？生存总归是第一位的。在反复调适中，蒲松龄确立了一份相对适合自己的工作。分家后，蒲松龄几乎过上了"岁岁游学"的生活。对他而言，"游学"就是离家外出做塾师。塾师，即富人子弟的家庭教师。这又是一件事关科举的事，这么一想，蒲松龄的人生真是绕不开"科举"了。

做家庭教师，古代叫"坐馆"。如果说坐馆是蒲松龄的主业，绝对没错。除了短暂几年的入幕，他一辈子的大多数时间都在当家庭教师。

三十一岁那年，他南下去往江苏宝应县，做过一年左右知县孙蕙的幕客。那是他人生中第一次出门远行。在京杭大运河边的扬州府宝应，作为县令的私人秘书，蒲松龄浅浅地涉足了官场。南游归来后，在三十三岁到三十八岁那段时间里，蒲松龄追随告老还乡的侍郎高珩。其时，高珩在淄川城东门外建筑别业"载酒堂"，并与一群淄川当地的文人饮酒唱和，蒲松龄以幕宾身份追随左右，也算是一份糊口的工作。当然，这期间，他也尝试过替人代笔，写书信、写状纸、写墓志铭……总之，啥都写，也是为了多赚点小钱贴补家用。

蒲松龄降生在大明朝行将就木的前夜，他成家后不久，时代已进入清朝康熙年间。在很多人有限的认知里，觉得那是一个盛世，不过真实的民间生活与堂皇的历史书写之间隔着一条鸿沟。像蒲松龄这样的小秀才，比之赤贫的农家人，自然要好过一些，但蒲家的生活仍然是很难的，可谓"穷神附体"。苛捐杂税，天灾人祸，总是步履不停地侵入小百姓的日子。尽管媳妇刘氏贤惠朴实，辛勤持家，可就是挣脱不了贫困线。即便丰年，蒲家一年中都得有半年时间靠吃糠与野菜度日，至于荒年，若赶上大旱或者蝗灾，就得借粮过日子了。他写过一首叫《日中饭》的叙事诗，如实记录了饥肠辘辘的孩子们吃饭的情形。

"黄沙迷眼骄风吹，六月奇热如笼炊。午饭无米煮麦粥，沸汤灼人汗簌簌。儿童不解燠与寒，蚁聚喧哗满堂屋：大男挥勺鸣鼎铛，狼藉流饮声枨枨；中男尚无力，携盘觅箸相叫争；小男始学步，翻盆倒盏如饿鹰；弱女踟蹰望颜色，老夫感此心茕茕。……"

这是康熙十二年（1673）的情形。盛夏时节，家中已断粮，午饭只好熬成稀粥。这种以稀粥代饭的做法大概只有真正饿过肚子的人家才懂。我母亲的少女时代经历了一场时代的大混乱，家中米缸见底，母亲说只好餐餐熬稀粥，家里七八口人，粥熬稀些，至少能往辘辘饥肠中灌一点汤水。

大夏天的，热浪滚滚，熬了一锅稀粥，放在一般稍稍能吃得上饭的人家，孩子们大概至少会等着粥凉下来吧。可蒲家的孩子，一刻也等不了。还未等母亲来分食呢，大儿子就已经自己动手，拿勺子往锅里舀粥了，他大概想尽量捞到些许粥里的米粒，弄出了勺子刮拉锅底的声响，火急火燎给自己盛了一碗，根本顾不得其他弟妹，也顾不得烫嘴，稀里呼噜猛喝起来；二儿子，本来也想亲自下手的，力气却没有哥哥大，抢不过哥哥，只好手里拿着空碗在一旁大声抗议；小儿子才摇摇晃晃学会走路，见到粥已上桌，也急急地扑到桌上，但他可够不到那长勺子，只听得碗盏倾倒的声响；女儿呢，她不争也不抢，只是站在一旁，看着争抢的兄弟，看着父母的脸色，楚楚可怜的目光令老父亲的心都碎了。

连年贫困，让蒲松龄陷入了宿命的幻想。在某一个清贫的，连祭神菜品都备不齐的除夕夜，蒲松龄写下了《除日祭穷神文》。他觉得自己之所以穷，是被穷神盯上了，那可恶的神灵是决计死皮赖脸蹲在蒲家不走了。到了除夕日，点了香，烧了纸钱，就跪下来叩拜，穷神啊，您行行好，赶紧走吧，求求您，就和财神换个人家，让财神爷好歹也到我蒲家走一遭。

文章诙谐辛酸，全篇采用平白的语言，真不是没饿过肚子的人写得出来的：

　　穷神，穷神，我与你有何亲，兴腾腾的门儿你不去寻，偏把我的门儿进？难道说，这是你的衙门，居住不动身？你就是世袭在此，也该别处权权印；我就是你贴身的家丁、护驾的将军，也该放假宽限施施恩。你为何步步把我跟，时时不离身，鳔粘胶合，却像个缠热了的情人？

　　穷神！自从你进了我的门，我受尽无限窘，万般不如意，百事不趁心，朋友不上门，居住在闹市无人问。我纵有通天的手段，满腹的经纶，腰里无钱难撑棍。你着我包内无丝毫，你着我囊中无半文，你着我断困绝粮，衣服俱当尽，你着我客来难留饭，不觉的遍体生津，人情往往耽误，假装不知不闻。明知债账是苦海，无奈何，上门打户去求人；开白、五分行息，说什么奉旨三分，到限期立时要完，不依欠下半文。无奈何，忍气吞声，背地里恨。自沉吟：我想那前辈古人也受贫，你看那乞食的郑元和，休妻的朱买臣，住破窑的吕蒙正，锥刺股的苏秦。我只有他前半截的遭际，那有他后半截的时运？可恨我终身酸丁，皆被你穷神混！难道说，你奉玉帝敕旨，佛爷的牒文，摆下了穷神阵把我困？若不然，那膏粱子弟，富贵儿孙，你怎么不敢去近？财神与我有何仇？我与足下有何亲？您二位易地皆然，我全不信。

今日一年尽，明朝是新春，化纸钱，烧金银，奠酒浆，把香焚。我央你离了我的门，不怪你弃旧迎新。

对"穷神"的一顿数落，活化出一个穷秀才被贫穷折磨得几近抓狂的样子。不过，世人皆爱财，到穷秀才这儿，倒不是什么钱都想赚的。尽管穷，可似乎又没有消磨掉穷秀才的傲骨和信念。由此，蒲松龄借穷神的嘴，又写下一篇《穷神答文》，道出了秀才之所以穷的缘由：你穷，是因为你仗义疏财；你穷，是因为你扶弱济贫；你穷，是因为你做不到为富不仁。

东君，东君，你不必怨别人，贫是你自己找，穷是你自己寻；既好吃，又好饮，衣服要趁心，奢费不谨慎，还来怨别人。喜的是仗义疏财，好的是扶弱济贫，腰内有一文，要撑十文棍。就给你点金银，你也不能任，就给你个金狮子、玉麒麟，屙钱的母猪，也不够你胡打混。

东君，你听我云，我有个免穷歌为你训：也不是五经四书，也不是大家古文，只要学勤苦，只要学鄙吝，只要学一毛不拔，只要学利己损人，只要学行乖弄巧，只要学奸诈虚文，只要学伤天害理，只要学瞒昧良心。放利怎免怨，为富定不仁；处世不顾脸，那管人议论；饿死休吃饭，黄土变成金；客来休久坐，假托有事因，调虎离山计，给他个不黏身。人情只用一张纸，不可轻费钱半文，"顿首拜"多写不妨，休要用"谨具奉申"。人来你不往，诓骗礼一分。贺馆温居休随伙，赴席陪客当头阵，东君，要知道请人还席总是侃。若有来借贷的穷人，休等他开口，先说自己窘，给他个无想头，再不敢上门。又用小秤大斗，管什么背地良心。说誓只当家常话，空中何能有灵神？阎王休嫌鬼瘦，雁过拔毛一根。如此十年，你就是个财神，黄的是金，白的是银，青铜大吊打成捆；盖高楼，修大门，治田园，长子孙。那时节，我把穷字去了，做一个福禄星君，你转过脸来把我亲，还恐怕离了你的门，宰猪羊，买果晶，设供献，把香焚，立一座祠堂，叫我做正尊。

…………

如此性情，如此追求，这个穷秀才还能做什么呢？卖文和舌耕，大概是少数赖以维持生计的选择。四十岁之前，蒲松龄的家庭教师工作并不固定，通常是按一年的聘期来，一年之后，若双方觉得愉快，就续聘下去，若不满意，就不再续约。

他的家庭教师生涯从距离蒲家庄二十五公里处的王永印家开始，那是康熙四年（1665），这份差使持续了较长一段时间，有五六年的样子。中间他做过几年幕客，随后重返家庭教师的行当。康熙十二年，他到马家庄王家坐馆。康熙十七年（1678），他到沈家河村坐馆。大多数时候，坐馆的人家距自己家路途较远，一般是要长年住在东家家里的，这就打破了现代概念中教师只负责教书育人的单一职责。事实上，蒲松龄那个年代的塾师几乎啥都干，就像他在剧作《闹馆》中写的那样：

> 放了学饭不熟我把栏垫，到晚来我与你去把水担。家里忙看孩子带着烧火，牲口忙无了面我把磨研，扫天井抱柴火捎带拾粪，来了客抹桌子我把菜端……咳，教书先生不值钱，快入学吧，可饿死我了！

尽管这是一段调侃文字，但当家庭教师绝不轻松。光抛家弃子，一天到晚一年到头委身于他人屋檐下，像一个失去自由的长工般过日子，就够呛的了，更何况对有钱人家的子弟说话，重不得，也轻不得，重了不但令弟子反感，也会让东家翻脸；轻了呢，一年半载下来，学业毫无长进，还不是老师的罪过？在大户人家做塾师，或许不像《闹馆》中写的这般卑微，毕竟请得起教书先生的人家都是请得起仆人的，有些体力活自然还轮不到先生去干。但家庭教师额外要做的事能少吗？别的不说，就是那请托的帖子、分书、文书，告官的诉状、鸣冤的揭帖……总是没完没了。

以至于蒲松龄形容自己："墨染一身黑，风吹胡子黄。"

他深深感叹："但有一线路，不作孩子王。"

可除了这条路，他偏偏找不到其他任何一线路了。

康熙十八年（1679），蒲松龄四十岁，已到了孔子说的不惑之年，可恰恰相反，蒲松龄功名未就，眼看着人生越来越困惑了。

这一年，他进入了淄川西铺毕家坐馆。这一回担任毕家的塾师，在蒲松龄人生中意义重大。西铺毕家是名门望族，最初，邀请蒲松龄至毕家坐馆的是毕府的当家人四品官毕际有，他从通州知州上被罢官还乡，此后沉浸于田园生活，只想含饴弄孙。由于自身良好的学养和品位，毕际有对蒲松龄欣赏有加。

毕府成了蒲松龄后半生里的一个归宿。

毕府大门大户，由东西两大跨院组成，庭院连着山石，水榭通着池塘。私家花园石隐园，藏书阁万卷楼，专供家族子弟读书的绰然堂一应俱全。在这儿，海棠待雨来，清荷凌波至，秋菊傲霜，松柏临雪，往来有鸿儒，嬉笑有稚子。这真是穷秀才蒲松龄的理想落脚处，既让他得以赚取每年十五两银子的束脩，又给了他一个可以安心读书写作的环境，更重要的是，在这里他获得了作为一位先生应得的尊重。

蒲松龄在毕府一待三十年，一直到七十岁，才退休回家。这中间，教书先生常常心生"归意"，在年末，总会提出解除坐馆的聘约。东家却年年挽留，那时候，老东家毕际有已作古，少东家毕盛钜主持毕府一应事务，毕盛钜不仅是蒲先生的弟子，也是蒲先生的老友。每年，先生回家过了春节，第二年，又在盛情邀约下回了毕府。这份情谊年深日久，恍然之中，家庭教师蒲松龄以为自己就是毕家的一员，而毕家的子弟，在他眼里恰似自己的儿孙了。

三

穷秀才蒲松龄，一介布衣，一生不第，终身以家庭教师为业，似乎注定只能成为一个寂寂无闻的小卒。

不过命运的路径诡谲生姿，饱尝失败的蒲松龄或许在潜意识里认定自己会被时间记住，要不他何以如此执着于书写一部洋洋洒洒的鬼狐史？

"雅爱搜神"，这个青年时代的爱好，持久伴随着蒲松龄。"鬼神故事"像种子般落地生根，在他灵魂的厚土中，纵横交错向上生长，长成参天巨树。

孜孜不倦地科举接力之余，蒲松龄致力于阅读和写作，他读书无数，通晓天文地理，古诗文涵养深厚；他游走在广阔的街头巷尾，在民间的土地上伸张开触角，将每一个稀奇的故事纳入囊中。

尽管出于认知局限，在蒲松龄的年代，太多人认定"写小说"这事不登大雅，这从"小说"的命名就能够看出来。小说是一种消闲的玩意儿，好比茶余饭后的话梅和瓜子，你能拿它当饭不成？可蒲松龄依然故我，正是这份固执成就了一部旷世奇书。

要熬过多少个寂然的夜，坐过多少天冷板凳，才能成就这一文学"大业"？

先生奋笔疾书，黑色的字落进纸间，像小石头落进幽深的湖面，涟漪荡漾；先生奋笔疾书，黑色的字落进纸间，一个隐秘的花园于寂静中开启，狐仙与野鬼翩然而出；先生奋笔疾书，黑色的字落进纸间，万物生灵恣意生长，幽怨的啼哭自古墓里传出，石破天惊的回响冲决了堤岸。

纸页间的跋涉千里迢迢，可那不是最难的，最难的永远在于你全身心投注于一桩事业，而不知道你的投注是否有价值，最难的是如影随形的自我怀疑和否定。

漫长的《聊斋志异》书写过程中，蒲松龄始终没有出现过自我怀疑吗？这几乎是不可能的。随着科举频频受挫，他心里不止一次生发出放弃写作这部书的计划。少年时代的好友张笃庆多次语重心长地劝诫蒲松龄要以学业为重，若就做"鬼狐事业"，必然不会有出头之日。宝应知县孙蕙，也在蒲松龄的又一场科举失利后写信给他，信中说："兄台绝顶聪明，稍一敛才攻苦，自是第一流人物。"什么叫"敛才攻苦"？无非是说，兄台若能将写作《聊斋志异》的那份心思收回来，专攻八股文，区区科举试岂在话下？

康熙十八年，蒲松龄到西铺坐馆，《聊斋志异》已完成了两卷初稿，并编辑成书，还请高珩写了前言。在古时，写完前言，表示一本书已"杀青"。这大致可以看作是蒲松龄的一份决心，他是想将

"鬼狐之书"先放一放，全身心扑到科举事业中去，毕竟年届四十了，他深感没有多少时日经得住折腾了。

不过有意思的是，偏偏西铺毕家人，很多都是《聊斋志异》的拥趸。他们午后闲话，围炉夜谈，聊的都是蒲松龄笔下的鬼狐故事。家中老老少少，都在等待着家庭教师蒲先生给他们写出新的故事来。

当然，热情的毕府读者，也煞有介事地加入《聊斋志异》的"创作"中来。毕际有的夫人王氏酷爱在灯下给孙辈们讲野史，蒲先生就静静听着；毕府的用人也加入讲故事的行列中，其中一个女仆讲了自家的怪事；大家长毕际有大概觉得讲故事太不过瘾，干脆自己动手写了两篇故事，收入《聊斋志异》中；毕家的子弟毕世持则动笔写完了《马介甫》一文的结尾。

这样一来，蒲松龄将《聊斋志异》搁置起来的计划彻底落空了，他几乎被读者的热忱裹挟着往前走了。

在毕府坐馆的三十年里，蒲松龄笔耕不辍，《聊斋志异》由两卷增至八卷，佳作迭出。同时，聊斋俚曲和《聊斋杂著》也蓬蓬勃勃生长开来。

蒲松龄将毕生心血之作，命名为《聊斋志异》，此处的"聊斋"姑且有聊天、闲谈之意，他确乎爱在方寸书斋内，听人道古说今。不过"聊斋"恐怕还有另一层深意，聊斋的"聊"字，更有姑且说说、聊以明志的意思，它亦可视作一种自我解嘲，聊以寄托抱负，聊以抒发胸怀罢了。

这是一个人在走不通世俗的大道后，转身踏入的一条小径，幸运的是，这条小径恰好通往分岔的灵魂的花园，恰好连接着一个幽深又广阔的天地。

在漫长的书写过程里，《聊斋志异》聚集起巨大的力量，它借鬼神的传奇，讽喻当下；它以天外的飞仙，逾越现实之沉重。它上达天庭，下至地狱，它嬉笑怒骂，出生入死，它鞭挞不义，又将公理擦拭得熠熠生辉。

它是蒲松龄的《史记》，是蒲松龄的《离骚》，是一条通天大道。又穷又困顿的蒲松龄呀，借助汉字的天梯，一点一点向上攀爬。在半生穷苦里，在局促的现实中，秀才蒲松龄掌握了不让自己陷入泥淖的魔法。他是聊斋先生，除了现世中的友朋，他还有一群神仙和精灵的伴侣，在那个以笔墨建构的世界里，他呼风唤雨，让恶人淹没于无尽的暗夜，让良善者终究被光明泅渡。他痛打恶吏，嘲笑腐儒，他赞颂正直，歌唱爱情。那是他的世界，是他的宇宙和星空。

康熙五十四年（1715）春节，蒲松龄自卜一卦，卦象不吉。正月初五，赶上其父亲蒲槃祭日，蒲松龄决定出门，带领儿孙们去祭扫祖坟。正月十五，元宵节到来时，他特意让儿子去请了弟弟蒲鹤龄到家中来，两个老人并榻而坐，喝酒说话到深夜，临了，蒲松龄拄着拐杖将弟弟送出去很远。

正月二十二，早晨，蒲鹤龄去世。傍晚，蒲松龄团坐窗前，离世。

故人已远。院落已荒芜。房屋已倾颓。只留着几带泥墙。几间坍塌了半边的木屋。他就坐在衰草里。静默地看着这荒废的园中的一切。常、一坐一下午。直到夕阳点一点跌落下去。才起身回家。

节录自无岸之舟静斋周某某周

无
岸
之
舟

吴敬梓

一

　　到了除夕这一天，异乡人是顶落寞的。客栈里该走的人都走了，
即便往日游人如织的秦淮河，下午时分也显出从未有过的空落来。
酒楼茶馆换上了新扎的彩灯，街头巷尾家家户户洒扫一新。秦淮河
还是空了，冷风吹到身上，人们禁不住打了一阵寒战。

　　雍正八年（1730）农历的最后一天，吴敬梓站在秦淮河畔文德
桥上，眼神里藏着异乡人的茫然。这座桥一端连接着江南贡院和夫
子庙，另一端连接着乌衣巷，"文德"二字寓意儒家"文章道德天下

第一"。走了一段路，天开始下起雪来，雪花满空，落在吴敬梓青色的旧棉袍上。偶尔会有三三两两行人从他身边匆匆走过，手里拎着一篮一篮年货。这注定是一个难熬的除夕，万家团圆，却剩斯人独自憔悴。

吴敬梓没有想好晚饭吃什么，恍惚中记起客栈里还有一瓶酒。管他呢，有酒就好。午后，他出来晃荡了几个时辰。和他一道寓居江宁的友人都返乡过年了，就连那几个相熟的歌伎也走了，当地的友人，该都在忙着辞旧迎新，也就不好打搅他们。漫无目的地走了一程，雪依然落着，觉到了冷，吴敬梓踱回了客栈。

一踏进门，一个人迎了过来，是鲍君，江宁当地的朋友。吴敬梓正为如何消磨孤寂的年夜饭犯愁时，细心的鲍君已在心里挂念着这异乡人了，他特意过来请吴敬梓到自己家共进年夜饭。

在鲍君家中，异乡人暂时忘却了羁旅的愁绪，鲍家的丫鬟给他奉上了一杯热茶，他面向一簇暖融融的炉火坐下。为了招待这位客人，鲍家嫂子和丫鬟准备了一下午，晚饭很快做好了。屠苏酒冒着热气，两杯下肚，身子暖了起来，一种家的感觉围绕着吴敬梓，让他禁不住湿润了眼眶，好朋友的意外之举为这冷寂的年关送来了一点温暖。

喝了酒，吃了年夜饭，聊了好一会儿，二更已过，吴敬梓起身回客栈。朔风凛冽，雪还在飘落，他紧了紧衣衫，行过黑黢黢的巷子，鞭炮此起彼伏地炸响，似乎刻意地要以喧嚣提醒这个旅人正孑然一身。

回到客栈，吴敬梓心里久久难以平静。听了一会儿爆竹声，当然，这热闹和他无关，这个夜晚，他只有自己，只有旅舍那张简陋书案前的一盏油灯，只有窗外的雪，只有无边的寒冷。

度过这个夜晚，一脚跨入雍正九年（1731）的新春，吴敬梓就三十一岁了。这是一个对男人来说特别奇怪的年纪，意味着青春不再，又意味着作为社会人的责任和压力汹涌而至，更令人愧疚的是，孔夫子说三十而立。吴敬梓不禁问自己："你立起来了？你有什么？"

吴敬梓在旧书案前坐下，拨了两下灯芯，矮下去的灯焰舒展了一下，屋内比先前亮了一些。他展开纸，将一支秃头的小羊毫在砚台上蘸了蘸，写了起来……那个除夕夜，吴敬梓百感交集，一气连写八首诗，将这些年的辛酸和苦闷，都融入了文字里。

雍正八年于吴敬梓来说，确实是非同寻常的一年，这一年的遭遇足以表明这个逐日走向中年的人正遭受着剧烈的精神崩塌。

事情要从前一年说起。雍正七年（1729），安徽学政李凤翥亲临滁州，举行科试，这是一种乡试前的资格试。吴敬梓满怀期待报了名。八月就是大比，他要为即将到来的秋闱挣得一张入场券，憋了那么久，秋闱于他来说，已经到了"只能成功，不能失败"的地步了。他早早地由家乡起到了滁州，既为科试做准备，又想趁机结识一批文人学士。此次主持考试的学政李大人向来以爱才和识才闻名，如果运气足够好，或者可以结识一下李大人，若能得到他的额外赏识，谁都知道于接下来的乡试是大有裨益的。

但吴敬梓有着无比率性张扬的性格，尽管连做梦都渴盼着科举上位，却根本不懂得谋划与收敛。加之，他这样出身科举世家的子弟，这些年来在安徽一带又很有了些文名，心态大致是膨胀的，自我感觉也大致是很好的。于是出入欢场，混迹酒桌，隔三岔五地和一帮同来赶考的人饮酒作对。酒场上，一般举子说了什么做了什么，大概酒醒后也就烟消云散了。

吴敬梓却是不同的，他是大家眼中热门的竞争者，说白了也是眼中钉。那些酒后口无遮拦尤其是妄议当地官员名流的言论，很快被酒桌旁某一个或几个考生捕获、编排，传到了学政李凤翥耳朵里。

传言的路径总是多向的，有人将吴敬梓的"非议"传到学政大人耳朵里，也必然有人将"学政大人听到了你酒桌上的言论"一事告诉给吴敬梓。这下，吴敬梓仿佛一个狂热的人被一桶冰水劈头盖脸浇了一身，彻底冷静下来了。一冷静下来，他感到了恐惧。是的，就是"恐惧"，一个一心渴望叩开科举之门的人，一个持续奋斗了十多年的中年秀才，即将到来的乡试可是他孤注一掷的事业呀！这里头有他的前途，也有他的荣耀，甚至还有他的家族寄望和人格尊严。

因为言语轻率导致的坏影响，或许会断送一张走向乡试的入场券，当然也将断送未来。这样想过，吴敬梓坐立不安了。他决定去拜会学政李凤翥大人，挽回因不可原谅的愚蠢造成的损失。

吴敬梓见到了李大人，不过可笑的是为了挽回前一次错误，他做出了一个更为愚蠢的举动。面对李大人，这个向来清高，向来目空一切的大才子，竟两腿一软跪在了地上，像一个诚惶诚恐犯了法的小人在官老爷大堂前跪地求饶一样。他表示自己一定改过自新，一定重新做人，求李大人不要计较小人满嘴跑马，酒后胡言。大才子的这般举动，着实吓到李凤翥了，或者也可以说着实恶心到了李凤翥，学政大人当即挂下脸来，大声呵斥这个跪着的人。这是吴敬梓二十九年人生中最大的一场噩梦。从学政大人下榻的寓所回到滁州姐姐家，他已手脚冰冷了。

不过，命运的骰子实在多变，吴敬梓根本不知道它滚动后停在哪一面。令他惊恐不安的这场科试，原本以为彻底"黄"了，可揭榜时他的名字竟高居榜首，他考了第一名。李大人不按常理出牌，冷静下来后，反复回看了这行止怪异的考生的答卷，实在欣赏文章里透出的才情，李大人决定摒弃成见，"不拘一格"本就是他的选人标准。

不期而至的科试第一，令恐惧中的吴敬梓又从深渊登临了峰顶。得知消息后很多举子向他道贺，又少不得欢饮达旦，大家纷纷表示有了这个铺垫，有了学政大人的青眼相加，接下来的秋闱，中举当如囊中探物。

暧昧的气氛，令吴敬梓的心活泛起来，又有了先前的自信。

不过世事多变，主持完这场科试不久，李凤翥随即调离了安徽，侍讲学士王兰生接替了他的职位，王大人的喜好与做派完全不同李大人。听闻了吴敬梓的种种事迹，王大人不禁深皱了眉头。接下来的乡试，尽管不是王兰生命题和主持，新任学政的意见不可能不传达给主试官。

雍正七年的秋闱，吴敬梓再一次惨败。他拖着沉重的步履，于绝望中回到家乡全椒。

从二十三岁到二十九岁，他在这个地方困守了六年，不知道自己该走向何处。他实在是越来越厌恶回到这里了。背后有多少人在戳他的脊梁骨，就因为一次一次乡试的失败吗？也不尽是，还因为他行事的乖戾，因为他的"才子脾气"，更因为他挥霍无度的生活。六年间，成天出入妓馆酒楼，身后跟着一堆文人，呼朋引伴，遇酒便喝，遇贫即施，将祖父和嗣父传下来的不菲的遗产浪荡了大半，他的日子正一步一步急速地走着下坡路。作为嗣子，他与这个庞大的家族已日渐水火不容了。

吴敬梓想起死去的父母，想起依然未能将他们葬在一个理想之地，想起死去的妻子，想起慢慢长大的儿子，想起那些放浪的夜晚。他即将迈入而立之年，别说立不立了，他的人生像一摊烂泥，一摊稀巴烂的泥，摊在无人问津的角落里。

实在无法忍受乡人的言语和指点，吴敬梓这才在又一场科举落败后，仓促逃离了家乡，临时躲避到江宁。

二

科举的痛是命定的。

有多在意，就会有多痛。

在一个以科举为业的家族里，吴敬梓从娘胎里一出来，就被选定了人生方向，像一条河里的水，得顺着祖辈开凿的河道，拼尽全力往前奔流。

从高祖吴沛开始，"以科举为业"就已成为这个家族既定的"纲领"。还是小男孩时，这件事就已作为刻骨的记忆烙进了吴沛的身体里。七岁那年，吴沛玩兴正浓，一日在街市上看艺人杂耍，错过温习功课的时间，父亲吴谦得知后，一顿乱棍打得幼子皮开肉绽。吴谦将儿子痛打后，撂下一句掷地有声的狠话，他让儿子要"奋发于制举"，"追逐于前贤"。

孩童时的教化，对吴沛产生了深刻影响，他一生都在埋头苦读。尽管举业上未有所获，乡试"七战七败"，仅止步于秀才，但他一生都在担任教师，很多弟子从其门下出发走向科举之路，这为吴沛赢得了"东南学者宗师"的美名。吴沛几乎穷尽了毕生之力，为这个家族往后的举业奠定了根基。他总结平生八股制艺经验，写成《题神六秘说》，这可是一本相当精练实用的考试"兵法"。他是下了狠心要在儿子这一辈中开拓出科举新局面的。他移家全椒城外程家市的西墅草堂，那是一个乡村居所，田野阒然，草木沉静，最是读书佳处。他早早地将五个儿子进行了人生规划和事业分工：四个考科举，一个负责后勤保障。除次子国器"遵父命，任家政"外，其余四子，长子国鼎、三子国缙、四子国对、五子国龙都轰轰烈烈走向了科举之路。令人惊喜的是，在吴沛的悉心调教与谋划下，吴敬梓的曾祖辈出了四位进士。更值得一提的是他的亲曾祖吴国对高中探花，在吴家，这件事哪是骄傲一时，简直骄傲了一辈子两辈子三辈子，很多辈子。到了吴敬梓祖父这一辈，国龙的两个儿子吴晟与吴昺又高中进士，并且吴昺创造了家族举业最辉煌的成就——榜眼。探花吴国对的子嗣在功名上已相对式微，只有吴昇考中了举人，吴敬梓的嗣祖吴旦、亲祖父吴勖都只捡了一个秀才的功名。

吴敬梓曾在文章中无比自豪地谈及此事，用他的说法"五十年中，家门鼎盛"。这样的家族，以及这样一股久远的风气，吹拂到吴家任何一个后人身上，大概都会对科举生出一股执念来。

康熙四十年（1701）五月，全椒吴氏探花府第，石榴花开遍庭院的角角落落，伴随着初夏的蝉鸣，吴敬梓呱呱坠地了。一出生，这个孩子的命运就被某种奇怪的习俗更改了一次。

吴敬梓本为吴勖的幼子吴雯延亲出，考虑到长房吴旦这一支的长子吴霖起无子嗣，吴雯延将女儿及儿子敬梓过继给堂兄吴霖起。古代中国，长房长子是格外被看重的，保持长房血脉不断，也是家族共同的责任，由于这个惯例，"嗣子"就极为常见了。按照习俗，嗣子等同亲出，除了承担嗣父母的赡养义务，也享受整个家族的遗产分配。本来作为吴勖这一支的幼子，吴敬梓只是吴家孙子辈里稀松平常的一个，此刻摇身一变成为嗣祖吴旦这一支的长房长孙。

这就是奇妙的命运更改，看似仍为一家人，都在这探花第生活着，无非从这一进屋挪到了那一进屋，但到了某些关键的节点，例如分财产的时刻，事情就会变得棘手。嗣子作为长房长孙当然有权享受最优越的遗产分配，但这种非亲出的身份又往往得不到家族中其他叔伯兄弟的认同，由此而来，不可预计的祸端就会落到这个嗣子身上。

当然，小男孩吴敬梓还无法预见命运曲折的深意。

一开始，他像所有其他孩子一样，无忧无虑出入于探花第深宅大院间。到稍微晓事的年纪，六七岁开始，嗣父吴霖起就将教育儿子的事提到了日程中。

不过男孩吴敬梓虽埋头于四书五经与八股文中，真正钟情的却是诗词歌赋、笔记小说。只是父亲管得严，他只能在课业之余"窃读"一番。十三岁那年，吴敬梓的嗣母因病去世，母亲的亡故令少年觉到了生命的无常，一度陷入忧郁中。此时，嗣父不得不放宽对儿子学业上的严苛要求，让他得以从死亡的打击里恢复元气。但男孩的忧郁性情已无法更改，在人丁兴旺的探花第，少年并没有什么要好的伙伴，家族各房间的争斗也像包在纸里的火，日益显现出来，这个过继来的长房长子渐渐觉到了同族人的恶意。他再也不像童年时代那样，在探花第到处跑，上树捕蝉，到池塘捞荷花，或者躲到大水缸里，让家中仆人一顿好找。更多时候，他都在自己的小楼上读四书五经，也悄悄读令他心驰神往的诗词小说，读唐人刘肃的《大唐新语》、段成式的《酉阳杂俎》、张鷟的《朝野佥载》，读宋人周密的《齐东野语》、孟元老的《东京梦华录》，读明人李实的《北使录》、朱国桢的《涌幢小品》……这些书，不仅为少年打开了一个完全不同于四书五经的世界，也像一把饱满的种子根植到他的心田里。

父亲对吴敬梓学业的放松监管是暂时的，很快这个少年迎来了新的生活。十四岁那年，吴敬梓与父亲吴霖起一道去往一个陌生之地生活。贡生吴霖起经过二十八年等待，终于等来了一个官职——赣榆县县学教谕。吴霖起是康熙二十五年（1686）拔贡，这是贡生里最重要的一个等级，吴霖起考不中举人，贡生的选拔考试，却得了第一名，随后进入了漫长的国子监读书及选官等待中。

其时吴霖起已步入老年，但想到等来这一项任命实在不易，即刻决定前往就职，并带上儿子吴敬梓，一道奔赴江苏的这座滨海小县城。至此，父子两人相处的时间更多了，父亲忙完公务，其他时间都用来督促儿子的学业，春夏教以诗书，秋冬教以礼乐。这位父亲一直期待着儿子重整家业，为吴家的这一条支脉注入一股光荣的血液。

少年吴敬梓在赣榆度过了近十年时光，中间曾几度返回故乡。十六岁那年，在父亲安排下，吴敬梓回乡与姑父陶钦李的次女陶媛儿成亲，婚后他在岳父家住了一年。随后在父亲召唤下，带着新媳妇回到赣榆，吴霖起是担心儿子由此荒废了学业。

十八岁的夏天，吴敬梓冒着酷暑再次返回故里，这一次是为了岳母的家事匆匆回的。岳父去世后，几个儿子生活挥霍无度，岳母又是一个小脚老太，无人持家。外人觊觎陶家财产，儿子们已将岳父经营了一辈子的小园变卖了。吴敬梓已无力更改，他只能安慰岳母，并和陶家大女婿金榘见了一面。两个连襟坐在小园的假山上，蝉鸣连片地响着，举目望去，四周杂草丛生，大树枝蔓芜杂，这座原本捯饬得无比洁净的小园，几年间就落到面目全非的地步了。

他们都知道，这是最后一次坐在这座园子里了，生活在下行的路上是急速的，它的朽烂无声无息却又轰然作响。

离开全椒回到赣榆没多久，吴敬梓接到江宁的消息，生父雯延病重。吴雯延晚年客居于江宁道观里，虽子女众多，卧于病榻时却格外想念起这个已出嗣的小儿子。吴敬梓来到生父的病榻前，雯延内心备觉安慰，不过他最关心的还是儿子的举业，十八岁的儿子已成家，可举业却未展开，这令老父亲很是着急，这趟探病的行程也就戛然而止了，想到这一年正是岁考年，老父亲竭力催促儿子回滁州报考岁试。吴敬梓不好拂了他的心意，当然，他也想到这或许是父亲在世间最为挂碍的事了，只好仓促赶回安徽滁州，参加完岁试，未等揭榜就又回到了江宁。

父亲的身体已像深冬的枯木，不可遏制地衰败下去，精神也大不如上次见面的样子。这位老人的最后愿望是回到故园，吴敬梓会同其他兄弟将老父亲接回了全椒。回乡后，未过多久，吴雯延就离开了人世。在丧事的悲伤中，传来了吴敬梓考取了秀才的消息，这个姗姗来迟的喜讯成为一道伤痕横亘在吴敬梓心头，如果父亲再撑一个月，就能听到儿子迈上人生第一个台阶的喜讯，这真是"子欲养而亲不待"。

十八九岁，吴敬梓已感觉到了来自生活的重压。古时候的人要比现代人早熟，但生活的进程似乎太快了些，吴敬梓深深体会到，青春已经结束了，那炫目的轻盈的无忧的时光都已如四月的樱花片片零落。

十九岁，他成为一个男孩的父亲，儿子吴烺降生。

二十岁，姐夫去世。姐姐一向与这个弟弟感情笃厚，现在生活突然失却了依傍，这令吴敬梓备觉伤心。

生活的变故并未由此停下，在赣榆生活到二十二岁，时间就进入了康熙六十一年（1722）。这一年，中国历史上在位时间最长的皇帝终于被死亡带离了身下的宝座。皇四子胤禛继位，即雍正皇帝。新皇帝上任，朝廷政策大变，官员调动日益频繁。城门失火，殃及池鱼，即便一个小小县城的教谕也受到了影响，在赣榆县勤勤恳恳干了九年，吴霖起并未得到上司的赞赏，反而落得一个罢官的结局。

既已无官可做，吴霖起只好带着儿子、儿媳、小孙子举家迁回安徽全椒。回到家乡之后，吴霖起表示自己从此将"归耕颍上之田，永赴遂初之约"，不过大概也是心中抑郁，他当年就病故了。

嗣父的死既令吴敬梓悲痛不已，继而也给他的生活带来了一场大灾难。突然回归到探花第的吴敬梓一家，在同族其他人眼中无疑是陌生的闯入者。吴霖起一死，围绕着嗣祖与嗣父的巨额财产分配，家中吵翻了天。无论族中叔伯，还是族中兄弟，都想染指吴敬梓的财产，而由于长期在外生活，这个嗣子的诉求几乎得不到其他家族成员的支持，也就是说他成了彻底被孤立的人。这一场夺产之争，吴敬梓固然损失了大量资产，更令他痛心的是同族人之间的"相杀"。这些拥有共同祖先的人们，血液里还流着相似的成分，但在利益面前亲情瞬间消失，不要讲什么"血浓于水"，"血"在那一刻比空气还要透明，还要清淡和无形，人们不惜拔刀相向，有如饥饿的虎豹豺狼在争夺肉食。

这是吴敬梓尝到的"亲情"的滋味，二十三岁的他已遍历了人间的凶险。

随后，结发妻子陶氏也因为种种不如意，郁郁而终。吴敬梓失掉了最后一份来自家庭的抚慰，此番遭遇，无疑在雪里加了一层厚厚的霜。

他开始厌世，在一次又一次乡试未中后，甚至变得自暴自弃。"你们不是视金钱如性命吗？我偏偏视金钱如粪土。"从赣榆回到全椒，从二十三岁到三十二岁，吴敬梓都生活在小城全椒。他过起了豪奢的生活，挥霍无度，痛饮狂欢，让自己在酒与声色中沉湎，他根本不想自拔。他精通音律，酷爱戏曲，曾亲手执红牙板浅吟低唱。高兴时，他索性将一群歌舞伎请进探花第，在家中演一出流光溢彩的大戏。

"倾酒歌呼穷日夜"，嗣祖与嗣父的财产支撑起吴敬梓近十年放荡的岁月，十年下来，资产浪荡殆尽，已到了卖田地的地步。这件事自然引发了家族中人的震惊，但他不想理会那么多。只是在曲终人散后，在日落黄昏前，他才觉到生命的空虚和惆怅。

内心苦闷时，吴敬梓就独自返回县城郊外的小村程家巷，那是吴家的祖居，是高祖吴沛带领儿子们读书的地方。故人已远，院落已荒芜，房屋已倾颓，只留着几带泥墙、几间坍塌了半边的木屋。他就坐在衰草里，静默地看着这荒废的园中的一切，常常一坐一下午，直到夕阳一点一点跌落下去，才起身回家。

在这个小城里，日子一天又一天过着，金银散去，功业未成，他时常生活在恍惚之中，分不清现实与梦境，也分不清白天和夜晚。

三

挥金如土，放浪形骸，成天不事生产，沉迷诗歌与酒色……这一切与小县城那么格格不入，这个孩提时代就被众人目为天才的人，很快成了千夫所指的败类，不知有多少人在背后指点，有多少人以无限惋惜的口气向自家孩子讲述败家子的故事。

"全椒是不能待下去了。"这个念头，在嗣父去世后萌发出来，一年一年都在加重。一直等到三十三岁，这全部的念头最终变成一个决绝的计划——移家江宁。

必须是江宁。

不仅因为它的帝王之气，也不仅因为秦淮河的波光水色。这座古老的城市有着无尽的故事，他曾在这里遇见美人和爱情，在这里结识志趣相投的士子。比这些更重要的是，这座城市有着开阔的胸襟，既接纳功成名就，也接纳失败落魄；既将赞许的目光投给奋进者，又将安慰的目光投给厌世者。

尽管阻碍重重，吴敬梓还是执意将传下来的祖宅卖掉了一些，他需要在江宁重新置业安家，毕竟此时他已经不是一个人了。

移居江宁之前，吴敬梓在故乡还是遇到了一份珍贵的情意。这个被众人唾弃的落魄才子，偏偏被一位老医生赏识，这位叫叶草窗的医生，同时还是深谙儒学的老学究。他关心着吴敬梓的健康，也关心着吴敬梓的婚事，决定将女儿许配给他续弦。如此这般，在一段困苦的单身岁月后，吴敬梓重新成了家，重新获得了生活里的暖意。

雍正十一年（1733）二月，大地已动了些许的春气，气候仍是冬天的气候。请看风水的朋友择了一个吉日，吴敬梓指挥仆人将几只箱子搬上了一条不大的船，妻子叶氏，儿子吴烺，还有两个仆人，就这样出发了。风帆扬起，此行并不遥远，心里却俨然已过千山万水。

新家安在秦淮河与清溪汇流处的淮青桥边，吴敬梓称其为淮水亭。在这幢临水小楼，白日里可看柳色，可听流水，夜晚可赏灯火，可听市声，闹中取静，一派江南水墨的风情。日子总算安定下来了，在江宁，这个异乡人很快有了回家的感觉。吴敬梓结识了一群文朋诗友，相互唱和，一起交游，算是找到了怡然自乐的节奏。这一时期，江宁著名文人朱卉、李葂、徐紫芝、姚莹等都成了他的好朋友。

他早已构想过之后的生活："身将隐矣。召阮籍、嵇康，披襟箕踞，把酒共沉醉。"这段话，用现代汉语来说就是："从此，我将过上隐居的生活，唤来阮籍、嵇康这样的名士，披衣散发席地而坐，推杯换盏一醉方休。"当然，他并不是可以这样肆意喝酒的，那时，这个向来羸弱的人，已得了一种不治之症，且病情越来越严重。吴敬梓得的是消渴症，这个病现在叫糖尿病。

也是到江宁之后，吴敬梓开始有了一个新计划：写作一部大书。既然造化弄人，封侯无望，上天却又赏给他一颗敏感沉郁的心，一支生花的妙笔，为什么不索性给这世界留下一部传世大书呢？《儒林外史》的写作计划由此开启，但这件事做得格外漫长，将横亘在往后十数年的岁月中，直到乾隆十四年（1749）前后才大功告成。不过一件大事已悄然展开了，为了这个计划，吴敬梓到处搜集素材，为文字的远征备下"粮草"。

生活本可以就这样平静地过下去的。但一场考试很快打破了这份平静。雍正十三年（1735），皇帝下诏举行博学鸿词科试，令各省督抚推荐优秀的文人学士，但未及考试，雍正驾崩。乾隆元年（1736），新皇帝登基，这场考试也随之"粉墨登场"。这么说，确实也不为过，名义上的"求贤若渴"，实际上更带有表演成分，从考试结果也能看出来——各省推荐的一百七十六人，当年仅录取了十五人。

不过对于那些久困民间的学子们来说，这无疑是一个惊人的好消息，他们并不知道事情原委，只当是又一次春风拂面，争抢着渴望得到举荐，当然大多数人并没有这般好运气，还是老老实实哼哧哼哧闯关比较实在。

吴敬梓很快知道了消息，功名心有如冬眠醒来的熊再次拱动起来，那被死死压制在身体里的欲念，那些"此后只是风轻云淡"的生活愿望又垮塌了。而更要紧的是，多少士子期待的机会，稳稳落到了他头上，在江宁县学训导唐时琳的保举下，安徽学政郑江也颇为关注这位文名显赫的举子，吴敬梓很快以优异的表现通过了郑江主持的初试。随后，赴安庆参加安徽巡抚主持的抚院考试。

船溯大江而上，吴敬梓的心绪并不平静。船走得慢，每到一处，他都要下船游玩一番，走走当地的景点，会会当地的朋友。这一程奔赴，他既期待奇迹出现，又被一种无形的感伤给牵扯着，大概是害怕可能的惨败，也害怕这平静的心绪再次被打破。

到抚院报到后，他很快参加了考试。这中间，安徽巡抚赵国麟很是令吴敬梓感动。巡抚大人丝毫未曾掩饰自己对他的欣赏，邀请他到府上，说了许多鼓励的话。赵国麟的知遇之恩算是为这趟赶考之行留下了一些美好的记忆。不过回来路上，出现了一个小插曲，大概一路游山玩水过于尽兴，途经芜湖时，吴敬梓惊觉自己身上的银子分文不剩，这大概是只有他这类从不计算花销的人才会遇到的事。在进退两难中，幸有正在芜湖的好友朱乃吾和王崑霞，两个朋友送来盘缠才解了他的难题。

再次回到江宁，时序已进入五月，正逢端阳，家家户户的门上已挂起菖蒲。朋友们听闻吴敬梓回来，纷纷拎了酒菜过来道贺，大家都替他高兴，觉得这一次总算要等来铁树开花了。

接下来，按照博学鸿词科试规则，吴敬梓还得参加最后一场地方试——两江总督赵弘恩组织的督院考试。事情就在这场考试中出现了急遽的变化。吴敬梓并没有完成全程考试，在写完一首试帖诗后，匆匆离开了考场。是由于消渴症不断加重引发的身体不适，还是因为一些心理上的原因让他突然无法忍受全程的考试？隔着久远时光，我们只能够猜测。

这样他就失去了进京考试的机会，尽管开始时所有人都觉得这个机会于他是唾手可得的。

这场考试，最终成为吴敬梓心头的痛。他为这最后一丝机会的丢失而感伤，也为自己满腔欢喜奔赴这空头的希望恼怒与懊悔。反复回想这件事，他又觉得这是一场可笑的游戏。即便他去了京师，参加了考试，又如何呢？难道他能成为那十五分之一？想想也是不可能的。

"这条路终究走断了，不该再有任何奢望了。"

那年冬天江宁很冷，家中既买不起炭，也买不起菜蔬，只好向画家王溯山求助，在友人资助下，一家人才度过了新年。

若没有朋友们时不时的接济，这位丝毫不懂经济和生产的才子，日子是难以为继的。中年之后，生活愈见贫困了。与吴敬梓交情深厚的经学家、藏书家程晋芳曾为他写过一篇传记，文中多处提及吴敬梓一家生活贫困，家中环堵萧然，所剩"财产"就是几十册古书。

有一年深秋，雨连着下了三四日，程晋芳的族祖（也是吴敬梓好友）突然对家中小辈说："近日城中米价飞涨，不知敏轩（敬梓字）如何了？你们拿三斗米，两千钱，去看看他。"待程晋芳来到淮水亭吴家，才知道这家人已经两天没进食了。不过吴敬梓拿到朋友送来的钱后，第一件事并不是囤粮食，而是跑到酒肆中沽酒去了。

苦寒的冬季，遇到无酒食的日子，吴敬梓就邀上同好汪京门、樊圣谟等五六人，在月色中走出城门，随后沿着城堞疾步快走，边走边歌吟呼啸。路人偶遇，诧异地问："是去干吗？"吴敬梓脚步不停，远远递过来一句话："暖足。"

四

乾隆十八年（1753），吴敬梓的人生已步入晚年。

这一年，长子吴烺已从北方回到江宁，他是来探望妻子的。吴敬梓生病的儿媳病情有所好转，家中出现了短暂的团圆和宁静。为此，儿子陪着吴敬梓回故乡全椒走了一趟。平静很短暂，好比梅雨季节里偶然到来的晴朗。长媳的病再次复发，又一片死亡的阴影落进这个家庭里。妻子病情突变转为重危的日子，吴烺在扬州看望故友，赶回家时妻子已离世七天，吴烺扶柩痛哭，他们夫妻间聚少离多，婚后十年，妻子操劳清苦，鲜有好日子，这一切都令吴烺深感遗憾。

人生里惨淡辛酸种种，最难熬的一种大概是老来晚辈先于自己早逝。办完丧事，大儿子吴烺又收拾行囊北返了。吴烺是吴敬梓一生里最疼爱的孩子，不仅十分独立，而且擅长诗文，可谓完全继承了父亲的文学才华。因为父亲的不事生产和家庭生活的日益拮据，吴烺十五岁起就离开父母，自谋生路了。他于乾隆十六年（1751）皇帝下江南时迎銮，召试后赐举人出身，官至中书舍人。

儿媳的英年早逝，爱子的再次离家，都令吴敬梓深陷在暮年的孤寂中。

乾隆十九年（1754），寂寞又无所依傍的吴敬梓想起一个地方——扬州。那是他一向喜爱的地方，不仅因为它的过往里写满了故事，还因为有一些老友在那儿，他想去看看。更重要的是家中已揭不开锅了，他得到扬州谋点差事做做，顺带为家中谋些稻粱。这一年，老友卢见曾已在扬州担任两淮盐运使。吴敬梓决定去投靠这位朋友，最好是能在他门下担任一个幕僚，到了人生暮年，萌生出这般想法，实属迫于贫穷的威胁。

卢见曾虽是官僚的身份，却"工诗文"，喜爱结交文人雅士。吴敬梓与他确实为旧相识，但入幕的想法似乎并不能实现，卢府宾客云集，也不见得盐运使大人就格外高看这个性格清高贫穷落魄长年病恹恹的老秀才。这次扬州之行，吴敬梓并未入住盐运使大人府中，而是自行住在徐凝门一带的族亲家中，一直待到那年冬天，既无所获，吴敬梓决定南归。

南归之前，他倾尽囊中所有，置办了一桌酒菜，邀请扬州的好友们相聚。那次宴席上，吴敬梓开怀痛饮，大家喝到酒热耳酣之际，他起身吟诵了一首张祜的诗："十里长街市井连，月明桥上看神仙。人生只合扬州死，禅智山光好墓田。"有友人知道吴敬梓久患消渴症，不宜饮酒，就来夺他的酒杯。但被他推开了，他仰起脖子，又饮下一杯酒，口中仍喃喃念叨着："人生只合扬州死，人生只合扬州死。"座上的宾客觉出了一种奇异的气氛，但谁也没有说什么。

聚会后过了几日，吴敬梓遇到了经学家、藏书家程晋芳，他与程晋芳执手相对落下泪来："你也到了我的地步，日子不好过呀。"吴敬梓知道此时程晋芳生活拮据，不过程晋芳的贫穷该是暂时的吧？毕竟他在家乡还是颇有一些家业的。这岁月艰难的感叹其实更像在说自己，此时他的生活像清水洗过的石板，真到了一穷二白地步了。

几日后，一个黄昏，程晋芳踏上了回乡的行程。船解缆待发，吴敬梓竟出现在岸边。那时，暮色四合，天边挂出一弯新月。吴敬梓登上船与程晋芳作别，指着天边新月对程晋芳说："与子一别，后会无期啊。看着四起的暮色，心里禁不住悲伤，想写首诗给你的，不过又怕没有好句子，容我等几天再写吧。"

随后，吴敬梓回到岸上，久久伫立于暮色里，直到小船消失在江水尽头，直到晚风吹冷衣襟。

十数天后，乾隆十九年农历十月二十八日晚间，吴敬梓与初识不久的友人王又曾在船上喝完酒，回到寓所又饮酒数杯。夜里，消渴症引发了高血压病，未及用药就谢世了。

如张祜诗中所言，他死在了扬州。

2022 年 1 月 31 日，除夕夜，动笔

2022 年 11 月 12 日，下午，初稿完

2022 年 11 月 25 日，第二稿完

宫崎市定. 科举. 杭州：浙江大学出版社，2018.

宫崎市定. 九品官人法研究：科举前史. 上海：生活·读书·新知三联书店，2020.

平田茂树. 科举与官僚制. 上海：中西书局，2021.

艾尔曼. 晚期帝制中国的科举文化史. 北京：社会科学文献出版社，2022.

沈兼士. 选士与科举——中国考试制度史. 桂林：漓江出版社，2017.

李兵，刘海峰. 科举不只是考试. 上海：上海教育出版社，2018.

李兵. 血榜：中国科举舞弊案. 北京：中国民主法制出版社，2015.

王道成. 科举史话. 北京：北京联合出版公司，2021.

傅璇琮. 唐代科举与文学. 北京：中华书局，2020.

傅璇琮. 唐才子传校笺. 北京：中华书局，1989.

杨波. 长安的春天：唐代科举与进士生活. 天津：百花文艺出版社，2020.

陈雄. 大宋情怀. 武汉：湖北人民出版社，2014.

梁庚尧. 宋代科举社会. 上海：东方出版中心，2021.

孟元老. 东京梦华录笺注. 北京：中华书局，2021.

周榆华. 晚明文人以文治生研究. 广州：广东高等教育出版社，2010.

顾诚. 南明史. 北京：北京日报出版社，2022.

张晓春，范心恒. 明清科举文献学研究. 北京：经济日报出版社，2021.

洪业. 杜甫：中国最伟大的诗人. 上海：上海古籍出版社，2020.

萧涤非. 杜甫诗选注. 北京：人民文学出版社，2017.

萧涤非. 人民诗人杜甫. 北京：文津出版社，2020.

冯至. 杜甫传. 北京：人民文学出版社，1980.

吕宁. 大庇天下寒士俱欢颜：解读杜甫漂泊一生的济世夙愿. 北京：北京工业大学出版社，2015.

陈贻焮. 杜甫评传. 上海：生活·读书·新知三联书店，2022.

张宗福. 李贺研究. 成都：巴蜀书社，2009.

孟红梅. 大唐鬼才：李贺传. 北京：作家出版社，2015.

李贺撰. 李贺歌诗笺注. 北京：中华书局，2021.

李金山. 花间词祖——温庭筠传. 北京：作家出版社，2016.

刘学锴. 温庭筠传论. 合肥：安徽大学出版社，2008.

温庭筠. 温飞卿诗集笺注. 上海：上海古籍出版社，1998.

邱美琼，胡建次编著. 温庭筠词全集. 北京：崇文书局，2015.

贾文昭编. 姜夔资料汇编. 北京：中华书局，2011.

周伟锋. 王冕史料集. 杭州：西泠印社出版社，2020.

王冕. 王冕集. 浙江古籍出版社，2012.

陈书良. 唐伯虎画传：他在繁华中独自前行. 成都：天地出版社，2019.

唐寅. 唐寅集. 上海：上海古籍出版社，2013.

邓晓东. 唐寅研究. 北京：人民出版社，2012.

苏兴. 吴承恩谱传. 北京：中华书局，2015.

蔡铁鹰. 大道正果——吴承恩传. 北京：作家出版社，2016.

浦玉生. 淮海浪士：吴承恩传. 北京：金城出版社，2019.

江兴祐. 畸人怪才——徐渭传. 杭州：浙江人民出版社，2008.

王家诚. 徐渭传. 天津：百花文艺出版社，2008.

余晓栋. 徐渭集诗文辑佚. 杭州：浙江古籍出版社，2022.

丁家桐. 徐渭. 南京：南京大学出版社，2010.

丁家桐. 东方畸人：徐文长传. 上海：上海人民出版社，1999.

胡益民. 张岱评传. 南京：南京大学出版社，2002.

佘德余. 都市文人：张岱传. 杭州：浙江人民出版社，2021.

史景迁. 前朝梦忆：张岱的浮华与苍凉. 桂林：广西师范大学出版社，2020.

张海新. 水萍山鸟——张岱及其诗文研究. 上海：中西书局，2012.

张岱. 新校注陶庵梦忆. 南京：江苏凤凰文艺出版社，2019.

王靖宇. 金圣叹的生平及其文学批评. 上海：上海古籍出版社，2004.

杨子忱. 金圣叹大传. 长春：吉林文史出版社，2014.

夏风颜. 我是一个妙人：圣世雅痞金圣叹. 长春：时代文艺出版社，2012.

陈飞. 千秋一叹——金圣叹传. 北京：作家出版社，2018.

吴正岚. 江苏历代文化名人传·金圣叹. 南京：江苏人民出版社，2019.

陈洪. 金圣叹传. 北京：人民文学出版社，2012.

陆林. 金圣叹史实研究. 北京：人民文学出版社，2015.

陈益. 心同山河：顾炎武传. 北京：作家出版社，2014.

周可真. 顾炎武. 南京：江苏凤凰美术出版社，2020.

陆月宏. 江苏历代名人传记丛书·顾炎武. 南京：江苏人民出版社，2013.

许苏民. 顾炎武. 西安：陕西师范大学出版社，2017.

林辉锋. 顾炎武研究文献集成·民国卷. 苏州：古吴轩出版社，2019.

许苏民. 顾炎武. 南京：南京大学出版社，2014.

陈益. 心同山河——顾炎武传. 北京：作家出版社，2014.

昆山市文化发展研究中心. 顾炎武研究文集：纪念顾炎武诞辰四百周年. 上海：上海人民出版社，2014.

孙庆. 明代遗民：顾炎武　王夫之　黄宗羲. 郑州：中州古籍出版社，2015.

袁世硕. 蒲松龄志. 济南：山东人民出版社，2009.

马瑞芳. 幻由人生：蒲松龄传. 北京：作家出版社，2014.

马瑞芳. 图说蒲松龄. 济南：山东友谊出版社，2009.

汪玢玲. 蒲松龄与《聊斋志异》研究. 北京：中华书局，2015.

陈美林. 吴敬梓研究（上、中、下）. 南京：南京师范大学出版社，2006.

陈美林. 中国思想家评传丛书：吴敬梓评传. 南京：南京大学出版社，1990.

吴敬梓，吴烺. 吴敬梓吴烺诗文合集. 合肥：黄山书社，2013.

贝京. 归有光研究. 北京：商务印书馆，2008.